JN015003

最 高 水 準
問 題 集

中学地理

文英堂

本書のねらい

▶みなさんは，"定期テストでよい成績をとりたい"とか，"希望する高校に合格したい"と考えて毎日勉強していることでしょう。そのためには，**どんな問題でも解ける最高レベルの実力を**身につける必要があります。では，どうしたらそのような実力がつくのでしょうか。それには，よい問題に数多くあたって，自分の力で解くことが大切です。

▶この問題集は，最高レベルの実力をつけたいという中学生のみなさんの願いに応えられるように，次の3つのことをねらいにしてつくりました。

1 教科書の内容を確実に理解しているかどうかを確かめられるようにする。

2 おさえておかなければならない内容をきめ細かく分析し，問題を1問1問練りあげる。

3 最高レベルの良問を数多く収録し，より広い見方や深い考え方の訓練ができるようにする。

▶この問題集を大いに活用して，どんな問題にぶつかっても対応できる最高レベルの実力を身につけてください。

本書の特色と使用法

① すべての章を「標準問題」→「最高水準問題」で構成し，段階的に無理なく問題を解いていくことができる。

▶本書は，「標準」と「最高水準」の2段階の問題を解いていくことで，各章の学習内容を確実に理解し，無理なく最高レベルの実力を身につけることができるようにしてあります。

▶本書全体での「標準問題」と「最高水準問題」それぞれの問題数は次のとおりです。

標準問題……100題　　最高水準問題……92題

豊富な問題を解いて，最高レベルの実力を身につけましょう。

▶さらに，学習内容の理解度をはかるために，より広いまとまりごとに「**実力テスト**」を設けてあります。ここで学習の成果と自分の実力を診断しましょう。

② 「標準問題」で，各章の学習内容を確実におさえているかが確認できる。

▶「標準問題」は，各章の学習内容のポイントを1つ1つおさえられるようにしてある問題です。1問1問確実に解いていきましょう。各問題には［タイトル］がつけてあり，どんな内容をおさえるための問題かが一目でわかるようにしてあります。

▶どんな難問を解く力も，基礎学力を着実に積み重ねていくことによって身についてくるものです。まず，「標準問題」を順を追って解いていき，基礎を固めましょう。

▶その章の学習内容に直接かかわる問題に **重要** のマークをつけています。じっくり取り組んで，解答の導き方を確実に理解しましょう。

③ 「最高水準問題」は各章の最高レベルの問題で，最高レベルの実力が身につく。

▶「最高水準問題」は，各章の最高レベルの問題です。総合的で，幅広い見方や，より深い考え方が身につくように，難問・奇問ではなく，各章で勉強する基礎的な事項を応用・発展させた質の高い問題を集めました。

▶特に難しい問題には，**難** マークをつけて，解答でくわしく解説しました。

④ 「標準問題」にある〈ガイド〉や，「最高水準問題」にある〈解答の方針〉で，基礎知識を押さえたり適切な解き方を確認したりすることができる。

▶「標準問題」には，**ガイド** をつけ，学習内容の要点や理解のしかたを示しました。

▶「最高水準問題」の下の段には，**解答の方針** をつけて，問題を解く糸口を示しました。ここで，解法の正しい道筋を確認してください。

⑤ くわしい〈解説〉つきの別冊解答。どんな難しい問題でも解き方が必ずわかる。

▶別冊の「解答と解説」には，各問題のくわしい解説があります。答えだけでなく，**解説** もじっくり読みましょう。

▶ **解説** には ⑦ **得点アップ** を設け，知っているとためになる知識や高校入試で問われるような情報などを満載しました。

もくじ

1 世界の姿

重要 001 [地球儀]

図Ⅰは，地球儀を描いたものである。これを見て，次の問いに答えなさい。

(1) 図Ⅰ中の緯線と経線の間隔は，それぞれ等間隔になっている。それぞれ何度ずつの間隔であるか。その組み合わせとして正しいものを次のア～エの中から1つ選び，記号で答えよ。 [　　　]

図Ⅰ　本初子午線

図Ⅱ

	ア	イ	ウ	エ
緯線	15度	15度	30度	30度
経線	15度	30度	15度	30度

(2) 図Ⅱのア～エは，図Ⅰのように見えている地球儀を，軸を中心に180度回転させ，そのときの地球儀の表面を緯線と経線を用いて4等分したものである。日本はどこに位置するか。図Ⅱ中のア～エの中から1つ選び，記号で答えよ。 [　　　]

> **ガイド** (1)緯度は，赤道から両極まで90度ずつある。

002 [地球儀と世界地図の利用]

地図を見て，次の問いに答えなさい。

地図Ⅰ

地図Ⅱ

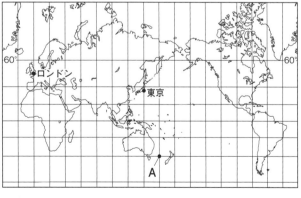

(1) 地図Ⅰは，陸地が多く見える半球を表したものである。世界は6つの州に分けることができるが，地図Ⅰではまったく見ることができない州名を書け。

[　　　　　　　]

(2) 地図Ⅱは，緯線と経線が直角に交わる地図で，緯線と経線はそれぞれ20度間隔で描かれている。●で示したA地点の緯度と経度を，(例)の書き方にならって書け。

(例)北緯10度，東経20度 [　　　　　　　]

(3) 地図Ⅱを利用して調べることができるものを次のア～エの中から1つ選び，記号で答えよ。

[　　　　]

ア　日本の真西に位置する国　　　　イ　東京とロンドンの最短距離

ウ　日本とイギリスの面積の比較　　エ　東京とロンドンの時差

> **ガイド** (3)地図Ⅱのような世界地図(メルカトル図法)は，2地点の緯度や経度の差がとらえやすい。

重要 |003⟩ **[2つの世界地図]**

次の2つの世界地図を見て，あとの問いに答えなさい。

地図Ⅰ

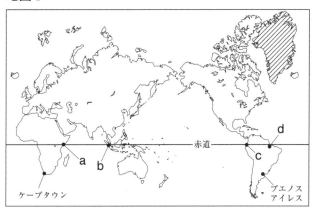

地図Ⅱ

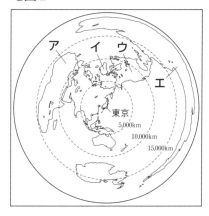

(1) **地図Ⅰ**について，次の①，②の問いに答えよ。

① 南極大陸を除く5大陸のうち，すべての陸地が赤道よりも南にあるのはどの大陸か。その大陸の名称を書け。　　　　　　　　　　　　　　[　　　　　　　　　　]

② 地点a～dについて，1月1日の新年を最も早く迎えた地点から順に並べ，その記号を書け。　　　　　　　　　　　　　　[　　　→　　　→　　　→　　　]

(2) **地図Ⅱ**は，東京からの距離と方位を正しく示している。**地図Ⅱ**について，次の①，②の問いに答えよ。

① **地図Ⅰ**に⧅⧅で示した島は，**地図Ⅱ**ではどこになるか。**地図Ⅱ**中のア～エの中から1つ選び，記号で答えよ。　　　　　　　　　　　　　　　　　　　　[　　　　]

② 東京とケープタウン，ブエノスアイレスの距離と方位について述べた次の文中の[　X　]，[　Y　]にあてはまる数字と語句の組み合わせとして最も適当なものを，あとのア～エの中から1つ選び，記号で答えよ。　　　　　　　　　　　　　　　　　[　　　　]

> 東京からケープタウンまでの地図上の距離は，約[　X　]kmである。また，東京から見たブエノスアイレスの方位は，ほぼ[　Y　]である。

ア〔X　10,000，Y　東〕　　　イ〔X　10,000，Y　南〕

ウ〔X　15,000，Y　東〕　　　エ〔X　15,000，Y　南〕

> **ガイド** (1)②経度180度に沿う**日付変更線**で日にちが改められる。

004 〉[北極から見た地球]
右の地図は北極点の周辺を示したものである。これを見て，次の問いに答えなさい。

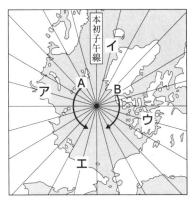

(1) 地球の自転の向きはAとBのどちらか。記号で答えよ。
　　　　　　　　　　　　　　　　　　　　　[　　　　]

(2) 東京が1月1日午前0時のとき，現地の時刻が東京と
　比べて，16時間遅れる地点を通る経線はどれか。地図中
　のア～エの中から1つ選び，記号で答えよ。　[　　　　]

005 〉[異なる地点から見た地球の半球]
次の地図Ⅰと地図Ⅱは，地球をそれぞれ別の向きから見たものであり，経線は本初子午線から
60度ごとに引かれている。これを見て，次の問いに答えなさい。

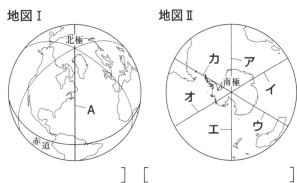

地図Ⅰ　　　　地図Ⅱ

(1) 地図Ⅱに引かれている経線の中で，
　地図ⅠのAと同じ経度の経線はどれ
　か。地図中のア～カの中から1つ選
　び，記号で答えよ。　　　[　　　　]

(2) 地図Ⅰと地図Ⅱの両方で見ること
　ができる大陸が2つある。それらの
　大陸の名前を書け。

　　　　　　[　　　　　　　] [　　　　　　　]

 006 〉[地球上の移動]
右の地図は，中心からの距離と方位が正しい地図であり，
その中心を東京においている。地図中の点線(------)は，
東京からダッカ(◎)を通過して直進し，地球を一周す
るコースを想定して引いたものである。東京から地図
中の矢印(←)の向きに点線で示したコースを直進し，
地球を一周して戻ってくるまでに通過する3つの大陸
はどれか。ア～カの中からすべて選び，通過する順に
記号で答えなさい。

　　　　　　　　[　　　→　　　→　　　]

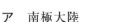

　ア　南極大陸　　　　　　イ　アフリカ大陸
　ウ　北アメリカ大陸　　　エ　南アメリカ大陸
　オ　ユーラシア大陸　　　カ　オーストラリア大陸

007 〉[地球の姿]

右の地図を見て，次の問いに答えなさい。

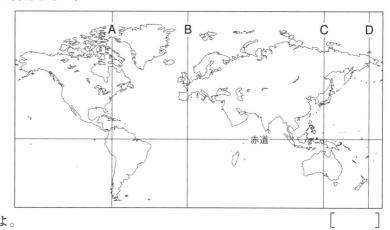

(1) 海と陸地の面積の比と
　　して最も適切なものを次
　　のア～エの中から1つ選
　　び，記号で答えよ。

　　　　　　　　[　　　]

　　ア　6：4　イ　7：3
　　ウ　8：2　エ　9：1

(2) 本初子午線にあたるも
　　のを，地図中のA～Dか
　　ら1つ選び，記号で答えよ。　　　　　　　　　　　　　　　　　　　　[　　　]

(3) 地図に表していないアフリカ大陸の形を，社会科の授業で学んだ直線を使ったかき方で最
　　も適切に表したものを，次のア～エの中から1つ選び，記号で答えよ。　　　[　　　]

ア　　　　　　　　イ　　　　　　　　ウ　　　　　　　　エ

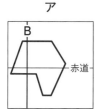 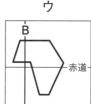 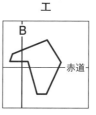

重要　008 〉[時差と標準時]

次の問いに答えなさい。

(1) エジプトのカイロへ向かう日本からの直行便の飛行機は，日本時間の2月17日午後4時
　　に成田国際空港を出発し，現地時間の2月17日午後11時にカイロ国際空港に到着した。成
　　田国際空港からカイロ国際空港まで何時間かかったか。かかった時間を書け。なお，日本の
　　標準時の基準となる経度は東経135度で，カイロの標準時の基準となる経度は東経30度で
　　ある。　　　　　　　　　　　　　　　　　　　　　　　　　　[　　　　　　]

(2) 飛行機で成田国際空港からモスクワまで10時間かかるとすると，成田国際空港を日本の
　　時刻で2月10日午前11時に出発した飛行機は，モスクワに何月何日何時に到着するか。午
　　前，午後をつけて，モスクワの時刻で書け。ただし，モスクワと東京の時差は，5時間であ
　　る。　　　　　　　　　　　　　　　　　　　　　　　　　[　　　　　　]

(3) アメリカ合衆国のロサンゼルスは，西経120度の経線上の時刻を標準時としている。関西
　　国際空港から3月9日の午後2時15分に出発した航空機が，9時間45分かかってロサンゼ
　　ルスに到着した。到着時のロサンゼルスの日付と時刻を答えよ。ただし，サマータイムは考
　　えないものとし，時刻には午前または午後をつけて書け。　　[　　　　　　　]

ガイド　(1)～(3)2地点間の時差から，出発したときの到着地の現地時間を求めることが重要である。

最高水準問題 ——————————————————————— 解答 別冊 p.3

難 009 右の図は，メルカトル図法で経線，緯線のみを示したものである。図中の①〜⑤の経線，緯線で，同じ距離にあたるものの組み合わせとして正しいものを，次のア〜カの中から１つ選び，記号で答えなさい。

(大阪・東海大付仰星高) [　　　　]

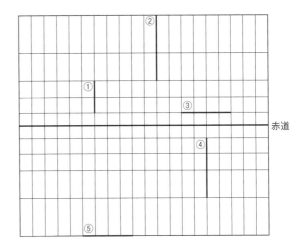

ア　①と②　　　イ　②と④

ウ　②と⑤　　　エ　③と④

オ　③と⑤　　　カ　④と⑤

010 右の地図は，東京を中心として描かれた距離と方位が正しい地図である。この地図を見て，次の問いに答えなさい。

(大阪・大谷高)

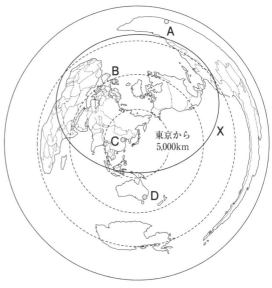

(1) 東京から図中A〜Cの各都市への距離を，近い順に並べたときの組み合わせとして正しいものを，次のア〜エの中から１つ選び，記号で答えよ。　　　[　　　　]

ア　東京→A→B→C

イ　東京→A→C→B

ウ　東京→C→B→A

エ　東京→C→A→B

(2) 東京から図中A〜Dの各都市を，それぞれ最短距離で結んだとき，オセアニア州を通過するのはどの都市と結んだときか。A〜Dの中から１つ選び，記号で答えよ。

[　　　　]

(3) 図中の線Xについて，次の①，②の問いに答えよ。

① この線が示しているものを，次のア〜エの中から１つ選び，記号で答えよ。　　　[　　　　]

ア　北極圏　　　イ　北回帰線　　　ウ　赤道　　　エ　南回帰線

② この線が通過している国を，次のア〜エの中から１つ選び，記号で答えよ。　　　[　　　　]

ア　インドネシア　　　イ　ギリシャ　　　ウ　アメリカ合衆国　　　エ　南アフリカ共和国

解答の方針

009 メルカトル図法において，同じ距離の経線・緯線は，高緯度のものほど，実際よりも長くなる。

010 (3)① 北回帰線は，北緯23度26分の緯線，南回帰線は南緯23度26分の緯線である。

011 世界地図を描く図法について正しく述べた文を次のア～エの中から１つ選び，記号で答えなさい。　　　　　　　　　　　　　　　　　　　　　　　　　　　　　　（京都・同志社高）［　　　　　］

ア　正距方位図法では，どの２点間であっても，距離と方位を正しく表示できる。

イ　メルカトル図法では，陸地の形と面積を正しく表示できる。

ウ　正距方位図法は，航空図として利用するのに適している。

エ　メルカトル図法は，分布図として利用するのに適している。

012 次の地図に引かれた直線あ～おは経線を示している。また，Ａ～Ｅは国を，Ｘは大洋を示している。あとの問いに答えなさい。　　　　　　　　　　　　　　　　　　　（福島県）

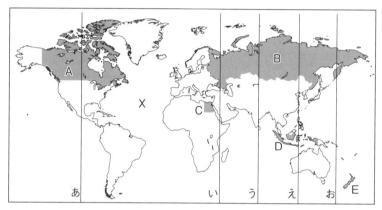

(1)　地図Ｘの大洋名を書け。　　　　　　　　　　　　　　　　　　　　［　　　　　　　　］

(2)　地図のあは，西経 100 度の経線を示している。あの経線に対して，地球の反対側を通る東経 80 度の経線として適当なものを，地図のい～おの中から１つ選べ。　　　　　［　　　　　　　］

(3)　次の文は，地図のＡ～Ｅ国のいずれかの国について述べたものである。この文にあてはまる国を，Ａ～Ｅの中から１つ選び，記号と国名を書け。

　　　　　　　　　　　　　　　記号［　　　］　国名［　　　　　　　　　］

> この国には，南から北に国土を貫いて海に注ぐ大きな川が流れている。古代文明が栄えたころ，その河川の増水の時期を予測して農耕を行うために太陽暦がつくり出された。

013 右の地図を見て，次の問いに答えなさい。

（大阪・関西大一高）

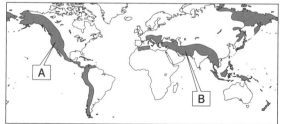

(1)　地図中のＡ，Ｂの造山帯の名称を書け。

　　Ａ［　　　　　　　　　　　　］

　　Ｂ［　　　　　　　　　　　　］

(2)　日本と同じく地震対策が必要であると思われる都市を，次のア～エの中から１つ選び，記号で答えよ。　　　［　　　　　］

ア　ニューヨーク　　イ　ウェリントン　　ウ　ナイロビ　　エ　パリ

解答の方針

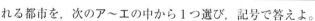

012 (3)文中からキーワードを見つける。ここでのキーワードは「古代文明」「太陽暦」である。

014 次の問いに答えなさい。

(1)　ドイツが1月20日午前6時のときの日本の日時を書け。なお，ドイツの経度は東経15度とし，日本の経度は東経135度として計算せよ。　（東福岡高改）［　　　　　　　　　　］

難 (2)　斉藤さんは会社からサンフランシスコに出張を命じられた。成田国際空港から搭乗し，サンフランシスコの空港に2月10日の午前9時30分に到着する飛行機に乗るように指示された。日本時間で何月何日何時発の飛行機に乗ることになるか。ただし，飛行時間は9時間30分で，サンフランシスコは西経120度上にあるとする。　（大阪教育大附高平野）［　　　　　　　　　　］

015 次の地図は，世界のある国を切り抜いたものである。この地図を見て，あとの問いに答えなさい。ただし，縮尺と方位は同じではない。また，一部地域を省略したものもある。

（群馬・前橋育英高）

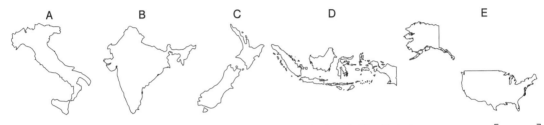

(1)　A～E国のうち，最も早く2021年1月1日を迎えた国を，記号で答えよ。　［　　　　　］

(2)　A～E国のうち，人口の多い順に上位3か国を正しく並べたものを，次のア～エの中から1つ選び，記号で答えよ。　［　　　　　］

　ア　B国→E国→D国　　イ　B国→A国→D国

　ウ　E国→C国→D国　　エ　E国→C国→B国

(3)　D国の首都名を書け。　［　　　　　　　　　　］

難 **016** 右の地図はある主題に基づいてつくられている。その主題を次のア～エの中から1つ選び，記号で答えなさい。

（京都・立命館宇治高）

［　　　　　］

　ア　人口数

　イ　人口密度

　ウ　GDP

　エ　国連拠出金

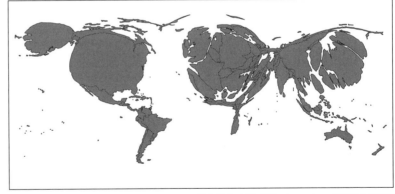

（「World Bank World Development report 2009」より作成）

解答の方針

015 (1)日にちは，日付変更線より西回りで改められていく。

016 アメリカ合衆国や日本，ドイツなどの面積が広い。ウは，経済規模の大きい国で多くなる。

2 日本の姿

（解答）別冊 p.4

標 準 問 題

重要 017 〉[日本の位置と時差]

時間の国際的な基準は，1884 年に開催された国際会議において，イギリスのロンドンを通る経線を経度 0 度とすることによって定められた。次の問いに答えなさい。

(1) 経度 0 度の経線を基準とした 10 度ごとの経線と，赤道を基準とした 10 度ごとの緯線が日本の陸地で交差する唯一の地点は秋田県大潟村にあり，図中のＡは，その位置を表している。次の文中の〔　　〕から適切なものをア〜エの中から 1 つ選び，記号で答えよ。　　　　　　　　　　　　　　[　　]

　　図中のＡの緯度は，北緯 40 度，経度は〔ア　東経 130 度
　イ　西経 130 度　ウ　東経 140 度　エ　西経 140 度〕である。

(2) 日本の標準時の基準となる経線は，兵庫県明石市を通っている。Ｍさんは，ロンドンから 13 時間 20 分かけて，関西国際空港に日本時間の 3 月 16 日午前 9 時 40 分に到着した。Ｍさんがロンドンを出発したのはいつか。ロンドンの日時で書け。午前，午後を明らかにして答えること。　　　　　　　　　　　　　　　　　　　[　　　　　　　　　　　]

ガイド　(1) 本初子午線より西であれば**西経**，東であれば**東経**で表す。
　　　　(2) 経度 15 度で 1 時間の時差が生じる。ロンドンは，**本初子午線が標準時子午線**となる。

018 〉[日本の位置と標準時子午線]

次の問いに答えなさい。

(1) 次の文中の　Ｘ　にあてはまる語句を書け。また，　Ｙ　にあてはまる数字をあとのア〜エの中から 1 つ選び，記号で答えよ。　　語句[　　　　　　　] 記号[　　　]

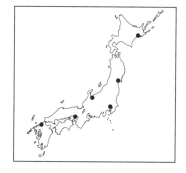

　　日本列島は，アジアからヨーロッパにまたがる　Ｘ
　大陸の東に，約　Ｙ　km にわたり細長く連なっている。

ア　300　　　イ　1,000　　　ウ　3,000　　　エ　6,000

(2) 右の地図は，経線と緯線とが直線で直角に交わるようにかかれている。日本の標準時を決める経線を，地図上に実線（―――）でかき入れよ。（定規を使ってもよい。）ただし，この経線は地図上のいずれかの●を通るものとする。

ガイド　(2) 日本の**標準時子午線**は，兵庫県の**明石市**などを通る。

重要 019 〉**[国の主権]**

右の図は，わが国も調印した国連海洋法条約に基づく，国家の主権がおよぶ範囲について，模式的に表したものである。この図を見て，次の問いに答えなさい。

(1) 領土と領海の上空にあたる（ あ ）を何というか，書け。　　　[　　　　　]

(2) 「（ い ）海里」は，経済水域の範囲を示している。（ い ）にあてはまる数値を，次のア～エの中から1つ選び，記号で答えよ。

　　ア　12　　　　イ　20　　　　[　　　]
　　ウ　120　　　エ　200

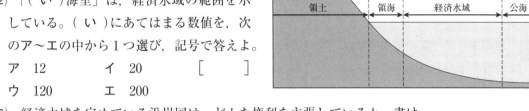

(3) 経済水域を定めている沿岸国は，どんな権利を主張しているか，書け。

　　[　　　　　　　　　　　　　　　　　　　　　　　　　　　　　　　　　　　　]

ガイド (2)領海の範囲と混同しないこと。なお，1海里は，1,852 mである。

重要 020 〉**[日本の国土の端]**

日本の端を示した右の地図を見て，次の問いに答えなさい。

(1) 日本の東西南北の端にある4島は，「沖ノ鳥島・択捉島・与那国島・南鳥島」である。東西南北の端の組み合わせとして正しいものを，次のア～エの中から1つ選び，記号で答えよ。　　[　　　]

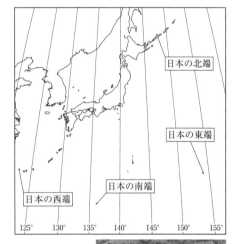

　　ア　東…沖ノ鳥島，西…与那国島，
　　　　南…南鳥島，北…択捉島
　　イ　東…与那国島，西…南鳥島，
　　　　南…択捉島，北…沖ノ鳥島
　　ウ　東…南鳥島，西…与那国島，
　　　　南…沖ノ鳥島，北…択捉島
　　エ　東…択捉島，西…沖ノ鳥島，
　　　　南…南鳥島，北…与那国島

(2) 日本の南の端に位置する島では，右の写真のように，島の水没を防ぐための護岸工事が行われた。この工事の主なねらいを，簡潔に書け。[　　　　　　　　　　　　　　　　　　　]

(3) 日本の西端の日の出の時刻が午前6時00分であるとき，日本の東端の日の出の時刻は何時何分と考えられるか。次のア～エの中から1つ選び，記号で答えよ。　　　　[　　　]

　　ア　午前3時56分　　　イ　午前4時58分
　　ウ　午前7時02分　　　エ　午前8時04分

ガイド (3)まず，西の端と東の端では，どちらの日の出が早いかを考える。

021 [東日本・西日本と地方区分]

右の地図を見て，次の問いに答えなさい。

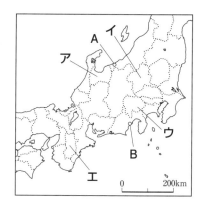

(1) 日本を，山脈ののびる方向など，地形に注目して東日本と西日本に分けるとき，その境目となる地帯は，□□□□とよばれ，おおよそ地図中の都市Aと都市Bが結ばれる線の付近になる。□□□□にあてはまる最も適当な言葉を書け。
　　[　　　　　　　　　　　　　]

(2) 地図中のア〜エの県の中には，県の名称と県庁が置かれている都市の名称が同じで，日本の7地方区分では中部地方に属する県が1つある。それはどれか。ア〜エの中から1つ選び，その記号と県名を書け。　記号[　　] 県名[　　　　　　]

ガイド (1) □□□□は，地質上の大きな溝となっている。

022 [地方区分と県庁所在地]

一郎さんは，12都県の都県庁所在地などを調べ，右の表にまとめた。また，次の図のa〜dは，日本を7つの地方に区分した場合の4つの地方を示し，ア〜シは，表中の都県のいずれかである。あとの問いに答えなさい。

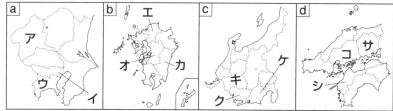

それぞれの略地図の縮尺は，同じでない。

番号	都県	都県庁所在地
1	愛知	名古屋
2	愛媛	
3	岡山	岡山
4	神奈川	
5	岐阜	岐阜
6	熊本	熊本
7	群馬	前橋
8	静岡	
9	東京	東京
10	広島	広島
11	福岡	福岡
12	宮崎	

(1) 図に示されていない地方で，東日本に位置する2つのうちのどちらか1つの地方名を書け。　　[　　　　　　　　　]

(2) 表中の2，4，8，12の番号が示す県のうち，県庁所在地名が県名と異なる県が2つある。その2つの県の番号を書き，それぞれの県を，図中のア〜シから1つず選び，記号で答えよ。

　番号[　　]，記号[　　] 番号[　　]，記号[　　]

重要 023 [東北地方に位置する県]

東北地方に位置する県をア〜エの中から1つ選び，記号で答えなさい。　　[　　　　]

ア イ ウ エ

※図の縮尺は同じではない。

024 〉[海に面する県，面しない県]

右の地図を見て，次の問いに答えなさい。

(1) 地図中のA～Dの4つの地方のうち，海に
面している都府県の数が最も少ない地方はど
れか。A～Dの中から1つ選び，記号で答え
よ。　　　　　　　　　　　[　　　]

(2) 海に面していない県を，次のア～エの中か
ら1つ選び，記号で答えよ。　[　　　]

　ア　山形県　　　イ　茨城県　　　ウ　滋賀県　　　エ　島根県

ガイド (2)海に面していない県は，関東地方，中部地方，近畿地方にある。

重要 025 〉[さまざまな都道府県]

地図を見て，次の問いに答えなさい。

(1) 東北地方の6つの県には，宮城県のほかにも県名とその県の県庁所在地
の都市名が異なる県がもう1つある。その県の位置を，右の地図中のA～
Eから1つ選び，記号で答えよ。また，県庁所在地の都市名も書け。

　　　　　　　　記号[　　　]　県庁所在地名[　　　　　　市]

(2) 愛媛県の県庁所在地は松山市である。四国地方には，愛媛県松山市のよ
うに，県名と県庁所在地名が異なる県がもう1つある。その県名と県庁所
在地の都市名を書け。　県名[　　　県]　都市名[　　　　市]

(3) 右のA～Dは，それぞれ日本の
県のいずれかを示していて，●の
a～dは，それぞれ県庁所在地を
示している。これらの県庁所在地
を北から順番に並べた場合，どう
なるか。次のア～エの中から1つ
選び，記号で答えよ。　[　　　]

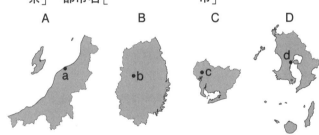

(注)A～Dとも，方位はすべて上が北になるように描いており，縮尺は同一である。
また，一部離島は省略してある。

　ア　a→b→d→c　　　イ　a→d→b→c
　ウ　b→a→c→d　　　エ　b→c→a→d

(4) 次の①～③は，地図中のア～コのいずれかにおける県章を示し
ており，それぞれの県の地形的特徴などがデザイン化されている。
それぞれに該当する県を，地図中のア～コから選び，記号で答え
よ。

①　　　　　　　　　②　　　　　　　　　③

①[　　　]　②[　　　]　③[　　　]

最 高 水 準 問 題 ——————————————————————— 解答 別冊 p.5

026 次の文章を読んで，あとの問いに答えなさい。　　　　　　　　　　（東京学芸大附高）

　日本は，経度で見ると，およそ東経（　あ　）度から（　い　）度の間にある。日本の標準時は，東経
（　う　）度の経線で定めていて，日本は東西に長いので，東の端と西の端では日の出・日の入の時刻
が大きく違っている。また，緯度で見ると，およそ北緯（　え　）度から（　お　）度の間にあり，南北
に長いことから，南部と北部では気候にかなりの違いが見られる。

　日本の面積は約（　か　）万 km² あり，北海道，本州，四国，九州の 4 つの大きな島と周辺の小さ
な島じまからなっている。日本列島は，北海道の宗谷岬から沖縄の与那国島まで直線距離で約
（　き　）km あり，弓のような形にのびている。

(1) 文章中の（　あ　）・（　い　）にあてはまる数字の組み合わせとして最も適切なものを，次のア～
　ケの中から 1 つ選び，記号で答えよ。　　　　　　　　　　　　　　　　　　[　　　　　]

	ア	イ	ウ	エ	オ	カ	キ	ク	ケ
（ あ ）	102	102	102	112	112	112	122	122	122
（ い ）	144	154	164	144	154	164	144	154	164

(2) 文章中の（　う　）にあてはまる数値を答えよ。　　　　　　　　　　　[　　　　　]

(3) 文章中の（　え　）・（　お　）にあてはまる数字の組み合わせとして最も適切なものを，次のア～
　ケの中から 1 つ選び，記号で答えよ。　　　　　　　　　　　　　　　　　[　　　　　]

	ア	イ	ウ	エ	オ	カ	キ	ク	ケ
（ え ）	15	15	15	20	20	20	25	25	25
（ お ）	46	51	56	46	51	56	46	51	56

(4) 文章中の（　か　）に最も適切な数値を答えよ。解答は小数第 1 位を四捨五入した 2 けたの整数で
　答えよ。　　　　　　　　　　　　　　　　　　　　　　　　　　　　　　[　　　　　]

(5) 文章中の（　き　）にあてはまる数値として最も適切なものを，次のア～エの中から 1 つ選び，記
　号で答えよ。　　　　　　　　　　　　　　　　　　　　　　　　　　　　[　　　　　]

　ア　1,000　　　　イ　3,000　　　　ウ　5,000　　　　エ　7,000

027 日本の都道府県の名前には，「福」「島」「川」「山」などの字がつくものがいくつかある。これらの
　　　　字を使う都道府県に関する，次の問いに答えなさい。　　　　　　（大阪教育大附高平野）

(1) 都道府県名に「福」がつくものはいくつあるか答えよ。　　　　　　　　[　　　　つ]

難(2) 都道府県名に「島」がつくものに，互いにとなりあった都道府県があればそれぞれの都道府県名
　を，ない場合は×を記入せよ。　　　　　　　　　　　　　　　　　　　　[　　　　　]

解答の方針

027 (2)「島」がつく県は，福島県や鹿児島県など 5 県ある。残りは，中国・四国地方の 3 県である。

028 ▶ 日本を次の 8 地方に区分したとき，あとの I ，II の各項目にあてはまる地方をすべて選び，A から H の記号で答えなさい。あてはまる地方がない場合は，「なし」と記しなさい。ただし，あてはまる地方の数は，いずれも 3 つ以内である。

（東京・お茶の水女子大附高）

A 北海道	B 東北	C 関東	D 中部
E 近畿	F 中国	G 四国	H 九州

I　太平洋と日本海の両方に面しているが，内陸県もある地方。　　　　　　　[　　　　　]

難 II　都道府県名に「山」または「川」の字を含む都道府県がない地方。　　　[　　　　　]

029 ▶ 右の地図は，日本の 10 電力会社の事業地域を表したものである。地図の a と b を合わせ，c と d を合わせると 8 つの区分に分けることができる。

　この地域区分の境界と地理学習などでよく用いられている 8 地方区分の境界とを比べると，異なる地方に含まれる都道府県がいくつかあることがわかる。

　その都道府県を，静岡県，福井県，三重県を除いて，2 つ答えなさい。

（広島大附高）

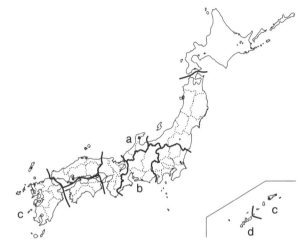

[　　　　　　　]
[　　　　　　　]

030 ▶ 右の図は，緯線と経線をそれぞれ 5° 間隔で引いたものである。また A 〜 G は秋田県，鹿児島県，高知県，埼玉県，兵庫県，福岡県，三重県のいずれかの県庁所在地の位置を示したものである。これを見て，次の問いに答えなさい。

（長崎・青雲高）

⑴　三重県の県庁所在地の位置を，A 〜 G から 1 つ選び，記号で答えよ。　　　　　　　[　　　]

⑵　緯線 X と経線 Y の度数を正しく組み合わせているものを次のア〜エの中から 1 つ選び，記号で答えよ。　[　　　]

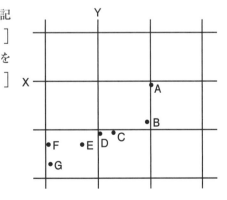

ア　X　北緯 35 度，Y　東経 135 度
イ　X　北緯 35 度，Y　東経 140 度
ウ　X　北緯 40 度，Y　東経 135 度
エ　X　北緯 40 度，Y　東経 140 度

解答の方針

028 II…「山」がつく県は 6 つ，「川」がつく県は 3 つある。

029 中央日本の区分に着目する。東北地方，関東地方，中部地方の境に気をつける。

030 秋田県の大潟村を通る緯線と経線の度数を考える。

031 ▶次の問いに答えなさい。　　　　　　　　　　　　　（国立東京工業高専）

(1) 図1とその説明文を参考にし，日本の国土と領域に関して正しく述べた文を次のア～エの中から1つ選び，記号で答えよ。
　　　[　　　]

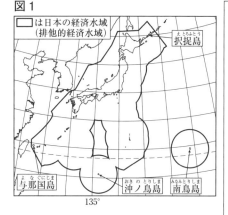

図1

□は日本の経済水域（排他的経済水域）

択捉島
与那国島
沖ノ鳥島
南鳥島
135°

　日本の経済水域（排他的経済水域）として示された範囲には，領海も含む。なお，日本の領海と経済水域を合わせた広さは約447万km²である。ただし，経済水域の境界線は，国連海洋法条約および日本の法令に基づいたものであるが，その一部については関係国と協議中である。

（『海上保安庁資料』より）

ア　日本の最南端に位置する南鳥島では，波による侵食から島を守るために護岸工事が行われた。

イ　日本の経済水域（排他的経済水域）は海岸線から200kmまでの水域であり，日本の許可がなければ外国籍の船舶はその水域を航行できない。

ウ　日本の領空とは領土の上空であり，その高さは人工衛星の軌道あたりまでとなっている。

エ　日本の領海と経済水域（排他的経済水域）を合わせた広さは，日本の国土面積の10倍以上になる。

難 (2) 日本の標準時子午線（東経135度）の通る兵庫県明石市の対蹠点（地球の正反対側，地球の真裏にあたる位置）は，図2中のどの範囲に含まれるか。図2中のア～カの中から1つ選び，記号で答えよ。
　　　　　　　　　[　　　]

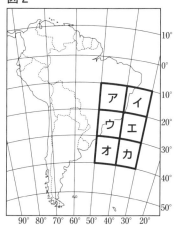

図2

10°
0°
10°
20°
30°
40°
50°
90° 80° 70° 60° 50° 40° 30° 20°

ア	イ
ウ	エ
オ	カ

難 **032** ▶各都道府県は，郷土を代表する花，木，鳥を定めている。右の表は6つの都道府県の花，木，鳥を示したものである。表中のAからFはどの都道府県と考えられるか。次のア～コの中から1つずつ選び，記号で答えなさい。　（東京・お茶の水女子大附高）

都道府県の花・木・鳥

	花	木	鳥
A	ハマナス	エゾマツ	タンチョウ
B	ウンゼンツツジ	ツバキ・ヒノキ	オシドリ
C	オリーブ	オリーブ	ホトトギス
D	ベニバナ	サクランボ	オシドリ
E	デイゴ	リュウキュウマツ	ノグチゲラ
F	チューリップ	ユキツバキ	トキ

ア　愛知　　イ　沖縄　　ウ　香川
エ　京都　　オ　栃木　　カ　鳥取
キ　長崎　　ク　新潟　　ケ　北海道　　コ　山形

A[　　] B[　　] C[　　] D[　　] E[　　] F[　　]

解答の方針

031 (2)明石市の緯度は，およそ北緯35度である。

032 エゾマツやウンゼンツツジなど，地名に関するよび名のついたものが手がかりとなる。

3 世界各地の人々の生活と環境

（解答）別冊 p.6

標 準 問 題

033 〉[世界の主食]
次の問いに答えなさい。

(1) EU加盟国内の広い範囲で主食とされており，EU加盟国全体において生産量が最も多い
農作物を，次のア～エの中から1つ選び，記号で答えよ。 [　　　]

ア 米　　　イ 小麦　　　ウ 大豆　　　エ とうもろこし

(2) 次のイラストは，とうもろこし，タロいも，小麦，いねを表したものである。このうち，
中南米で主食となっているとうもろこしを，次のア～エの中から1つ選び，記号で答えよ。
[　　　]

（イラストの縮尺は同じではない）

重要 034 〉[世界の住居]
次の問いに答えなさい。

(1) 世界には気候に応じたさまざまな伝統的な住居が見られ
る。右のグラフは，ある都市の月平均気温と月降水量を示
している。右のグラフの気候に応じた住居として適切なも
のを次のア～エの中から1つ選び，記号で答えよ。[　　　]

ア テント式の住居　　　イ 日干しれんがでつくった住居
ウ 高床式の住居　　　エ 氷を積み上げてつくった住居

(2) 次の文は，右の絵のようすが見られる地域を説明したも
のである。このようすが見られる地域を，あとのア～エの
中から1つ選び，記号で答えよ。 [　　　]

　組み立て式のテントとなっているゲルは，羊ややぎ，ら
くだをともなって，季節とともに水や草を求めて移動する
遊牧民の生活に適している。

ア 地中海沿岸　　　　イ アラスカ
ウ アンデス山脈　　　エ モンゴル高原

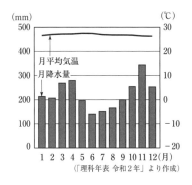

（「理科年表 令和2年」より作成）

ガイド (1)のグラフを雨温図といい，月別の平均気温と降水量が示される。

重要 035 [世界の宗教]

次の問いに答えなさい。

(1) ある宗教では，酒を飲まない，豚肉を食べないなどの生活習慣上の規律がある。この宗教名を書け。　　　　　　　　　　　　　　　　　　　　　　　[　　　　　　　]

(2) **資料Ⅰ**は世界の宗教人口割合を示したものであり，**資料Ⅱ**は世界の宗教分布を示したものである。**資料Ⅰ**，**Ⅱ**を正しく読み取っているものを，あとのア～エの中から1つ選び，記号で答えよ。　　　　　　　　　　　　　　　　　　　　　　　　　　[　　　　　]

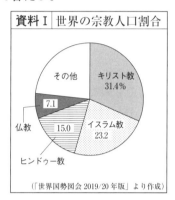

資料Ⅰ	世界の宗教人口割合

キリスト教 31.4%
イスラム教 23.2
その他
7.1
仏教
15.0
ヒンドゥー教

（「世界国勢図会 2019/20年版」より作成）

資料Ⅱ　世界の宗教の分布

□ キリスト教
■ 仏教
▨ イスラム教
▤ ヒンドゥー教
□ その他

※斜線の地域は，宗教が混合していることを示している。

（「世界年鑑2008年版」他より作成）

ア　キリスト教は，主にヨーロッパ州，南・北アメリカ州などに分布しており，世界の約3分の1の人々が信仰している。

イ　イスラム教は，主にヨーロッパ州，アフリカ州に分布しており，キリスト教に次いで2番目に信仰している人々が多い。

ウ　ヒンドゥー教は，主にアジア州，オセアニア州に分布しており，世界の15.0%の人々が信仰している。

エ　仏教は，主にアジア州に分布しており，世界の約8分の1の人々が信仰している。

重要 036 [環境問題]

次の問いに答えなさい。

(1) 右の資料は，デンマークの海上に見られる施設を示したものである。デンマークではこのような施設が国内の多くの場所に設置されている。その理由を，「エネルギー」，「環境」の2つの語を使って書け。

[　　　　　　　　　　　　　　　　　　　　　　　　　　　　　]

(2) 右の写真は，酸性雨などの影響により立ち枯れた森林のようすを示している。このような被害が多く見られる地域を地図中のア～エの中から1つ選び，記号で答えよ。　　　　　[　　　　]

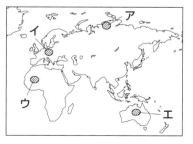

最 高 水 準 問 題 ———————————— 解答 別冊 p. 7

037 世界の人々の住まいや衣服について，あとの問いに答えなさい。 (京都・立命館高)

A   B   C   D

(1) 上の写真が見られる地域
を，地図中のⓐ～ⓕからそ
れぞれ1つずつ選び，記号
で答えよ。

A [   ] B [   ]
C [   ] D [   ]

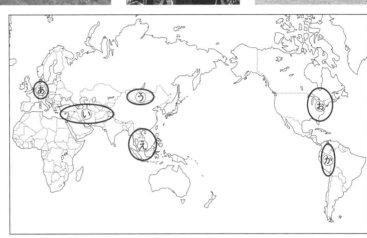

(2) 写真Aについて，次の①，
②の問いに答えよ。

① このような住居の名称
をカタカナで書け。

[   ]

② 彼らはどのような生活をしているか，説明せよ。

[   ]

(3) 写真Bのような高床住居の一般的な利点を1つ書け。

[   ]

難 (4) 写真Dの衣装の中でも，足もとの木靴はその土地に合わせた必需品であった。木靴が必要であっ
た理由を，簡潔に説明せよ。

[   ]

038 次の問いに答えなさい。

(1) ペルー周辺の地域から世界に広がった食物を次のア～エの中から1つ選び，記号で答えよ。

(京都・立命館宇治高) [   ]

ア 小麦   イ 米   ウ じゃがいも   エ さとうきび

(解答の方針)

037 (4)写真Dはオランダの民族衣装。オランダは，国土の約4分の1が低湿のポルダー(干拓地)である。

(2)　中国では各地の自然環境や歴史的背景の違いなどからさまざまな料理が発達してきた。マーボー豆腐に代表されるように，とうがらしなどの香辛料を多く使用し，からい味が特徴の1つとして知られる料理を，次のア～エの中から1つ選び，記号で答えよ。　　　　　（大阪・関西大倉高）[　　　]

ア　北京料理　　　イ　四川料理　　　ウ　広東料理　　　エ　上海料理

039　次の文中の　A　，　B　に適する語句を，あとのア～オの中から1つ選び，記号で答えなさい。
　　　　　　　　　　　　　　　　　　　　　　　　　　　　　　（栃木・佐野日本大高）

ヨーロッパではキリスト教を信仰する人々が多く，町なみや人々の生活に深くかかわっている。フランスやスペインでは　A　の信者が多く，イギリスやノルウェーなどでは　B　の信者が多い地域になっている。　　　　　　　　　　　　　　　　　　　A[　　　]　B[　　　]

　　ア　正教会　　　　　　　イ　プロテスタント　　　　ウ　ユダヤ教
　　エ　カトリック　　　　　オ　ヒンドゥー教

040　ヨーロッパ中・北部などで深刻となっている環境問題について，次の問いに答えなさい。
　　　　　　　　　　　　　　　　　　　　　　　　　　　　　　（宮城・東北学院高）

(1)　右の写真は，これらの地域の森林被害のようすを示している。このような被害の主な原因である，大気中の汚染物質を含む雨を何というか，書け。
　　　　　　　　　　　　　　　[　　　　　　　]

(2)　次の文は，(1)の被害の発生と拡大について述べたものである。□□□に共通してあてはまる語句を，漢字3字で書け。

　1950年代，この被害は工業のさかんなイギリスやドイツの□□□の風下にあたる，スカンディナビア半島諸国において顕著になった。さらに汚染物質は□□□にのって運ばれ，国境を越えて東側に拡大していった。　　　　　　　　　　　　　　　　　　[　　　　　　　]

難　041　右の写真は，北アフリカなどに見られる住居である。日本の家屋と異なる構造上の特徴と，そうなっている理由を40字以内で書きなさい。（石川・金沢大附高）

[　　　　　　　　　　　]

解答の方針
039　宗教改革は，ドイツやスイスでおこり，その動きはイギリスなどに広がっていった。
040　(1)窒素酸化物や硫黄酸化物が雨の性質を強めた。
　　　(2)1年を通して西から吹く風である。そのため，汚染物質も西から東に運ばれる。
041　この地域は**乾燥帯**に属する。

042 次の文を読んで，あとの問いに答えなさい。 〔長崎・青雲高〕

　世界には衣・a食・住にそれぞれ特色を持ったさまざまな国があり，その国家間の結びつきにはいろいろな形態がみられる。現在の世界は，貿易や交通・通信によって深く結びついている。いっぽう歴史的な結びつきもある。例えば，インドとそこを支配していた　X　との関係は，植民地とb旧宗主国との結びつきであり，その関係はc言語などの文化面や農業・工業などの産業面にも及んでいる。

　また，d宗教的な結びつきもある。世界にはキリスト教，eイスラム教，仏教の三大宗教のほか，インドで広く信仰される　Y　教など信者数が1億人を超える宗教がある。仏教はインドで始まったが，現在では東アジアや東南アジア各地に広がっている。このように，世界の結びつきが深まる一方で，戦争や紛争などの対立が世界各地で発生している。

(1)　　X　，　Y　にあてはまる国名や語句を書きなさい。

X〔　　　　　　　　〕　Y〔　　　　　　　　〕

(2)　下線部aに関して，世界の主食について述べた文として誤っているものを次のア～エの中から1つ選び，記号で答えよ。 〔　　　〕

　ア　焼畑耕作を中心とする地域では小麦や肉を主食としている。

　イ　中央アジアから北アフリカへ広がる乾燥地域では家畜の乳やなつめやしを主食としている。

　ウ　東南アジアから中国南部の地域では米を主食としている。

　エ　中央アメリカのメキシコではとうもろこしを主食としている。

難(3)　下線部bに関して，現在の独立国と旧宗主国の組み合わせとして誤っているものを次のア～オの中から1つ選び，記号で答えよ。 〔　　　〕

　ア　アルゼンチンとスペイン　　　　イ　アルジェリアとイタリア

　ウ　ニュージーランドとイギリス　　エ　インドネシアとオランダ

　オ　ベトナムとフランス

(4)　下線部cに関して，旧宗主国の言語が独立後も公用語とされている国がある。その1つであるブラジルの公用語を書け。 〔　　　　　　　　〕

(5)　下線部dに関して，キリスト教とイスラム教について述べた文として誤っているものを次のア～エの中から1つ選び，記号で答えよ。 〔　　　〕

　ア　キリスト教は西アジアで始まり，イタリアやフランス・スウェーデン・ロシアなどへ広まった。

　イ　キリスト教は北アメリカや南アメリカ・オーストラリアで広く信仰されている。

　ウ　イスラム教はアラビア半島で始まり，北アフリカや中央アジアへ広がった。

　エ　イスラム教の聖地であるエルサレムのカーバ神殿には，世界中から多くの信者が巡礼に訪れる。

(6)　下線部eに関して，イスラム教の信者の数が最も多い国を，次のア～エの中から1つ選び，記号で答えよ。 〔　　　〕

　ア　イラン　　　イ　サウジアラビア　　　ウ　インドネシア　　　エ　ナイジェリア

(解答の方針)

042 (6)各国の総人口を考える。

4 アジア

043 **[中国の自然と農業]**

涼介さんは，社会科の授業で，「中国とインドの産業の特徴」について調べた。次の問いに答えなさい。
(宮城県)

資料A　中国とインドの年間降水量と主な農業

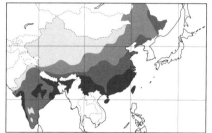

(注) 緯線と経線は20度ごとに引いてある。

年　間降水量	主な農業	
	中国	インド
240mm 未満	牧畜	牧畜
240〜600mm	畑作	畑作
600〜1,200mm	畑作，稲作	畑作，稲作
1,200mm 以上	稲作	稲作

(「UNEP Environmental Data Explorer」などより作成)

資料B　中国とインドの家畜頭数(2018年)

	家畜頭数(千頭)		
	X	Y	Z
中　国	63,271	441,589	164,079
インド	184,464	8,485	61,666

(「世界国勢図会 2020/21 年版」より作成)

資料C　肉類と牛乳の生産量(2018年)

	中　国	インド
豚肉(千トン)	54,037	350
牛肉(千トン)	5,797	948
羊肉(千トン)	2,423	230
牛乳(千トン)	30,746	89,834

(注)数字は四捨五入している。(「FAOSTAT」より作成)

(1) 右の模式図は，本初子午線と赤道を中心にして，世界全体をア〜エの4つの範囲に分けてあらわしたものです。資料Aで示した地域が含まれる範囲を，模式図中のア〜エから1つ選び，記号で答えよ。　　　　　　　　　[　　]

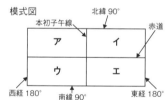

(2) ▨で示した年間降水量が240〜600mmの地域のうち，青森県より緯度の高い地域で栽培されている，主な作物の組み合わせとして，最も適切なものを，次のア〜エから1つ選び，記号で答えよ。　　　　　　　　　[　　]

ア　茶，とうもろこし　　　イ　小麦，綿花
ウ　大豆，茶　　　エ　とうもろこし，小麦

(3) ▨で示した年間降水量が1,200mm以上の地域のうち，中国の南部などの一部の地域では，1年に2回稲作を行っている。このように，同じ土地で1年に2回同じ作物を栽培することを何というか，書け。　　　　　　　　　[　　　　　]

(4) 涼介さんは，▨で示した年間降水量が240mm未満の地域で行われている主な農業について調べを進め，資料B，Cを作成した。X〜Zにあてはまる語句の組み合わせとして，正しいものを，右ページのア〜カの中から1つ選び，記号で答えよ。　　　　　　　　　[　　]

| ア | X 豚 — Y 羊 — Z 牛 | イ | X 豚 — Y 牛 — Z 羊 |

ア　X　豚　—　Y　羊　—　Z　牛　　　　イ　X　豚　—　Y　牛　—　Z　羊
ウ　X　羊　—　Y　牛　—　Z　豚　　　　エ　X　羊　—　Y　豚　—　Z　牛
オ　X　牛　—　Y　豚　—　Z　羊　　　　カ　X　牛　—　Y　羊　—　Z　豚

044 [中国の都市と気候]

右の地図を見て，次の問いに答えなさい。

(1) 地図中の①の都市は，中国で有数の商工業都市である。この都市名を書け。　　　　　[　　　　　　　]

(2) 次の資料は，地図中の①，②の都市の緯度と月別の平均気温を表している。①の都市と②の都市の緯度はほぼ同じであるにもかかわらず，年間を通じて，②の都市の気温が①の都市の気温より低いのはなぜか。その主な理由を書け。

資料　①，②の都市の緯度と月別の平均気温(℃)

	1月	2月	3月	4月	5月	6月	7月	8月	9月	10月	11月	12月
①の都市： 北緯31度25分	4.8	6.6	10.2	15.5	20.7	24.5	28.6	28.3	24.8	19.7	13.8	7.6
②の都市： 北緯29度40分	− 0.8	2.2	5.7	8.9	12.7	16.4	16.3	15.5	13.6	9.0	3.3	− 0.4

（「理科年表令和2年」より作成）

[　　　　　　　　　　　　　　　　　　　　　　　　　　　　　　]

ガイド (2)気温は，海流の影響や土地の高低などにより，同緯度でも大きく異なることがある。

重要 045 [中国の農業地域と河川]

次の文は，地図中の・印のペキンからホンコンへ鉄道で旅行したエリカさんが書いたものである。文中の　a　～　d　にあてはまる語句の組み合わせとして正しいものを，あとのア～エの中から1つ選び，記号で答えなさい。　　　　[　　　]

　　出発した当初は，周辺の農地ではパンやめん類の主原料となる穀物の　a　が栽培されていた。その後，中国の二大河川のうちの1つである　b　を渡った。さらに，もう1つの　c　を渡って南下を続けると，農地では穀物の　d　が栽培されていた。その生産量は世界の30％近くを占めると聞いた。

ア　a −小麦，b −黄河，c −長江，d −米　　　イ　a −小麦，b −長江，c −黄河，d −米
ウ　a −米，b −黄河，c −長江，d −小麦　　　エ　a −米，b −長江，c −黄河，d −小麦

ガイド 小麦は冷涼で降水量の少ない地域で，米は温暖で降水量の多い地域で栽培される。

重要　046 〉[中国の産業]

右の地図を見て，次の問いに答えなさい。

(1)　近年，経済発展がめざましく，外国企業が最も多く進出している地域を，地図中のア～エの中から1つ選び，記号で答えよ。

[　　　　]

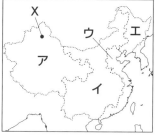

(2)　右下の写真は，地図中のXの都市付近など中国の北西部でよく見られる農業のようすを撮影したものである。この農業がこの地域で行われている理由を，Xの都市の右の降水量の図をもとに，農業の名称を含めて簡潔に述べよ。

[　　　　　　　　　　　　　　　　]

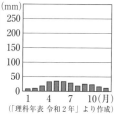

（「理科年表 令和2年」より作成）

重要　047 〉[日本と中国の貿易]

右の表は，日本の輸入総額，日本における中国からの輸入額，日本の輸入総額に占める中国からの輸入額の割合を示している。また，グラフは，日本における中国からの輸入額の内訳(うちわけ)を示している。表やグラフから読み取ったことがらとして誤っているものを，次のア～エの中から1つ選び，記号で答えなさい。　[　　　　]

項目　　　　　　　　　　　　　年	1993	2002	2011	2019
日本の輸入総額(兆円)	26.8	42.2	68.1	78.5
日本における中国からの輸入額(兆円)	2.3	7.7	14.6	18.5
日本の輸入総額に占める中国からの輸入額の割合(%)	8.5	18.3	21.5	23.5

（日本国勢図会2020/21年版，日本国勢図会2012/13年版，
日本国勢図会2002/03年版，日本国勢図会1995/96年版，
総務庁統計局「日本の統計1996年版」より作成）

ア　日本の輸入総額は，1993年以降，9年(2019年は8年)ごとに比較すると，いずれも10兆円以上増加し，日本における中国からの輸入額は，2019年では1993年の約8倍である。

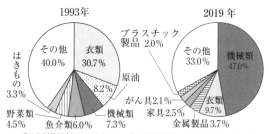

（「日本国勢図会 2020/21年版」，「日本国勢図会 1995/96年版」より作成）

イ　日本における中国からの輸入額と，日本の輸入総額に占める中国からの輸入額の割合は，1993年以降，9年(2019年は8年)ごとに比較すると，いずれも増加している。

ウ　2019年の日本における中国からの機械類の輸入額は，1993年の日本の輸入総額よりも多い。

エ　日本における中国からの輸入額に占める衣類の割合は，2019年は1993年より20%以上減少したが，日本における中国からの衣類の輸入額は，2019年は1993年より増加している。

ガイド　グラフについて，割合の変化のしかたと，それぞれの金額の変化のしかたとは異なる。

◆重要 048 ［日本とフィリピンの比較］

フィリピンと日本について述べた文として誤っているものを，次のア～エの中から１つ選び，記号で答えなさい。　　　　　　　　　[　　　]

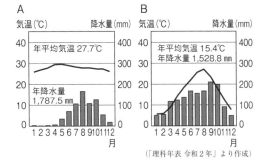

（「理科年表 令和２年」より作成）

ア　フィリピンは，日本と同じように島国（海洋国）である。

イ　日本とフィリピンのどちらの国も，環太平洋造山帯に属している。

ウ　日本が赤道よりも北に位置するのに対して，フィリピンは赤道よりも南に位置する。

エ　右上の２つの雨温図は，フィリピンの首都マニラと日本の首都東京のものである。このうち，Ａはマニラ，Ｂは東京の雨温図である。

049 ［東南アジアの輸出の変化］

次の資料は，地図のＣ国と隣国マレーシアの輸出に関するものである。資料から，両国に共通して読み取れることの説明として最も適切なものを，下のア～エの中から１つ選び，記号を書きなさい。　　　　　　　　　　　　　　　　（佐賀県）[　　　]

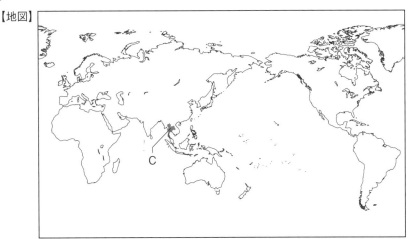

ア　1980年は，エネルギー資源の輸出がさかんだったことがわかる。

イ　1980年は，天然ゴムの輸出額は20億ドルを超えていたことがわかる。

ウ　2018年は，輸出総額が1980年のおよそ50倍になったことがわかる。

エ　2018年は，1980年と比較して工業製品の輸出がさかんになったことがわかる。

【資料】Ｃ国とマレーシアの1980年と2018年の輸出総額と輸出品目別の金額割合

Ｃ国					
	野菜・果実	天然ゴム		とうもろこし 5.4 繊維品 5.1	
1980年 総額65億ドル	米 14.7%	14.2	すず 9.3 8.5	その他 42.8	

	プラスチック類 4.7 自動車		石油製品 3.7 ゴム製品 2.9		
2018年 総額2,525億ドル	機械類 31.2%	12.1	その他 45.4		

マレーシア					
		天然ゴム	機械類	パーム油 すず	
1980年 総額129億ドル	原油 23.8%	木材 16.4 14.1	10.8 8.9 8.9	その他 17.1	

	石油製品 7.3	液化天然ガス 4.0	原油 3.8 精密機械 3.6		
2018年 総額2,473億ドル	機械類 42.2%		その他 39.1		

（「UN Comtrade」，「世界国勢図会 2020/21年版」より作成）

050 〉[インドのようす]

次の問いに答えなさい。

(1) インドについての説明としてあてはまるものを，次のア～エの中
から1つ選び，記号で答えよ。 [　　]

地図　インドにおける小麦と米の主な栽培地域

（グーズ世界地図から作成）

ア 大西洋に面したこの国は，15世紀にコロンブスを援助して新
航路を開拓したことで知られている。

イ 多くの人々がヒンドゥー教を信仰しているこの国は，現在世界
の国々の中で最も人口が多い。

ウ ASEANに加盟しているこの国は，近年日本が輸入するバナナ
の7割以上を日本に輸出している。

エ ナイル川が流れているこの国は，世界遺産
に登録されたピラミッドがあることで知ら
れている。

資料Ⅰ　a地点，b地点の月別降水量

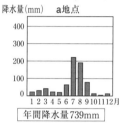

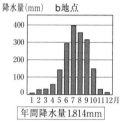

（気象統計情報から作成）

(2) 右の**地図**と**資料**Ⅰ，Ⅱは，インドの小麦と米
の栽培に関するものである。**地図**中のa地点は
小麦，b地点は米のそれぞれ代表的な栽培地で
ある。小麦の栽培期間におけるa地点の降水
量と，米の栽培期間におけるb地点の降水量
を比較して，小麦と米の栽培期間における降
水量の特色を，**資料**Ⅰ，Ⅱから読み取り，小
麦と米のそれぞれについて書け。

資料Ⅱ　インドの小麦と米の栽培カレンダー

（▨栽培期間　○種まき　▲収穫期）

	1月	2月	3月	4月	5月	6月	7月	8月	9月	10月	11月	12月
小麦			▲	▲	▲					○	○	○
米	▲				○	○	○	○		▲	▲	▲

（注）資料中の小麦と米は，インドにおいて最も生産量の多い品種である。
（農林水産省 海外食料需給レポートなどから作成）

小麦[　　　　　　　　　　　　　　　　　　　　　　　　　　　]
米[　　　　　　　　　　　　　　　　　　　　　　　　　　　]

ガイド (2)降水量の多い時期と少ない時期を，栽培時期と重ねあわせて比べる。

重要 051 〉[西アジアのようす]

次の文中の(①)～(④)にあてはまる語句を書きなさい。

　東アジア付近が極東とよばれるのに対し，西アジア付近が中東とよばれるのは，(①)
州から見た位置関係にもとづいている。西アジアの1つであるサウジアラビアは，(②)
の埋蔵量，輸出量とも世界最大である。気候は乾燥していて，国民のほとんどが(③)
教を信仰している。ユダヤ人によって建国された(④)は，3つの宗教の聖地となって
いるエルサレムを首都と定めている。

①[　　　　　　　　　] ②[　　　　　　　　　]
③[　　　　　　　　　] ④[　　　　　　　　　]

ガイド サウジアラビアは，ムハンマド（マホメット）が開いた宗教を国教としている。

最高水準問題

解答 別冊 p.9

052 次の説明文にあてはまる国名を書きなさい。また，その位置を地図中のA～Kの中から1つ選び，記号で答えなさい。 （大阪・浪速高 改）

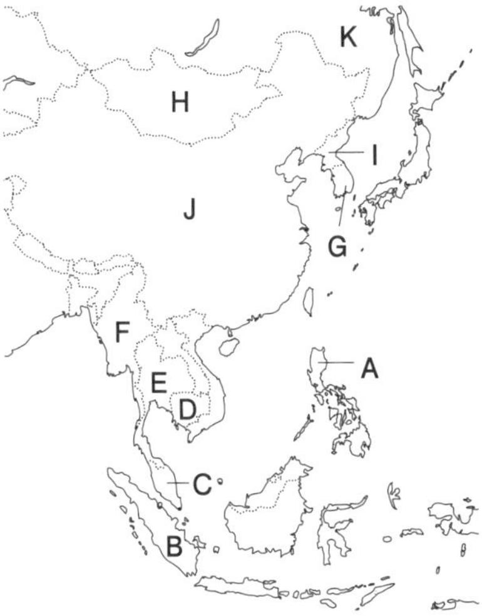

(1) この国は，天然ゴムの生産量と米の輸出量が世界有数である。 国名[ ] 記号[ ]

(2) パーム油の生産量は世界有数である。かつてイギリスの植民地だった時代がある。イスラム教が国教である。

国名[ ] 記号[ ]

(3) 面積が世界最大の国である。ヨーロッパとアジアを結ぶシベリア鉄道が走っている。

国名[ ] 記号[ ]

(4) 人口が世界一の国である。2008年の夏季オリンピックは，この国で開催された。

国名[ ] 記号[ ]

(5) 首都はソウルである。海峡をへだてて九州地方と向き合っている。 国名[ ] 記号[ ]

053 次の文章を読んで，あとの問いに答えなさい。 （福岡・久留米大附設高）

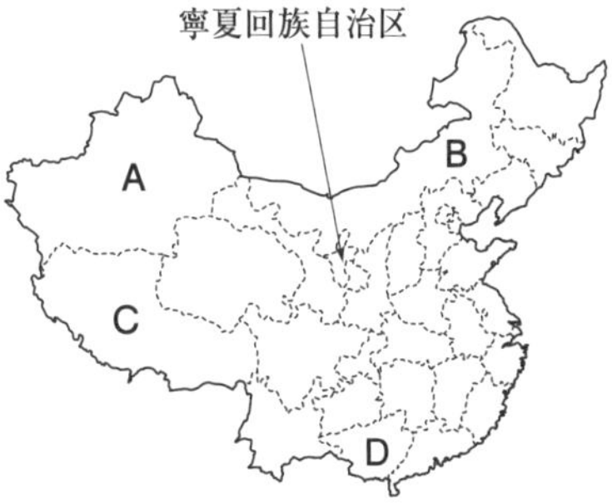

中国は(　　)族が92%を占め，ほかに5自治区を中心に55の少数民族が居住する。宗教や文化などが異なり，厳しい対立がある。2008年にはⓐチベット自治区で，2009年にはⓑ新疆(シンチヤン)ウイグル自治区で騒乱が発生した。

(1) 文章中の(　　)にあてはまる語句を書け。

[族]

(2) 右上の地図中のA～Dの自治区のうち，下線部ⓐとⓑに該当する地域の組み合わせを次のア～ケの中から1つ選び，記号で答えよ。 [ ]

	ア	イ	ウ	エ	オ	カ	キ	ク	ケ
ⓐ	A	A	A	B	B	B	C	C	C
ⓑ	B	C	D	A	C	D	A	B	D

難 (3) 次の文のうち，下線部ⓐとⓑについて述べた文として正しいものをア～カの中から1つずつ選び，記号で答えよ。 ⓐ[ ] ⓑ[ ]

ア トルコ系ウイグル人のほか多くの民族が住み，多くはイスラム教を信仰している。近年，油田開発が進んでいる。

解答の方針

052 (1) **天然ゴム**は，以前はマレーシアが最大であった。

(2) **パーム油**は，熱帯性のアブラヤシの果実から得られる植物油である。

053 (2) **チベット自治区**は，ネパールやインドなどと国境を接している地区である。

イ　自治区の都はオアシス都市ウルムチで，四川(スーチョワン)盆地には広大なタクラマカン砂漠が広がっている。

ウ　多くの国と接し，オアシス農業や酪農がさかんで，そのほか石炭や希少金属などの鉱物資源に恵まれている。

エ　ヒマラヤ山脈と天山(テンシャン)山脈に囲まれるチベット高原は，気候は寒冷で降水量が少なく，耕地は乏しい。

オ　行政の中心地はラサで，住民の多くはチベット人，かつ仏教の一派ラマ教(チベット仏教)を信仰する人が多い。

カ　南部のブラマプトラ川流域で粗放的な農業が行われるほか，牧畜業がさかんでリャマやアルパカの飼育が多い。

054 次の問いに答えなさい。

(1) 右の図のように，中国の国土を沿岸部から順にX，Y，Zの3地域に分けることにする。下の図は，カラーテレビの生産台数・米の生産量・人口・綿花の生産量について，1997年から2017年にかけての3地域の占める割合の変化を，1997年の中国全体を100として示したものである。カラーテレビの生産台数と綿花の生産量にあてはまるものをア～エからそれぞれ選び，カラーテレビ→綿花の順にその記号を書け。

(奈良・東大寺学園高)[　　　　→　　　　]

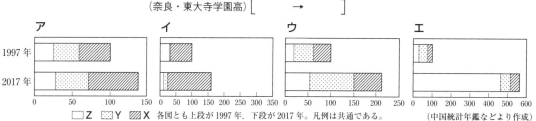

□Z 　⋯Y 　⁄X　各図とも上段が1997年，下段が2017年。凡例は共通である。　(中国統計年鑑などより作成)

(2) 1980年代以降，対外開放政策の1つとして，海外の資本や技術を導入するために開放した地域を何というか。その名称を，漢字4字で書け。また，その地域にあてはまる都市を次のア～オの中から1つ選び，記号で答えよ。　　　　名称[　　　　　　]　記号[　　　　]

ア　シャンハイ　　　イ　ターチン　　　ウ　シェンチェン　　　エ　パオトウ　　　オ　ペキン

(3) 中国の農業体制に関して，1980年ころから個々の農家が決められた量の農産物を国におさめ，残りは自由市などで販売できる仕組みを何というか，書け。

(北海道・東海大付四高)[　　　　　　　　　　　]

解答の方針

054 (1) 人口については，**一人っ子政策**(2016年に廃止)が実施されているが，増えていることを考える。

　　(2) イ・エ・オは内陸の都市である。

　　(3) それまでは，農業集団化の組織である**人民公社**のもとで農業が行われていた。

055 ▶ 右の地図を見て，次の問いに答えなさい。

（群馬・前橋育英高）

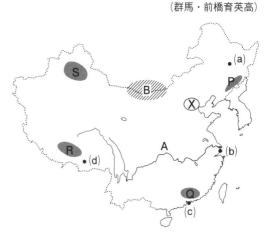

(1) 地図中の**A**の河川について，次の①，②の問い
に答えよ。

① この河川の名称を書け。

[　　　　　　　]

② この河川の中流域に建設され，発電出力が世
界最大となったダムの名称を次の**ア**～**エ**の中か
ら1つ選び，記号で答えよ。　　[　　　　]

ア イタイプダム　　**イ** サンシヤダム
ウ アスワンダム　　**エ** サンメンシヤダム

(2) 地図中の**B**の砂漠の名称を書け。

[　　　　　　　]

(3) 次の文章にあてはまる地域を，地図中の**P**～**S**の中から1つ選び，記号で答えよ。　　[　　　]

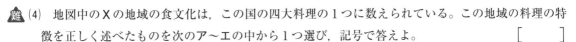

　　かつてのシルクロード沿いにオアシス都市が多く発達した。乾燥地帯であり，また，イスラ
ム教を信仰する人々が多いため，羊の肉がよく食べられている。

難 (4) 地図中の**X**の地域の食文化は，この国の四大料理の1つに数えられている。この地域の料理の特
徴を正しく述べたものを次の**ア**～**エ**の中から1つ選び，記号で答えよ。　　[　　　]

ア この地域では夏の高温多湿な気候をうけて，ラー油や山椒（さんしょう）を用いた料理が特徴である。

イ この地域では小麦を使った料理が多く，ギョウザやアヒルの肉を使った料理が有名である。

ウ この地域ではエビや川魚などの食材が豊富で，特にカニを用いた料理が有名である。

エ この地域では米や海産物などの食材が豊富で，あっさりした味つけが特徴である。

(5) 地図中の都市(a)～(d)について，次の①，②の問いに答えよ。

① 次の雨温図は，都市(a)～(d)のいずれかのものである。都市(b)にあてはまる雨温図を次の**ア**～**エ**
の中から1つ選び，記号で答えよ。　　[　　　]

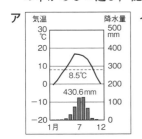
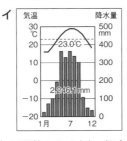
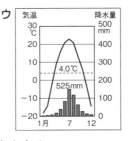
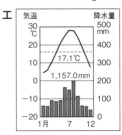

② 2010年に万国博覧会が開催された(b)の都市名を書け。　　[　　　　　　　　]

解答の方針

055 (4) 四大料理は，北京料理，広東料理，四川料理，上海料理である。

(5) ①(b)と(c)の都市は，大陸東岸にあり，**モンスーン（季節風）**の影響を受けやすい。

056 あすかさんの旅行記の一部を読んで，次の問いに答えなさい。 (栃木県)

> 　成田からインドのデリーへ向かう飛行機の窓から，ⓐ世界で最も高い山がある山脈が見えた。デリーでは，インドで最も多くの人々が信仰している□□□教の文化にふれた。
>
> 　デリーの後に，タイのバンコクとインドネシアのジャカルタを訪れた。両都市ともⓑ経済発展が進む国の首都であり，活気にあふれていた。
>
> 　最後に中国を訪れた。ⓒコワンチョウ(広州)では白かゆなど，ペキン(北京)ではマントウ(蒸しパンの一種)など，伝統的な料理を楽しんだ。

(1) 図1は，あすかさんが乗った飛行機の，成田からデリーへの飛行経路を示している。下線部ⓐの山脈に最も近い位置にあるものを図1のア～エから1つ選び，記号で答えよ。　[　　　]

(2) 旅行記中の□□□にあてはまる語を書け。[　　　]

図1

(3) 下線部ⓑに関して，表は日本，インド，タイ，インドネシア，中国の主な輸出品，乗用車保有台数，GDP に関する統計をまとめたものである。タイにあてはまるものを，表のア～エの中から1つ選び，記号で答えよ。　[　　　]

表

	主な輸出品(上位3品目)の輸入額に占める割合(%)　(2014年)	乗用車保有台数(万台)(2016年)	1人あたりのGDP(ドル)(2015年)
日本	機械類(35.2)，自動車(20.6)，精密機械(6.2)	6,140	34,522
ア	機械類(41.4)，衣類(8.0)，繊維と織物(4.8)	16,560	8,109
イ	石油製品(19.2)，ダイヤモンド(7.6)，機械類(7.4)	3,436	1,614
ウ	石炭(10.6)，パーム油(9.9)，機械類(9.0)	1,348	3,346
エ	機械類(30.5)，自動車(11.3)，石油製品(4.3)	829	5,815

(「地理統計要覧」ほかにより作成)

(4) 下線部ⓒに関して，あすかさんは，ホーペイ(河北)省とコワントン(広東)省の米と小麦の生産量(2016年)を図2にまとめ，図3の雨温図を作成した。①図2から読み取れる，ホーペイ省とコワントン省の米と小麦の生産の特徴について簡潔に書け。また，②図3から読み取れる，コワンチョウの気候の特徴を，ペキンと比較して簡潔に書け。

①[　　　　　　　　　　　　　　　　　　　　　　　　　　　　　　　　]

②[　　　　　　　　　　　　　　　　　　　　　　　　　　　　　　　　]

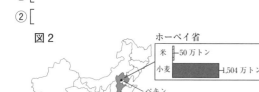

図2

(2017年)　(「データブック オブ・ザ・ワールド」より作成)

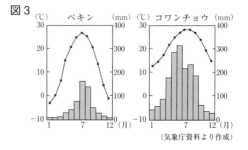

図3

(気象庁資料より作成)

解答の方針

056 (3) タイは近年の工業化によって，自動車の生産がのびている。日本の大手自動車企業も多くの工場をタイに置いている。

057 ある国について述べた次の文章を読んで，あとの問いに答えなさい。　　　　　（奈良・帝塚山高）

　この国はa綿花の栽培がさかんな国で，ムンバイなどの港から輸出されていく。この国の人口は世界第1位で，近年は工業化が進み，bコンピューターのソフトウェア輸出がさかんである。

(1)　下線部aについて，次の①，②の問いに答えよ。

　①　次の表のア～エは，繊維の原料の綿花，羊毛，ジュート，サイザル麻の主な生産国と生産量，割合を示している。綿花を示したものをア～エの中から1つ選び，記号で答えよ。　　[　　　　]

ア

	千トン	％
ブラジル	79.6	39.4
タンザニア	32.4	16.0
ケニア	23.6	11.6
マダガスカル	17.6	8.7
メキシコ	17.1	8.4
世界計	202.2	100.0

（2017年）

イ

	千トン	％
中国	471	22.2
オーストラリア	361	17.0
ニュージーランド	165	7.8
イギリス	68	3.2
イラン	62	2.9
世界計	2,127	100.0

（2013年）

ウ

	万トン	％
インド	619	23.7
中国	618	23.6
アメリカ	359	13.7
パキスタン	237	9.1
ブラジル	141	5.4
世界計	2,616	100.0

（2014年）

エ

	千トン	％
インド	1,966	55.7
バングラデシュ	1,496	42.4
中国	30	0.8
ウズベキスタン	16	0.5
ネパール	12	0.3
世界計	3,531	100.0

（2017年）

（「データブック オブ・ザ・ワールド 2020」より作成）

　②　この国で綿花栽培がさかんな理由の1つとして，季節によって吹く方向が異なる風があげられる。この風を何というか。カタカナで書け。　　[　　　　　　　　]

難 (2)　下線部bについて，この国でIT産業がさかんになった理由として適していない説明を，次のア～エの中から1つ選び，記号で答えよ。　　[　　　　]

　ア　この国は，準公用語として英語が採用され，開発に必要な英語を使用する人が多いから。

　イ　この国は，IT先進国アメリカの西海岸と約12時間の時差を利用することで，24時間業務を継続できるから。

　ウ　この国は，物価が安いため，技術者に支払われる賃金も安く，企業にとって有利であるから。

　エ　この国は，人口が多く，製造ラインに数多くの労働力を投入できるから。

難 **058** 右のA，Bの国旗を見て，次の問いに答えなさい。　　　　　（愛知・滝高）

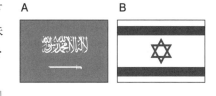

A　　　　　B

(1)　Aの国旗の中央の文字はアラビア語である。その文字の下の剣は，聖地を守る剣である。国旗中央のアラビア語の意味は，次のように訳される。　X　，　Y　に適する語句をそれぞれ書け。

　「　X　の他に神はいない。　Y　は　X　の使徒である。」

　　　　　　　　　　　　X [　　　　　　　] 　Y [　　　　　　　]

(2)　Bの国旗の中央の星はダヴィデの星，上下の青い帯は高僧が着用する肩掛けを表している。この国を建国した民族と，建国時期の組み合わせとして正しいものを次のア～エの中から1つ選び，記号で答えよ。　　[　　　　]

　ア　ユダヤ民族，第一次世界大戦後　　　イ　ユダヤ民族，第二次世界大戦後

　ウ　アラブ民族，第一次世界大戦後　　　エ　アラブ民族，第二次世界大戦後

解答の方針

058 (1)　X　にはこの教えの神の名前が，　Y　には，この教えを開いた人物の名前があてはまる。

5 ヨーロッパ

標 準 問 題—————————————————————————— (解答) 別冊 p.11

重要 059 [ヨーロッパの自然と国々]

右の地図と図を見て，次の問いに答えなさい。

(1) 右の地図は，緯線と経線を10度間隔で描いた
ものである。a地点の位置を緯度と経度で書け。
[　　　　　　　　　　]

(2) 右の地図についての記述として正しいものを，
次のア～エの中から1つ選び，記号で答えよ。
[　　　]

　ア　b地点は，パリと比べて冬の日照時間が長
い。

　イ　c地点と明石市の経度の差は，135度より
大きい。

　ウ　Pの緯線は東京を通る。

　エ　Qの経線は南アメリカ大陸を通る。

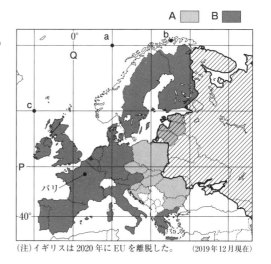

(注)イギリスは2020年にEUを離脱した。　(2019年12月現在)

(3) 右の図は，パリと東京の気温と降水量を示し
ている。図に関して，次の文の　①　，　②
に入る適切なことばを書け。

> パリと東京はどちらも　①　の気候帯に
> 属している。しかし，季節ごとの降水量の
> 違いに着目すると，パリと比べ東京では，
> 夏と冬の降水量の　②　ことがわかる。

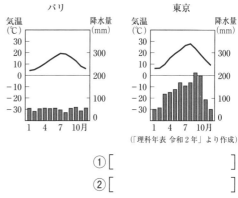

(「理科年表 令和2年」より作成)

① [　　　　　　　　　　]
② [　　　　　　　　　　]

(4) 地図中のA，Bは，2000年以前にEUに加盟していた国々と，2001年以降に加盟した国々
を示している。2001年以降に加盟した国々を，A，Bの記号で答えよ。 [　　　]

(5) 地図中の▨の国々は，かつて1つの国を構成していた。1991年に解体したこの国の名
を書け。 [　　　　　　　　　　]

(6) 地図中の▨の国々は，広く冷帯に属している。冷帯に見られる植物のようすについて
述べた文として最も適当なものを，次のア～エの中から1つ選び，記号で答えよ。[　　　]

　ア　短い夏にコケ類が育つが，樹木は生育できない。

　イ　丈の短い草が広がる，ステップとよばれる草原が見られる。

　ウ　主に針葉樹からなる，タイガとよばれる森林が広がる。

　エ　広葉樹の密林が広がり，沿岸部ではマングローブ林が見られる。

重要 060 〉[ヨーロッパの地形と都市]

右の地図を見て，次の問いに答えなさい。

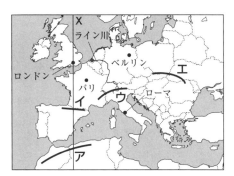

(1) 地図中のXで示した経度0度の線を何というか，書け。　　[　　　　　　　　]

(2) アルプス山脈の位置を示しているものを，地図中のア～エの中から1つ選び，記号で答えよ。
[　　　　　]

(3) 右の表は，地図中の●で示した都市を首都とする4か国について，人口と人口密度をまとめたものである。A～Dのうち，面積が最も大きい国はどれか。記号とその国名を書け。

記号[　　　] 国名[　　　　　　　　]

国(首都)	人口(2019年)	人口密度(2019年)
A(ロンドン)	6,753万人	278.5人/km²
B(パリ)	6,735	105.1
C(ベルリン)	8,352	233.7
D(ローマ)	6,055	200.4

(「データブック オブ・ザ・ワールド」より作成)

(4) 地図中のライン川は，年間を通して貨物輸送を中心とした内陸水運に利用されてきた。グラフⅠは，ライン川と利根川の月別の流量(水の流れる量)を，グラフⅡは，2つの川の，標高と河口からの距離の関係をそれぞれ示したものである。グラフⅠとグラフⅡから考えられる，ライン川が水運に適している河川である理由を，簡単に書け。
[　　　　　　　　　　　　　　　　　　　　　　　　　　　　　]

グラフⅠ

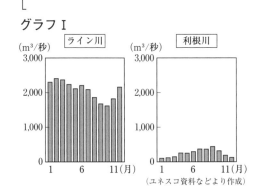

(ユネスコ資料などより作成)

グラフⅡ

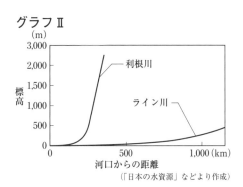

(「日本の水資源」などより作成)

ガイド (3)人口密度は，(人口)÷(面積:単位はkm²)→面積は，(人口)÷(人口密度)で計算する。

061 〉[イタリアの自然災害]

イタリアはヨーロッパの中で地震が多い国である。その理由について説明した次の文中の□□□に入る適切な語句を書きなさい。　　[　　　　　　　　]

　　イタリアの半島は，□□□造山帯とよばれるヨーロッパからアジアにのびるけわしい山々がつらなり，火山が多く，地下の活動が活発で大地が不安定なところだから。

ガイド 世界には2つの新期造山帯がある。

重要 062 [EU(ヨーロッパ連合)]

次の問いに答えなさい。

(1) EU の加盟国は，一部の国をのぞいて共通通貨を採用している。その通貨を何というか，書け。［　　　　　　　　　　］

(2) 図Ⅰは，EU 加盟各国の EU に加盟した時期を表したもので，図Ⅱは，EU 加盟各国の 1 人あたりの GNI(国民総所得)を表したものである。EU に加盟した時期と GNI の関係について，

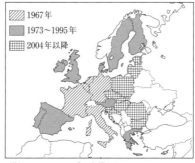

図Ⅰ　各国がEUに加盟した時期

▨ 1967年
▧ 1973～1995年
▤ 2004年以降

(注) マルタは，2004年に加盟した。
イギリスは，2020年に離脱した。
ドイツは，旧西ドイツの加盟年を示している。
1992年以前は，EC(EU発足の基礎となった組織)に加盟した年である。

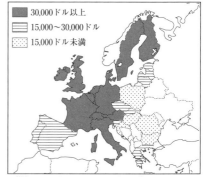

図Ⅱ　各国の 1 人あたりのGNI (2017 年)

■ 30,000ドル以上
▤ 15,000～30,000ドル
▦ 15,000ドル未満

(注) マルタは，15,000～30,000ドルである。
GNI(国民総所得)は，経済力を示す指標である。
(「世界国勢図会 2019/20 年版」より作成)

図Ⅰと図Ⅱから読み取れることを，簡潔に述べよ。

［　　　　　　　　　　　　　　　　　　　　　　　　　　　　　　　　　　　　　］

(3) EU のかかえている悩みについて適切なものを，次のア～エの中から 1 つ選び，記号で答えよ。［　　　］

ア　加盟国間の貿易の衰退　　　　イ　国境を越えての就職・通勤の禁止

ウ　農業政策のための財政負担　　エ　域内での貿易に共通の関税をかけていないこと

ガイド (2)加盟した時期について，加盟が早い国と加盟が遅い国の 2 点からとらえ，それぞれについて，1 人あたりの GNI を比較する。

重要 063 [ヨーロッパにおける酸性雨]

酸性雨は，工場の排煙などに含まれる汚染物質が原因である。資料はヨーロッパにおける酸性雨の状況を示したものである。資料から読み取れることを述べた文として最も適切なものを，次のア～エの中から 1 つ選び，記号で答えなさい。［　　　］

ア　地中海に近い地域ほど，雨の酸性度が高くなっている。

イ　緯度が高い地域ほど，雨の酸性度が高くなっている。

ウ　工業地域以外の地域でも，pH4.4 の酸性雨が降っている。

エ　イギリスの西部でも，pH4.4 の酸性雨が降っている。

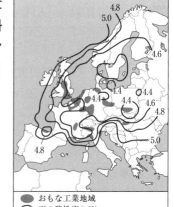

● おもな工業地域
◯4.4 雨の酸性度(pH)
(注) pH5.6以下が酸性雨とされる。
(「環境省資料2003年」より作成)

ガイド pH で表された数値が小さいほど，酸性度が高いことに注意する。

重要　064 〉[イタリアとオランダのようす]

次の問いに答えなさい。

(1)　イタリアについて述べた文としてあてはまるものを，次のア〜エの中から1つ選び，記号で答えよ。　　　　　　　　　　　　　　　　　　　　　　　　　　　[　　　]

ア　公用語は英語とマオリ語である。酪農がさかんで，乳製品や肉類はこの国の重要な輸出品である。

イ　公用語はマレー語であるが，他に中国語，タミル語，英語も使用されている。イスラム教が国教である。

ウ　北部のジェノバ，トリノ，ミラノを結ぶ三角地帯で工業が発展している。ポー川流域では米が栽培されている。

エ　国土の約4分の1が海面よりも低い土地となっている。EU最大の貿易港であるユーロポートがある。

(2)　次の文は，オランダの土地について述べたものである。文中の　①　，　②　にあてはまる語句を書け。

オランダは，国土のほとんどが標高200m以下で，北西部には海面より低いところもある。13世紀ごろから浅い海を干して，　①　とよばれる干拓地をつくってきた歴史があり，年間を通して偏西風が吹いているので，写真のような　②　を利用して，干拓地から水をくみあげて排水をしていたそうである。

①[　　　　　　　　　]　②[　　　　　　　　　]

重要　065 〉[ヨーロッパの気候]

次の問いに答えなさい。

(1)　西ヨーロッパの気候に関する次の文中の　X　，　Y　にあてはまる語を書け。

大西洋を流れる　X　と，その上をわたってくる　Y　の影響で，夏は涼しく，冬は緯度が高いわりに暖かい。　　　　　　　　　X[　　　　　　]　Y[　　　　　　]

(2)　右のA〜Cのグラフは，東京，ロンドン，ローマの年間の気温と降水量を表したものである。次の①，②の問いに答えよ。

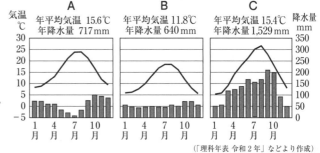

（「理科年表 令和2年」などより作成）

①　ローマにあてはまるグラフを，A〜Cの中から1つ選び，記号で答えよ。　　　　　　　　　　　　[　　　]

②　ローマの夏の気候の特徴をロンドンと比べて説明せよ。

[　　　　　　　　　　　　　　　　　　　　　　　　　　　　　　　　　　]

066 〉[ギリシャの住居]

ギリシャでは，右の写真のような白
い壁の住居が多く見られる。壁を白
くしているのはなぜか。その理由を，
ギリシャの首都アテネの気候グラフ
を見て，気候の特色と関連させて，
簡潔に書きなさい。

アテネ(ギリシャの首都)の
気候グラフ

年平均気温 18.8℃
年降水量 373.3 ㎜

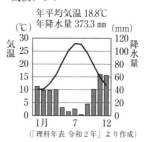

(「理科年表 令和2年」より作成)

[

]

> **ガイド**　夏の降水量が特に少ないことに着目する。長い時間日ざしを受けることになる。

重要 067 〉[ヨーロッパのようす]

次の問いに答えなさい。

(1)　地図中の**A**の山脈の名称を書け。

[　　　　　　　　]

(2)　地図中の緯線**X**は日本のどの道県を通過
するか。次の**ア**〜**エ**の中から1つ選び，記
号で答えよ。　　　　[　　　]

ア　兵庫県　　　イ　北海道
ウ　秋田県　　　エ　鹿児島県

(3)　░░░で示された地域の主な民族を次の
ア〜**エ**の中から1つ選び，記号で答えよ。

[　　　]

ア　スラブ系　　　イ　ラテン系
ウ　アジア系　　　エ　ゲルマン系

(4)　次の文は地図中のアの国についての説明である。文中の　**a**　，　**b**　に適する語を，そ
れぞれ漢字2字で書け。　　　　　　　a [　　　　　　　]　b [　　　　　　　]

> 　18世紀の後半，世界で最初に　**a**　革命を成し遂げた国だが，今日，この国の工業
> は伸び悩んでいる。1970年代に　**b**　油田の発見があいつぎ，石油輸出国になった。

(5)　ヨーロッパの農牧業の基本で，小麦などの食用作物の栽培と飼料作物による家畜飼育を行
う農業を何というか。次の**ア**〜**エ**の中から1つ選び，記号で答えよ。　　　　[　　　]

ア　園芸農業　　　イ　酪農　　　ウ　地中海式農業　　　エ　混合農業

> **ガイド**　(2)北緯40度の緯線は，八郎潟干拓地にできた大潟村を通っている。
> 　　　(4)イギリスが面している海底で発見された油田である。ノルウェーもこの海に面していて，海底油田
> 　　　の採掘を行っている。

最 高 水 準 問 題

解答 別冊 p.13

068 右の地図を見て，次の問いに答えなさい。

（大阪桐蔭高）

(1) 右の地図中の**X**で見られる海岸地形について次の説明文を読み，その名称を答えよ。

[　　　　　　　　　　]

> 氷河によってけずられた谷に海水が侵入してできた細長い入り江。海岸はU字谷の谷壁にあたるため高くけわしく，陸地を奥深くまで切り込んでいる。

(2) 地図中の**Y・Z**国は，もとは1つの国であったが，2006年6月，**Z**が**Y**から分離するかたちで独立した。**Z**国はモンテネグロである。**Y**の国名を書け。

[　　　　　　　　　　]

(3) 次のア〜オは，地図中の**a〜e**の各国を説明している。文中の（　　）に適する語句を書け。

ア **a**は「火山と温泉の国」で，暖流の（　　）海流の影響で，高緯度のわりに穏やかな気候である。

イ **b**は（　　）半島にあり，豊かな森林に恵まれ，高負担による高福祉国家として知られている。

ウ **c**は（　　）中立国という立場にあり，国連には加盟しているがEUには加盟していない。

エ **d**はバルカン半島の南部にある国で，2004年，（　　）で夏季オリンピックが開催された。

オ **e**はイタリアの首都の（　　）市内にある世界最小の独立国で，カトリックの総本山でもある。

ア[　　　　　] イ[　　　　　　] ウ[　　　　　　]
エ[　　　　　] オ[　　　　　　]

(4) 本初子午線が通過する国の組み合わせとして正しいものを，次のア〜エの中から1つ選び，記号で答えよ。 [　　]

ア イギリス・オランダ・ノルウェー　　　イ イギリス・スペイン・フランス
ウ イタリア・スペイン・ポルトガル　　　エ イタリア・ドイツ・ノルウェー

(5) ユーロを導入していない国を，次のア〜オの中から1つ選び，記号で答えよ。 [　　]

ア デンマーク　　イ イタリア　　ウ スペイン　　エ ドイツ　　オ フランス

(6) EUのシンボルであるヨーロッパ連合旗を次のア〜エの中から1つ選び，記号で答えよ。

ア 　イ 　ウ 　エ　　　 [　　]

解答の方針

068 (2)2008年には，さらに，**コソボ**が**Y**国から独立を宣言した。
(4)本初子午線は，旧グリニッジ天文台を通る経度0度の経線である。

069 ▶右の地図を見て，次の問いに答えなさい。

（大阪・四天王寺高）

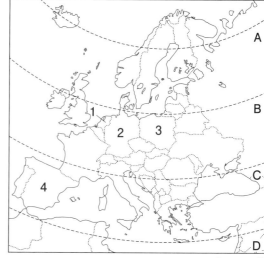

(1) 1～4の国名を次のア～コの記号から選び，また，その首都名を書け。

1 記号 [　　] 首都名 [　　　　　　]

2 記号 [　　] 首都名 [　　　　　　]

3 記号 [　　] 首都名 [　　　　　　]

4 記号 [　　] 首都名 [　　　　　　]

ア　ドイツ　　　　イ　オランダ

ウ　ポーランド　　エ　イタリア

オ　オーストリア　カ　スペイン

キ　ポルトガル　　ク　スイス

ケ　フランス　　　コ　ベルギー

(2) 地図中の A～D の緯線のうち，日本の北端とほぼ同じ緯度を示したものを1つ選び，記号で答えよ。　[　　　　]

(3) 地図中の1～4の国のうち，スラブ系の言語が国語になっている国を1つ選び，番号で答えよ。

[　　　　]

(4) 地図中の1～4の国は EU に加盟している。このうち最も遅く EU に加盟した国を1つ選び，番号で答えよ。　[　　　　]

(5) EU に関連して述べた文として誤っているものを次のア～エの中から1つ選び，記号で答えよ。

[　　　　]

ア　EU 加盟国のすべてが，それまでの通貨にかわり，共通通貨のユーロを用いるようになった。

イ　それぞれの国の国民が，原則として国境の通過を自由に行うことができるようになった。

ウ　加盟国の間で，1人あたりの国民所得に大きな差があり，経済格差が問題になっている。

エ　EU 加盟国間で商品の輸出入に原則として関税がかからなくなり，貿易の制限が小さくなった。

(6) 地図中の4の国で多く栽培されている農作物を次のア～エの中から1つ選び，記号で答えよ。

[　　　　]

ア　ココやし　　　イ　オリーブ　　　ウ　てんさい　　　エ　茶

(7) 下に示した気温・降水量の表は，地図中の1～4のいずれかの国の首都のものである。これにあてはまる国を1つ選び，1～4の番号で答えよ。　[　　　　]

	1月	2月	3月	4月	5月	6月	7月	8月	9月	10月	11月	12月	全年
気温(℃)	6.2	7.8	11.3	13.0	16.8	22.1	25.5	25.1	20.8	15.1	9.8	6.8	15.0
降水量(mm)	34.4	35.1	25.1	43.1	51.6	21.3	11.9	8.9	21.6	65.1	63.2	55.6	436.9

（「理科年表 令和2年」より作成）

解答の方針

069 (2) 日本の北端は，およそ北緯46度である。

　　(7) 6～9月の降水量が少ないことに着目する。

070　ヨーロッパ各国に関する次の問いに答えなさい。

(1)　イギリス・イタリア・ドイツ・フランスについて述べた文として正しいものを次のア～エの中から1つ選び，記号で答えよ。　　　　　　　　　　　　　　　　　(奈良・東大寺学園高)[　　　　]

　ア　4か国はいずれもEUの前身であるEC発足時からの加盟国である。

　イ　4か国はいずれもキリスト教旧教(カトリック)の信者が多数を占めている。

　ウ　人口が日本よりも多いのは，4か国のうちではドイツだけである。

　エ　面積が日本よりも大きいのは，4か国のうちではフランスだけである。

(2)　オランダの説明として正しいものを次のア～エの中から1つ選び，記号で答えよ。
　　　　　　　　　　　　　　　　　　　　　　　　　　　　　　　　(栃木・作新学院高)[　　　　]

　ア　オランダのバルト海沿岸には，EU最大の貿易港ユーロポートがある。

　イ　オランダはEUに加盟しているが，共通通貨ユーロは導入していない。

　ウ　オランダは北海道よりも緯度が高いが，偏西風と北大西洋海流の影響で冬でも温暖である。

　エ　オランダはEU最大の農業国で，食用穀物の自給率は150％を超えている。

(3)　ドイツにおける環境・エネルギー問題について説明した文として誤っているものを次のア～オの中から1つ選び，記号で答えよ。　　　　　　　　　　　　　　　(佐賀・東明館高)[　　　　]

　ア　ルール工業地域を流れるドナウ川では1980年代に水質汚濁が深刻化した。

　イ　ドイツでは酸性雨により森林が枯死するなどの被害が報告されている地域がある。

　ウ　自動車工業がさかんなドイツ南部の都市では，近年ハイブリッドカーの開発に力を入れている。

　エ　ドイツでは早くからリサイクルに取り組んでおり，日本をはじめ世界のモデルとなっている。

　オ　パークアンドライドにより，都市部での不要な交通渋滞を緩和する取り組みを行っている。

難(4)　イタリア北部の説明として正しいものを次のア～エの中から1つ選び，記号で答えよ。
　　　　　　　　　　　　　　　　　　　　　　　　　　　　　　　　(大阪・清風南海高)[　　　　]

　ア　この地域は，夏は冷涼で雨が多いが，冬は雨が少なく寒さの厳しい冷帯気候である。

　イ　この地域と南部では経済格差があり，北部地域の方が農牧業はふるわず平均所得も低い。

　ウ　この地域は肥沃な土壌に恵まれないが，酪農がさかんで，チーズやバターの生産が多い。

　エ　この地域は，アルプス山脈の山麓に位置するため，水力発電によって工業が発展し，現在でも自動車，機械，繊維産業がさかんである。

(5)　スペインの特徴として正しいものを次のア～エの中から1つ選び，記号で答えよ。
　　　　　　　　　　　　　　　　　　　　　　　　　　　　　　　　(宮城・東北学院高)[　　　　]

　ア　この国は，15世紀以降南アメリカ大陸へ進出し，植民地を拡大した。オリーブやブドウの栽培がさかんな国である。

　イ　この国は，イギリスの植民地から独立し，農・工業の巨大な生産力と資本を背景に世界のリーダーとしての地位を保っている。

　ウ　この国は，世界で一番乾燥した大陸にあり，日本と季節が逆である。また，大規模な羊の牧畜が行われている。

　エ　この国は，オリンピック発祥の地であり，神話の舞台としても知られている。特に代表的な神殿は，世界遺産としても有名である。

解答の方針

070 (2)農業規模の大きい国は，一般的に国土が広い国である。

071 次の文章を読んで，あとの問いに答えなさい。　　　　　　　　　　　　（大阪・関西大一高）

　　第二次世界大戦後，西ヨーロッパの国々は，国の枠をこえて，1つのヨーロッパをめざし，1958年，フランス・西ドイツ(当時)・イタリア・ₐベネルクス3国が集まって，【　X　】(ヨーロッパ経済共同体)をつくった。さらに1967年には，【　X　】・ECSC(ヨーロッパ石炭鉄鋼共同体)・EURATOM(ヨーロッパ原子力共同体)の三つの組織を統合して，EC(ヨーロッパ共同体)をつくった。1973年には，【　Y　】・アイルランド・デンマーク，1981年には，ギリシャ，1986年にはスペイン・ポルトガルが加盟し，ECは拡大していった。1993年には，通貨の統合など，より強い結びつきをめざし，ᵦEU(ヨーロッパ連合)へと発展した。

(1)　文章中の【　X　】・【　Y　】にあてはまる語句を書け。ただし【　X　】はアルファベットの略語で，【　Y　】は国名を書け。　　　　　　　　　　X〔　　　　　　　　〕Y〔　　　　　　　　〕

(2)　下線部ａについて，ベネルクス3国とはベルギー・ルクセンブルクとどこの国か，書け。
　　　　　　　　　　　　　　　　　　　　　　　　　　　　　　　　　〔　　　　　　　　　〕

(3)　下線部ｂについて，EUの本部がある都市名を書け。　　　　　〔　　　　　　　　　〕

(4)　EU加盟国の多くの国で使われている共通通貨の名称を書け。　〔　　　　　　　　　〕

(5)　EUについて，誤っている文を次のア～エの中から1つ選び，記号で答えよ。〔　　　　〕

　ア　EU内では，教員や医師，建築士などの免許も統一され，どこの国でも働くことができる。

　イ　国境を越えて，買い物に行ったり，労働者は働きに行ったりすることができる。

　ウ　国境を越えて，銀行に預金したり，会社を設立したりすることはまだできない。

　エ　EU内では，貿易品にかかる関税は廃止されている。

072 右の地図を見て，あとの問いに答えなさい。　　　　　　　　　　　　（大阪・関西大一高）

(1)　日本の国土とほぼ同じ面積の国を，次のア～エの中から1つ選び，記号で答えよ。　　　　　　〔　　　　〕

　ア　ドイツ　　　　イ　フランス
　ウ　イタリア　　　エ　オランダ

(2)　次の各文にあてはまる国を，地図中のア～クの中から1つずつ選び，記号で答えよ。

　①　国土の4分の1が海面より低い【　1　】とよばれる干拓地で，花・球根・野菜などの生産や酪農がさかんな国である。ライン川河口部には，ₐEU最大の貿易港がある。

　②　18世紀に世界で最も早く【　2　】革命をおこした国で，原油・石炭・鉄鉱石の生産もさかんである。

　③　EU最大の農業国で，農耕と牧畜を組み合わせた【　3　】農業がさかんで，小麦やワインなどの生産・輸出国である。

解答の方針

072 (3)EUの本部は，ベルギーの首都に置かれている。
　　(5)EUの経済統合という目的を考える。

④　EU 最大の工業国で，ライン川流域の【　4　】工業地域などで重化学工業が発達している。

⑤　火山の多い半島国で，世界遺産も多く，観光客が多数訪れ，国の経済の重要な柱の1つとなっている。　　　　　①[　　　　]　②[　　　　]　③[　　　　]　④[　　　　]　⑤[　　　　]

(3)　(2)の各文中の【　1　】～【　4　】にあてはまる語句をそれぞれ書け。

1[　　　　]　2[　　　　]　3[　　　　]　4[　　　　]

(4)　下線部aについて，この貿易港がある都市名を書け。　　　　　[　　　　]

(5)　地図中のオ～キの国で，大半を占めているのは何系民族か，書け。

[　　　　]

073 フランス・ロシア・イギリスの三国に関して，次の問いに答えなさい。　　　（東京・開成高）

(1)　ロシアの国土について述べた次のア～エの文のうち，下線部の内容が正しいものを1つ選び，記号で答えよ。　　　　　[　　　　]

ア　最東端の地点はベーリング海峡の西岸にあたり，ここから東方向に海上を300km 移動すると，途中，東経170度線を越えることになる。

イ　最西端の地点はバルト海に面した飛び地で，ここから南方向に300km 移動すると，オランダ国内の海抜0m未満の地域に到達する。

ウ　最南端の地点はカフカス山脈上に位置し，ここから東方向に300km 移動すると，アゼルバイジャンの国土をまたぎカスピ海に到達する。

エ　最北端の地点は北極海にある島で，ここから南方向に300km 移動すると，寒極として知られるオイミャコンに到達する。

(2)　イギリスについて述べた文として正しいものを，次のア～エから1つ選び，記号で答えよ。

[　　　　]

ア　国内のほとんどの地域は亜寒帯(冷帯)に属し，首都ロンドンの7月の平均気温は20℃を超えず，1月の平均気温はマイナス10℃を下回る。

イ　宗教において，国民の多数派は正教会のキリスト教徒だが，近年はムスリムが増加傾向にある。

ウ　公用語である英語は，オランダ語やノルウェー語とともに，ゲルマン系言語に分類される。

エ　通貨としてユーロを用いていたが，2020年にユーロから離脱したため，通貨を元のポンドへもどした。

(3)　次の表は食料の生産量(2018年)を示したもので，X～Zは，フランス・ロシア・イギリスのいずれかである。X～Zの組み合わせとして正しいものを次のア～カから1つ選び，記号で答えよ。

[　　　　]

ア　X－イギリス　Y－フランス　Z－ロシア

イ　X－イギリス　Y－ロシア　　Z－フランス

ウ　X－フランス　Y－イギリス　Z－ロシア

エ　X－フランス　Y－ロシア　　Z－イギリス

オ　X－ロシア　　Y－イギリス　Z－フランス

カ　X－ロシア　　Y－フランス　Z－イギリス

	小麦	野菜	果実	魚介類
X	52,091	16,120	3,368	4,487
Y	38,614	5,324	8,186	695
Z	11,921	2,581	393	837

(単位は千t)　　　（「世界国勢図会 2020/21 年版」より作成)

解答の方針

073 (3)表中のXは小麦，Yは果実の生産量が多いことに注目する。

6 アフリカ

標 準 問 題 ─────────── 解答 別冊 p.15

重要 074 [アフリカの位置と国境線]

右の地図を見て，次の問いに答えなさい。

(1) 右の略地図において，本初子午線，赤道を示す線を，ア～カから1つずつ選び，記号で答えよ。

本初子午線[　　　]　赤道[　　　]

(2) アフリカ大陸の東海岸，西海岸がそれぞれ面している海洋は何か。3大洋のいずれかの名を書け。

東海岸[　　　　　　　]　西海岸[　　　　　　　]

[略地図]

(3) アフリカ大陸の国々の国境線について述べた次の文中の□□□にあてはまるものを，あとのア～エの中から1つ選び，記号で答えよ。　[　　　]

> アフリカ大陸に直線的な国境線が多いのは，□□□を利用して国境線を引いたためである。これは，アフリカ大陸の国々が，かつてヨーロッパ諸国の植民地であったことと深く関係している。

ア　山や川などの自然物　　イ　使用されている言語の分布
ウ　住んでいる民族の分布　エ　経線や緯線

ガイド (1)本初子午線は経度0度の経線で，赤道は緯度0度の緯線である。

075 [アフリカの人口]

次の問いに答えなさい。

(1) 右のグラフは,1960年から2020年における，世界の人口の10年ごとの推移を，世界の6つの州別に表したものであり，グラフ中のア～エは，それぞれアフリカ州，アジア州，ヨーロッパ州，オセアニア州のいずれかにあたる。アフリカ州にあたるものを，ア～エの中から1つ選び，記号で答えよ。　[　　　]

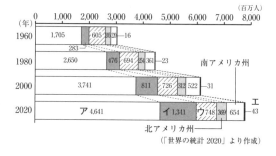

（「世界の統計 2020」より作成）

(2) アフリカでは日本と比べて人口増加率の高い国が多い。アフリカの国々の人口増加率が高い理由として最も適当なものを次のア～エの中から1つ選び，記号で答えよ。　[　　　]

ア　食料自給率が高まり食料不足が解消した。　イ　経済の発展により出生率が上昇した。
ウ　医療の普及で子どもの死亡率が低下した。　エ　ヨーロッパからの移住者が増加した。

(3) 北アフリカのアルジェリアなどには，人口密度が1人／km² 以下の地域が見られる。人口密度が低い理由の1つである，この地域のようすについて述べた文として適切なものを，次のア〜エの中から1つ選び，記号で答えよ。　　　　　　　　　　　　　[　　　]

ア　1年中雪や氷におおわれた土地が広がっている。

イ　植物がほとんど育たない砂漠が広がっている。

ウ　多くの種類の植物が茂る密林が広がっている。

エ　タイガとよばれる針葉樹の森林が広がっている。

重要 076 ▷ [ケニアの景観と気候]

ケニアで見られる景観の写真と首都ナイロビの月別平均気温と月別降水量を示す図の組み合わせとして最も

写真

図

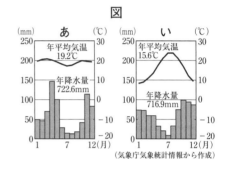

（気象庁気象統計情報から作成）

適当なものを，次のア〜エの中から 1 つ選び，記号で答えなさい。　　　　　　[　　　]

ア　（a，あ）　　　イ　（a，い）　　　ウ　（b，あ）　　　エ　（b，い）

ガイド　ナイロビは，南半球の低緯度の高地にある。

077 ▷ [アフリカ大陸の特徴]

緯線と経線が10度ごとに引かれた右の地図と，アフリカ大陸と全大陸の高さ別面積の割合（％）を表した下の表を見て，次の問いに答えなさい。

(1) アフリカ大陸の南北の距離に最も近いものを，次のア〜エの中から1つ選び，記号で答えよ。ただし，地球の経線の全周は約40,000km である。　　　　　[　　　]

ア　約5,000km

イ　約8,000km

ウ　約10,000km

エ　約12,000km

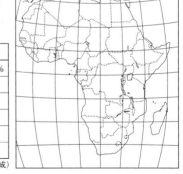

高さ ＼ 大陸	アフリカ	全大陸
200m未満	9.7 ％	25.3 ％
200m以上　500m未満	38.9	26.8
500m以上　1,000m未満	28.2	19.4
1,000m以上　2,000m未満	19.5	15.2
2,000m以上　3,000m未満	2.7	7.5
3,000m以上	1.0	5.8

（「データブックオブ・ザ・ワールド 2020」などより作成）

(2) 右の表から読み取れるアフリカ大陸の特徴を，簡潔に書け。

[　　　　　　　　　　　　　　　　　　　　　　　　　　　　　　　]

ガイド　(1)アフリカ大陸の南北は，緯度で約70度分ある。

最 高 水 準 問 題 ──────────────── 解答　別冊 p.16

078 右の地図の国について述べた次の文章を読んで，あとの問いに答えなさい。(北海道・札幌光星高)

　この国はａアフリカ州に属している。石油の産出量が多く，輸出品もほとんどが原油で占められている。人口は１億人をこえており，この州でもっとも人口が多い国である。約９割の人がキリスト教かｂイスラム教のどちらかを信仰している。

(1)　下線部ａの州の国に多く見られる人口ピラミッドの形を，次のア～エの中から１つ選び，記号で答えよ。　　　[　　　]

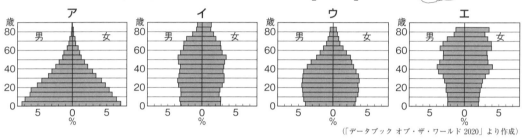

(「データブック オブ・ザ・ワールド 2020」より作成)

(2)　下線部ｂについて，アラビア語で書かれているこの宗教の聖典の名称を書け。

[　　　　　　　]

079 次の略地図は，世界の一部の地域をあらわしている。これについて，次の問いに答えなさい。

(三重県)

(1)　資料１は，ア～エで示したいずれかの都市における雨温図である。資料１はいずれの都市の雨温図か，ア～エから最も適当なものを１つ選び，記号を答えよ。　　　[　　　]

〈資料１〉

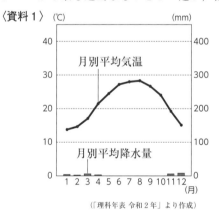

(「理科年表 令和２年」より作成)

(2)　資料２は，Ⅰで示した国で生産がさかんな農産物の写真，資料３は，その農産物の国別生産割合を示したものである。資料２に示した農産物は何か，書け。　[　　　　　　]

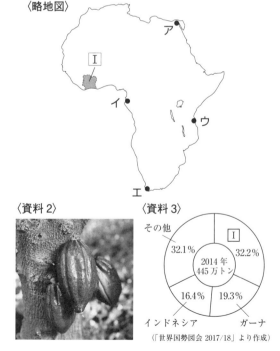

〈資料２〉　〈資料３〉

その他 32.1%　Ⅰ 32.2%　2014年 445万トン　インドネシア 16.4%　ガーナ 19.3%

(「世界国勢図会 2017/18」より作成)

解答の方針

078 (1)人口ピラミッドは，一般には，富士山型→つりがね型→つぼ型へと移行する。

080 ▶ 右の地図を見て，次の問いに答えなさい。

(山梨学院高)

(1) 地図中の斜線部で主に信仰されている宗教は何か，書け。

[　　　　　　　　　]

(2) アフリカ北部にある世界最大の砂漠および世界最長の河川の名称をそれぞれ書け。

砂漠[　　　　　　　　] 河川[　　　　　　　　]

(3) アフリカでは国境線が直線であるところが見られる。その原因を歴史的観点から説明した次の文の　X ，　Y にあてはまる語句をそれぞれ書け。

X[　　　　　　] Y[　　　　　　]

　　第二次世界大戦前は4か国を除き，ヨーロッパ諸国の　X であった。当時ヨーロッパ諸国は，獲得した土地の線引きを部族の生活圏を無視して経緯線などで行ったため，分断された部族間で政治の主導権や富をめぐって争いが起こっている。その結果多くの　Y が発生するなどの混乱が現在も続いている。

---

081 ▶ 次の文を読んで，次の問いに答えなさい。

(東京・渋谷教育学園幕張高)

　aダルフール地方の内戦のため，200万人以上の難民が隣接国であるチャドや中央アフリカで避難生活を送っている。この地方に定住していた黒人で非アラブ系の農耕民と，後に入ってきたアラブ系の遊牧民との間の水をめぐる争いが内戦の原因の1つである。インド洋の海水温度の上昇が季節風に影響を与え，過去20年間で降水量が40％程度減少したとする国連調査に基づいて，2007年6月，国連事務総長は，サハラ砂漠以南の乾燥化の要因の1つが地球温暖化であることを発表した。近年，アフリカでは，サハラ砂漠の南縁の（　b　）とよばれる地域のc乾燥化が問題になっている。

難(1) 下線部aについて，ダルフール地方を右の地図上に黒色で塗りつぶせ。

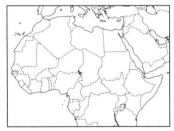

(2) （　b　）にあてはまる語句を書け。　[　　　　　　　]

難(3) 下線部cについて，乾燥化を進める人的要因として考えられることを次の語句や語をすべて使用して40字以内で説明せよ。なお，使用した語句や語には必ず下線を引くこと。また，語句や語は繰り返し使用したり，例えば，○○過や過○○などのように語句の一部として使用してもよい。

〔語句〕爆発　　過　　植生

[　　　　　　　　　　　　　　　　　　　　　　　　　　]

解答の方針

081 (1)ダルフールは，チャドなどと国境を接する地帯の総称である。

7 北アメリカ

標 準 問 題

重要 082 [アメリカ合衆国の自然，人口]

次の問いに答えなさい。

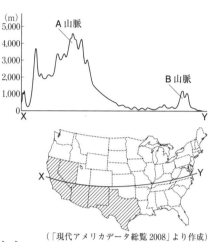

(1) 右の図は，下の地図中の X − Y を結ぶ線で切った場合の断面図である。図に示した A と B にあてはまる山脈名の組み合わせとして最も適当なものを，次のア〜エの中から1つ選び，記号で答えよ。　　[　　　]

ア　A−ヒマラヤ　　B−アパラチア

イ　A−ロッキー　　B−アルプス

ウ　A−ヒマラヤ　　B−アルプス

エ　A−ロッキー　　B−アパラチア

(「現代アメリカデータ総覧2008」より作成)

(2) 地図中の////は，アメリカ合衆国において，中南米から来たスペイン語を話す人々の割合が高い上位5州を示している。このような人々を何というか，書け。　　　　　　　　　　　　　　　[　　　　　　　]

重要 083 [アメリカ合衆国の都市，産業]

次の略地図は，アメリカ合衆国のうち，アラスカ州とハワイ州を除いた国土を中心に描いたものである。また，下の文は，アメリカ研修から帰ってきた高校生のしんいちさんと，出迎えた友人のとしきさんが交わした会話である。これらを見て，あとの問いに答えなさい。　(岩手県)

としき：お帰り！アメリカどうだった？

しんいち：感動の連続だったよ。①はじめに訪れた都市では，標高4000mを超える山に登って雄大な景色を一望したんだ。山頂近くまで車で行けるのには驚いたよ。

としき：ヒューストンにも行ったんでしょ？

しんいち：うん。NASA の宇宙センターをどうしても見たかったんだ。②先端技術が凝縮されていることを体感したよ。

(1) 下線部①について，次の文は，しんいちさんがはじめに訪れた都市について述べたものである。この都市はどこか。略地図中の a 〜 d から1つ選び，記号を答えよ。　[　　　]

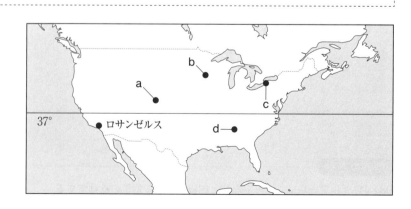

> ロッキー山脈の麓,標高 1,626m に位置し,そのため,「標高 1 マイルの街」とよばれる。
>
> ※ 1 マイルは約 1,600m

(2) 下線部②について,アメリカ合衆国の北緯 37 度付近から南の地域では,情報通信産業や航空宇宙産業が発達している。シリコンバレーを含むこの地域一帯のことを何というか,言葉で書け。 [   ]

重要 084 **[アメリカ合衆国の農業]**

次の問いに答えなさい。

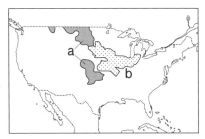

(1) 右の地図中の a と b の地域で行われている農業の組み合わせとして正しいものを,次のア～エの中から1つ選び,記号で答えよ。 [   ]

ア a は小麦　 b は企業的放牧

イ a は企業的放牧　 b はとうもろこし

ウ a はとうもろこし　 b は企業的放牧

エ a は小麦　 b はとうもろこし

(2) アメリカの乾燥地域では,右の写真のようにスプリンクラーで水をまいて農業をしている地域がある。この方式の名称を書け。 [   ]

(3) 右の写真は,アメリカ合衆国において,小麦が収穫されるようすである。また,下の表は,アメリカ合衆国の小麦の生産量,輸出量と世界全体に占めるそれぞれの割合(%)を示したものである。

項目	アメリカ合衆国 (千t)	世界全体に占める アメリカ合衆国の割合(%)
小麦の生産量	51,287	7.0
小麦の輸出量	27,299	13.9

(「世界国勢図会2020/21年版」より作成)

写真と表にもとづいて,アメリカ合衆国の小麦の生産と輸出について,その特徴を説明せよ。

[   ]

ガイド (3)実際には,写真の小麦畑は広大で,収穫する機械は大型である。

085 **[アメリカ合衆国の貨物輸送]**

グラフは,アメリカ合衆国と日本の,国内貨物輸送量に占める輸送機関別輸送量の割合を示している。グラフから読み取れるアメリカ合衆国の貨物輸送の特徴を,「鉄道」と「水運」に着目し,日本と比較して,簡潔に述べなさい。

[

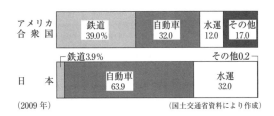

(2009 年)　　　　　　　　　　　　(国土交通省資料により作成)

086 〉[カナダの貿易]

次の問いに答えなさい。

(1)　カナダは，3つの大洋のうち，2つの大洋に面している。その2つの大洋の名前をそれぞ

れ書け。　　　　　　　　　　　　　　　[　　　　　]　[　　　　　　]

(2)　右の表は，日本とカナダとの貿易額上位の品目
を示したものである。この表から読み取ることが
できる，日本から見た，カナダとの貿易の特色を
書け。

単位：百万円　(2019 年)

カナダへの輸出		カナダからの輸入	
自動車	375,313	石炭	186,380
機械類	249,851	肉類	159,800
自動車部品	125,658	なたね	106,323
金(非貨幣用)	31,327	医薬品	100,189
鉄鋼	28,293	鉄鉱石	91,647

(「日本国勢図会 2020/21 年版」より作成)

ガイド　(2) 輸入の特徴と輸出の特徴の両方を書く。

重要 087 〉[北アメリカの地域協力]

資料Ⅰは，1994年に結成されたNAFTA（北
米自由貿易協定）に加盟していたアメリカ，
カナダ，メキシコの3か国間の1990年
と2018年の輸出額を模式的に表したも
のである。また，資料Ⅱは，この3か国
それぞれと日本との間の1990年と2018
年の輸出額を示したものである。下のア
～エのうち，これらの資料から読み取れ
ることとして最も適当なものはどれか。

1つ選び，その記号で答えなさい。　　　[　　　　]

資料Ⅰ

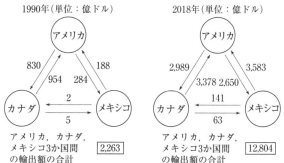

1990年(単位：億ドル)　　　　2018年(単位：億ドル)

アメリカ，カナダ，メキシコ3か国間
の輸出額の合計　2,263　　12,804

(日本貿易振興機構ホームページなどから作成)

　ア　2018 年のアメリカのカナダ，メキシコへの輸
出額の合計と，アメリカの日本への輸出額は，
どちらも，1990 年の5倍を超えている。

　イ　2018 年のカナダのアメリカ，メキシコ，日本
それぞれへの輸出額は，いずれも，この3か国
それぞれのカナダへの輸出額よりも多い。

資料Ⅱ

(単位：億ドル)

		1990年		2018年	
		日本への輸出額	日本の輸出額	日本への輸出額	日本の輸出額
N A F T A	アメリカ	486	931	815	1,400
	カナダ	71	82	117	93
	メキシコ	16	17	63	116
	合計	573	1,030	995	1,609

(日本貿易振興機構ホームページなどから作成)

　ウ　2018 年のメキシコのアメリカ，カナダそれぞれへの輸出額と，メキシコの日本への輸
出額は，いずれも，1990 年の 10 倍を超えている。

　エ　2018 年のアメリカ，カナダ，メキシコ3か国間の輸出額の合計は，1990 年の4倍を超え，
2018 年の日本のこの3か国への輸出額の合計も 1990 年より多い。

ガイド　資料中のどの数値に着目すべきか考える。

最 高 水 準 問 題 ──────────────── 解答 別冊 p.17

088 千葉に住んでいる優子さんと福岡に住んでいる洋子さんは大学生のいとこどうしである。2
人は夏休みを利用して，優子さんの父が単身赴任しているアメリカ合衆国西海岸のロサンゼル
スへそれぞれ違う航路で向かった。下の日程表と地図をもとに，あとの問いに答えなさい。

(大阪桐蔭高)

1日目	移動　出国　入国
2日目	ロサンゼルス市内観光
3日目	アナハイム・ディズニーランド観光
4日目	グランドキャニオン観光
5日目	ラスベガス市内観光
6日目	サンフランシスコ市内観光
7日目	移動　出国　翌日帰国

(1) 優子さんが乗った飛行機は，成田国際空港を日
本時間の8月8日午後5時に出発し，ロサンゼル
ス国際空港に現地時間の8月8日午前11時に到
着した。時差を16時間として飛行時間を求めよ。なお，この時差はサマータイムを考慮したもの
である。　　　　　　　　　　　　　　　　　　　　　　　　　　　　　[　　　　　時間]

(2) 洋子さんは福岡空港から韓国のインチョン国際空港に行き，乗り継ぎでロサンゼルスまで行った。
この空港のように多くの国から航空機が乗り入れ，乗り継ぎが便利な空港を，自転車の車輪軸にた
とえて何とよぶか，書け。　　　　　　　　　　　　　　　　　　　　　　[　　　　　空港]

(難) (3) 優子さん達が最初に訪れたロ
サンゼルスは地中海性気候で，
湿度が低く日差しの強い日が続
いた。地中海性気候を示した雨
温図をA～Cから，またロサン
ゼルスとほぼ同緯度の都市を
a・bからそれぞれ1つずつ選

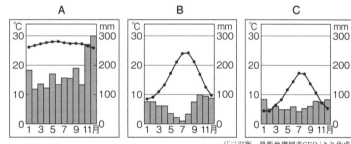

(「三訂版　最新地理図表GEO」より作成)

び，その組み合わせとして正しいものを，次のア～カの中から1つ選び，記号で答えよ。[　　　]
都市　a　大阪　　b　パリ

ア　Aとa　　イ　Aとb　　ウ　Bとa　　エ　Bとb　　オ　Cとa　　カ　Cとb

(4) 3日目，優子さん，洋子さん，優子さんの父親の3人は自動車で，フリーウェイとよばれる自動
車専用道路を使ってディズニーランドに向かった。自家用車が普及したアメリカにおいて，フリー
ウェイは都市間を結ぶ重要な幹線道路となっている。交通手段として自動車が必要不可欠な社会と
なってゆく現象を何というか。カタカナ9字で書け。　　　　　[　　　　　　　　　　]

解答の方針

088 (1) まず時差から，出発時のロサンゼルスの現地時間を求める。

(3) 降水量に着目して，**地中海性気候**の特徴を思い出す。

(5)　4日目, 優子さん達3人はロサンゼルスからラスベ
　　ガスまで飛行機で移動し, そこからツアーでグラン
　　ドキャニオン国立公園に向かった。この国立公園の
　　あるアリゾナ州はある金属鉱の鉱山が多い。次のグ
　　ラフはその金属鉱の主要生産国(2017年)を示したも

「世界国勢図会 2019/20年版」より作成)

　　のである。この金属鉱を, 次のア〜エの中から1つ選び, 記号で答えよ。　　　　[　　　]

　　ア　金鉱　　　イ　銀鉱　　　ウ　銅鉱　　　エ　鉄鉱石

(6)　アリゾナ州を含むアメリカ合衆国南部の15州はサンベルトとよばれる。サンベルトの説明文と
　　して誤っているものを, 次のア〜エの中から1つ選び, 記号で答えよ。　　　　[　　　]

　　ア　かつては綿花栽培など農業が中心であった。　　イ　およそ北緯37度以南の地域をさす。
　　ウ　内陸部を中心に石油化学工業が発達している。　　エ　航空機産業や宇宙産業が発達している。

(7)　6日目, ラスベガスからサンフランシスコまで飛行機で移動した。眼下には砂漠が続いていたが,
　　所々に巨大なコインを並べたような風景が見えた。右下の写真はその風景を写したもので, アメリ
　　カ合衆国西部でよく見られる。この風景の説明としてあてはまるも
　　の を, 次のア〜エの中から1つ選び, 記号で答えよ。　　[　　　]

　　ア　地下水をスプリンクラーでまく灌漑農地
　　イ　鉄鉱石の露天掘りをしている採掘場
　　ウ　肉牛の肥育を行う広大な放牧場
　　エ　ヘリコプターやセスナ機の離着陸場

(8)　サンフランシスコ近郊のサンノゼという都市には, コンピューターや半導体などの先端技術産業
　　が集まっている。この一帯を何とよぶか, 書け。　　　　[　　　]

(9)　サンフランシスコで優子さん達3人は, 名物のケーブルカーに乗り市内観光を楽しんだ。大きな
　　チャイナタウンがあるこの都市は, 中国系が人口のおよそ2割を占めている。アメリカは多くの移
　　民を受け入れている多民族国家であるが, これをたとえて何というか。カタカナ6字で書け。

　　　　　　　　　　　　　　　　　　　　　　　　　　　　　[　　　]

(10)　優子さんと洋子さんは, この国でヒスパニックとよばれる移住者が増加していることも知った。
　　右の図はアメリカ合衆国におけるアジア系(5%以上), 黒人(15%以上), ヒスパニック(15%以上)
　　の人口割合が多い州(2007年)をそれぞれ示したものである。ヒスパニックを示したものを右のア〜
　　ウの中から1つ選び,
　　記号で答えよ。ただし,　　　　　ア　　　　　　　イ　　　　　　　ウ
　　アラスカ州とハワイ州
　　は除く。　　[　　　]

「三訂版　最新地理図表GEO」より作成)

解答の方針

088　(9)1つの器の中で, いろいろな野菜が混ざり合っている状態になぞらえた表現である。
　　(10) ヒスパニックは, 主にどこからの移住者であるかを考える。

089 次の文章を読んで，あとの問いに答えなさい。

アメリカ合衆国は，a世界一の工業国であると同時に，多様な文化も生み出してきた。例えば，b西部開拓時代のジーンズの発明，cハンバーガーなどのファストフード店やコンビニエンスストア，dジャズなどの黒人音楽，eミュージカルなどの娯楽である。こうしたアメリカに起源をもつ多様な文化は，今では世界中の国々の生活にとけ込んでいるのである。

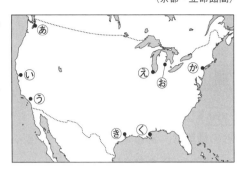

(1) 下線部aについて，アメリカ合衆国の工業の中でも，北部のデトロイトなどで発達し20世紀初頭からのアメリカ経済を支えた産業は何か。具体的に書け。

［　　　　　　　　　　　　　　］

(2) 下線部bについて，次の①，②の問いに答えよ。

① 19世紀中ごろの西部開拓時代，ゴールドラッシュが巻き起こったことから現在のカリフォルニア州に移民が流入した。こうして発達した都市のなかで，現在航空機産業がさかんで，乾燥した気候からハリウッドを中心とした映画産業も有名な観光・商工業都市の名を書け。

［　　　　　　　　　　　　　　］

難 ② ①の都市の場所を地図中のあ〜くの中から1つ選び，記号で答えよ。　　　［　　　　　］

(3) 下線部cについて，アメリカ合衆国で最初のハンバーガー店が開店したのはシカゴとされているが，それについて，次の①，②の問いに答えよ。

① シカゴの場所を地図中のあ〜くの中から1つ選び，記号で答えよ。　　　［　　　　　］

② シカゴが大都市へと発展した背景に，農作物の生産から貯蔵・加工・流通などを行う農業関達産業があるが，これを何というか。カタカナで書け。　　　［　　　　　　　　　　　］

(4) 下線部dについて，ジャズは，ミシシッピ川河口の港湾都心であるニューオーリンズが発祥の地とされている。この都市の場所を地図中のあ〜くの中から1つ選び，記号で答えよ。　　　［　　　　　］

(5) 下線部eについて，次の①，②の問いに答えよ。

① ミュージカルの本場「ブロードウェイ」という目抜き通りが走る都市名を書け。

［　　　　　　　　　　　　　　］

難 ② この都市にある公園「セントラルパーク」には，「迷子石」とよばれる，その地の地質とは異なる岩が不自然な形で留まっている（写真）。この岩は1万年以上前にこの場所に運ばれてきたと考えられるが，どのようにして運ばれたか，書け。

［　　　　　　　　　　　　　　　　　　　　　　　　　　　　　　］

解答の方針

089 (3) シカゴはミシガン湖南岸にある。

(4) ミシシッピ川は，メキシコ湾に注ぐ。

(5) ② 「この岩は1万年以上前にこの場所に運ばれてきた」に着目する。当時，地球はどのような状態であったか，考える。

8 南アメリカ

標 準 問 題 ————————————————————————— 解答 別冊 p.19

090 [南アメリカのようす]

右の地図は，ある地図帳の 45 ページの一部を示そうとしたものである。この略地図を見て，次の問いに答えなさい。

(1) 南アメリカ州のある都市の位置を調べるために，地図帳のさくいんを見ると，その都市名の横に「45 D 5 N」と記されていた。この都市が位置する範囲を，地図中のア〜エの中から 1 つ選び，記号で答えよ。　　　　　[　　　　]

(2) 地図中に X と Y で示した 2 地点間の距離は，およそどのくらいか。地球の経線の全周を約 40,000km とし，最も適当なものを，次のア〜エの中から 1 つ選び，記号で答えよ。　　　　　[　　　　]

ア　2,222km　　　イ　4,444km

ウ　6,666km　　　エ　8,888km

(3) 次の表 1 は，ブラジルの年齢別人口構成比を示したものである。また，右の図は，この表をもとに作成している人口ピラミッドである。表 1 のデータを用いて，右の図の人口ピラミッドを完成させよ。

(4) 表 2 は，南アメリカ州の 4 か国の統計を示したものである。この表から読み取れることとして最も適当な文を，次のア〜エの中から 1 つ選び，記号で答えよ。

[　　　　]

表1

年齢(歳)	男(%)	女(%)	年齢(歳)	男(%)	女(%)
0－4	3.6	3.5	40－44	3.5	3.7
5－9	3.6	3.4	45－49	3.1	3.3
10－14	3.7	3.6	50－54	2.8	3.1
15－19	4.0	3.9	55－59	2.4	2.7
20－24	4.2	4.1	60－64	2.0	2.3
25－29	4.1	4.1	65－69	1.5	1.8
30－34	4.1	4.2	70以上	2.5	3.5
35－39	3.9	4.1			

(2018 年)
（「UN Demographic Yearbook 2018」より作成）

ア　ブラジルの人口は，他の 3 か国の人口の合計よりも少ない。

イ　コロンビアの 1 人あたり貿易額は，ペルーの 1 人あたり貿易額よりも多い。

表2

項目＼国名	人口 （千人）	1人あたり 貿易額 （ドル）	1人あたり エネルギー 消費量 （石油換算kg）	漁獲量 （千t）
コロンビア	50,339	1,575	823	202
ブラジル	211,050	2,031	1,370	1,320
ベネズエラ	28,516	2,572	1,779	304
ペルー	32,510	2,658	759	7,312

（「データブック オブ・ザ・ワールド 2020 年版」などにより作成）

ウ　ブラジルのエネルギー消費量と，ベネズエラのエネルギー消費量はほぼ同じである。

エ　ペルーの 1 人あたりの漁獲量は，ベネズエラの 1 人あたりの漁獲量の 10 倍以上である。

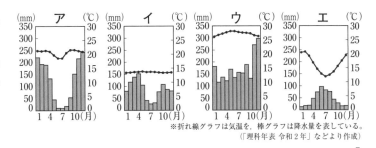

難 (5) 地図中の都市P（標高2,794 m）の雨温図を，次のア～エの中から1つ選び，記号を書け。また，その記号を選んだ理由を書け。

記号 [   ]

理由 [

]

※折れ線グラフは気温を，棒グラフは降水量を表している。
（「理科年表 令和2年」などより作成）

ガイド (4) 1人あたりの漁獲量は，漁獲量を人口で割った値である。
(5) Pは，赤道付近に位置することと，高地にあることの2点から理由を考える。

重要 091 ［ブラジルのようす］

ある生徒は，ブラジルについて調べたことを右のようにまとめた。次の問いに答えなさい。

(1) 下線部について，日本が6月10日の19時のとき，リオデジャネイロでは，何月何日の何時になるか，書け。ただし，リオデジャネイロは，西経45度で標準時を定めている。

[   ]

(2) 文中の（   ）にあてはまる数値として最も適当なものを次のア～エの中から1つ選び，記号で答えよ。 [   ]

ア 5   イ 8   ウ 22   エ 45

(3) 右の資料は，ブラジルの輸出額と輸出品の割合を示したものである。これを見て，ブラジルの輸出の変化について読み取れることを，「1970年に比べ2017年には，」の書き出しに続け，次の〈条件〉1，2に従って書け。

　〈条件〉
　1 「輸出額」，「主な輸出品」という2つの語句を用いること。
　2 主な輸出品については，「その他」を除いた全体的な傾向について書くこと。

[1970年に比べ2017年には，

]

航空機が発達し，時間距離が短くなった今でも，ブラジルは，日本から24時間以上かかる遠い国です。また，面積は，約851万km²であり，日本の（   ）倍に及んでいます。明治時代になって日本からブラジルへの移住が始まり，2008年で，100周年を迎えました。現在では，140万人を超える日系人がブラジルで生活しており，一方，日本国内にも現在，日系ブラジル人が25万人以上住んでいます。両国は，サンバの踊りやサッカーなど，文化やスポーツ面でも交流が進み，親しみのある間がらとなっています。近年，ブラジルの経済は，ロシア，インド，中国などとともに注目されています。

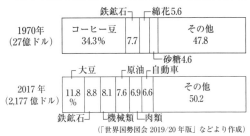

（「世界国勢図会 2019/20年版」などより作成）

最　高　水　準　問　題 ————————————————— 解答 別冊 p.19

092 　右の地図を見て，次の問いに答えなさい。

（静岡学園高）

(1)　地図中の緯線A〜Dのうち，赤道を示しているものはどれ
　　か。A〜Dの中から1つ選び，記号で答えよ。　　[　　　　]

(2)　地図中のEは，6,000m級の高い山をもつ世界でもっとも
　　長大な山脈として知られる。この山脈の名称を書け。
　　　　　　　　　[　　　　　　　　　　　　　　　　]

(3)　地図中のFの海域では，数年ごとにエルニーニョ現象が発
　　生して世界各地の異常気象の原因になっていると，いわれて
　　いる。下の文章は，このエルニーニョ現象に関するものであ
　　る。（　a　），（　b　）に適する語句の正しい組み合わせを，次
　　のア〜エの中から1つ選び，記号で答えよ。　　[　　　　]
　　ア　a　高く，b　暖　　　イ　a　高く，b　寒
　　ウ　a　低く，b　暖　　　エ　a　低く，b　寒

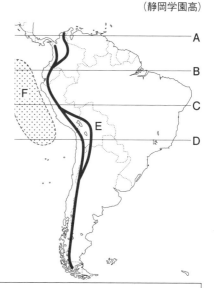

エルニーニョ現象とは，南アメリカ大陸のペルー沖（太平洋中東部海域）の海水温が平年値よ り数℃（　a　）なる現象である。近年では，数年に一度，南東からの貿易風が何らかの原因で弱 まるため，大陸西岸に沿って北上する（　b　）流のペルー海流の勢いが弱くなって赤道付近まで 達しないことによることがわかってきた。このため，この海域では通常ほとんど発生しない熱 帯低気圧が発生して沿岸国に被害をもたらすことがあるという。

093 　右の略地図を見て，次の各問いに答えなさい。

（三重県）

(1)　Ⅰで示した国を通るあ，いで示した緯線のうち，赤道を示して
　　いるものと，Ⅰの国で主に使われる言語の組み合わせはどれか。
　　次のア〜エから最も適当なものを1つ選び，記号を答えよ。
　　　　　　　　　　　　　　　　　　　　　　　[　　　　]

　　ア　赤道－あ　　　言語－スペイン語
　　イ　赤道－い　　　言語－スペイン語
　　ウ　赤道－あ　　　言語－ポルトガル語
　　エ　赤道－い　　　言語－ポルトガル語

(2)　次ページの**資料1**，**資料2**は，Ⅰで示した国の貿易について
　　まとめたものの一部である。Ⅰの国について，**資料1**，**資料2**
　　から読み取れることを正しく述べたものはどれか，あとのア〜キから適当なものを2つ選び，記号
　　で答えよ。　　　　　　　　　　　　　　　　　　　　　　　[　　　][　　　]

092 (1)国名が「赤道」に由来するエクアドルは，赤道直下にある。

資料1 □の国の貿易相手上位4か国の輸出入額割合

1970年 輸出額27億ドル		1970年輸入総額28億ドル		2017年輸出額2,178億ドル		2017年輸入総額1,577億ドル	
輸出相手国	割合	輸入相手国	割合	輸出相手国	割合	輸入相手国	割合
アメリカ合衆国	24.7%	アメリカ合衆国	32.3%	中国	21.8%	中国	17.3%
西ドイツ	8.6%	西ドイツ	12.6%	アメリカ合衆国	12.4%	アメリカ合衆国	15.9%
イタリア	7.2%	日本	6.3%	アルゼンチン	8.1%	アルゼンチン	6.0%
アルゼンチン	6.8%	アルゼンチン	6.0%	オランダ	4.2%	ドイツ	5.8%

資料2 □の国の主要輸出品の割合

(UN Comtrade などより作成)

ア　1970年には，日本向けの輸出額がアルゼンチン向けの輸出額を上まわっていた。

イ　1970年には，コーヒーに依存したモノカルチャー経済だったが，その後重化学工業が発展した。

ウ　2017年には，中国が最大の貿易相手国であり，中国に対して貿易赤字になっている。

エ　2017年には，EU加盟国との輸出入総額は全体の4%以下になっている。

オ　1970年と2018年を比べると，鉄鉱石の輸出額はほとんど変わっていない。

カ　1970年と比べて2017年は，輸出入総額は50倍以上になり，貿易黒字になっている。

キ　1970年と比べて2017年は，貿易相手上位2か国の輸出入総額に占める割合は増えている。

094 次の文章中の（　X　）に共通して入る語句を書きなさい。また，ブラジルにおける農牧業の変化・発展は，一方において，地球規模の環境問題を発生させている。どのような問題か。10〜15字で書きなさい。　　　　　　　　　　　　　　　　　　　　　　　　　　（東京・開成高）

　ブラジルの農産物を代表するものはかつてはコーヒーであった。1960年のブラジルの総輸出額に占めるコーヒーの割合は56.2%であり，この時期のブラジル経済は，依然として少数の一次産品に依存する典型的な（　X　）経済であった。その後ブラジルは（　X　）経済からの脱皮をはかり，工業化を進める一方で農業面では多角化を進め，小麦・とうもろこし・さとうきびなど多くの農作物を導入してきた。

　　　　X［　　　　　　　　　　　　　　　　］　環境問題［　　　　　　　　　　　　　　　　　　　　］

解答の方針

093 (2)モノカルチャー経済とは，1つの農産物や鉱産資源の輸出にたよる経済のこと。発展途上国に多く見られた経済だが，近年は，モノカルチャー経済から離脱する新興国が増えてきている。

9 オセアニア

（解答）別冊 p.20

重要 095 [オーストラリアのようす]

次の問いに答えなさい。

(1) オーストラリアは，世界の国々の中で，特に，国土が東西に長いため，国内に ☐☐☐☐ こと
によって，人々が生活に合った時刻でくらすことができるよう工夫している。☐☐☐ に適当
な言葉を書き入れて文を完成させよ。ただし，☐☐☐☐ には，「標準時」の言葉を含めること。

[　　　　　　　　　　　　　　　　　　　　　　　　　　　　　　　　　　　　]

(2) 次の文中の ☐☐☐ にあてはまる語句を，あとのア～エの中から1つ選び，記号で答えよ。
「オーストラリアは太平洋に面していて，☐☐☐。そのため，ヨーロッパに比べると，オー
ストラリアは日本との時差が少ない。」 [　　　　]

ア 大半が日本と同じ気候帯に属している

イ 春夏秋冬を迎える時期が日本と同じである

ウ 日本とほぼ同じ経度に位置している

エ 日本に対し地球上のほぼ正反対の位置にある

(3) 右の地図は，オーストラリアの気候帯を示したものである。また，
シドニーなど，人口が100万人以上の大都市の位置を●で示している。大都市の分布と気候
の分布を関連づけて考えるとき，大都市の多くが分布している地図中の**B**の気候帯は何か，
書け。 [　　　　　　　]

(4) オーストラリアの主要な貿易相手国に日本が
あり，輸出品の中には小麦がある。右の資料は，
主な国の小麦の収穫期を示したものである。オ
ーストラリアが日本に小麦を輸出する際の利点
について，資料をもとに，簡潔に書け。

[　　　　　　　　　　　　　　　　　　　　　]

(5) 右のグラフは，オーストラリアの1960年と
2018年の貿易相手国を示したものである。主
な貿易相手はどのように変化したか。その傾向
について，簡潔に書け。ただし，世界を6つに
区分したときの州を2つ（オセアニアを除く）入れ，具体的な国名は入れないこと。

[　　　　　　　　　　　　　　　　　　　　　　　　　　　　　　　　　　　　]

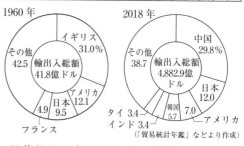

資料	小麦の収穫期

国　　　　　月	1	2	3	4	5	6	7	8	9	10	11	12
日本							■	■				
インド				■	■							
フランス							■	■				
アメリカ合衆国							■	■	■	■		
アルゼンチン	■											■
オーストラリア											■	■

1960年 — 輸出入総額 41.8億ドル
イギリス 31.0%
その他 42.5
アメリカ 12.1
日本 9.5
フランス 4.9

2018年 — 輸出入総額 4,882.9億ドル
中国 29.8%
その他 38.7
日本 12.0
アメリカ
韓国 5.7
タイ 3.4
インド 3.4
7.0

（「貿易統計年鑑」などより作成）

ガイド (5)変化について書くので，減った州と増えた州をとらえる。

096 **[ニュージーランドのようす]**

雪絵さんは，ニュージーランドについて調べたことをまとめ，発表した。右の表や資料は，そのときに使用したものの一部である。これを見て，次の問いに答えなさい。

(1) 表の A にあてはまる面積を，次のア〜エの中から1つ選び，記号で答えよ。

[　]

ア 約22万km²

イ 約27万km²

ウ 約32万km²

エ 約37万km²

(2) 表の B にあてはまる宗教名を，資料Iを参考にして書け。

[　 　]

国 土	・オセアニア州に属している。 ・面積は A で，日本の約70%である。 ・南島を高くてけわしいサザンアルプス山脈が縦断している。
人 口 と 宗 教	・人口は約490万人で，日本の約4%である（2018年）。 ・イギリスの植民地であった歴史があり， B を信仰する人が，人口の約51%を占める。
気 候	・国土のほとんどが温帯に属している。 ・(a)同じ風向きの風が1年を通して吹くため，(b)気温や降水量の変化が日本より少ない。
農 業 と 貿 易	・酪農や牧畜（畜産）がさかんで，牛や羊の飼育頭数が多い。 ・人口の5倍以上の羊を飼育している。 ・輸出において農産物の占める割合が高い。

資料I

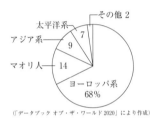

（「データブック オブ・ザ・ワールド2020」により作成）

資料II

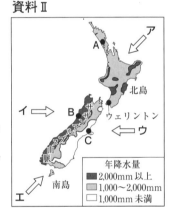

(3) 下線部(a)について，風向きとして最も適切なものを，資料IIのア〜エの中から1つ選び，記号で答えよ。

[　]

(4) 下線部(b)について，資料IIIのあ〜えは，資料IIの●で示したA〜Cの都市とウェリントンのいずれかのものである。ウェリントンのものを，あ〜えの中から1つ選び，記号で答えよ。また，選んだ理由も書け。

記号 [　]

理由 [　]

(5)ニュージーランドは全域が同じ気候区である。これについて，次の①，②の問いに答えよ。

（愛知・滝高）

資料III

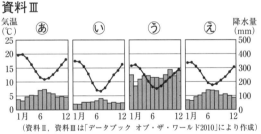

（資料II，資料IIIは「データブック オブ・ザ・ワールド2010」により作成）

① ニュージーランドと同じ気候区に属する地点を，右の地図中のア〜カからすべて選び，記号で答えよ。なお，解答の際は50音順に答えること。 [　]

② 右の地図中のAの地点は，赤道に近い位置にありながらニュージーランドと同じ気候区となっている。その理由を簡潔に書け。

[　 　]

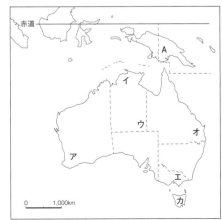

最高水準問題 ——————————————————————————————— 解答 別冊 p.21

難　**097**　2009年5月に北海道で，第5回日本・太平洋諸島フォーラム首脳会議，通称「太平洋・島サ
　　　ミット」が開催された。この会議は日本政府が1997年から3年に1度，太平洋諸島12か国2
　　　地域とオーストラリア，ニュージーランドの代表を含めて行われている。参加国はパラオやフ
　　　ィジー諸島，ツバル，サモア，バヌアツ，トンガ，キリバス，ソロモン諸島，ミクロネシア連
　　　邦，他である。右下の地図を参考にして，次の問いに答えなさい。　　　　（福岡・久留米大附設高）

(1)　この会議の参加国に関して述べた文として正し
　　いものを，次のア～エの中から1つ選び，記号で
　　答えよ。　　　　　　　　　　　　　［　　　　］

　ア　ミクロネシア連邦は，1920年から1945年ま
　　　で国際連合の委任を受けて日本が統治した。現
　　　在もかつお・まぐろ等多くを供給するなど，密
　　　接な関係にある。

　イ　これらの参加国は親日国が多く，人口の5割
　　　以上が日系人で構成され，国の首長も日系人で
　　　ある。

　ウ　国連総会では大国と同じ1票を持ち，2008年の安全保障理事会の常任理事国選挙では全て日本
　　　を支持した。

　エ　海面上昇により，ツバルなどの島国では温暖化対策への関心が高く，日本の技術力や資金力に
　　　期待している。

(2)　太平洋諸島の国や地域が位置する海域の自然に関して述べた文として正しいものを，次のア～エ
　　の中から1つ選び，記号で答えよ。　　　　　　　　　　　　　　　　　　　　　［　　　　］

　ア　この海域は水温が高く，火山性あるいはさんご礁性の島々が多い。

　イ　この海域は暖流が流れ，さらに偏西風が吹きつけるため，島々の西部で降水量が多い。

　ウ　この海域は水温が高いため熱帯性の低気圧がよく発生し，それが発達するとハリケーンやサイ
　　　クロンとなる。

　エ　この海域は太平洋の西部にあたるため南東貿易風の影響もあり，エルニーニョ現象が発生する。

(3)　会議の参加国のうち，オーストラリアとニュージーランドはとくに大国である。この2国に関す
　　る文のうち，誤っているものはいくつあるか，書け。　　　　　　　　　　　　　［　　　　］

　○オーストラリアとニュージーランドは，いずれもイギリス系移民を中心として建国された。

　○オーストラリアとニュージーランドは，前者はキリスト新教徒が，後者はキリスト旧教徒が多い。

　○オーストラリアとニュージーランドは，いずれも新期造山帯からなり，火山や地震が多い。

　○オーストラリアとニュージーランドは，産業の重点は農牧業に置かれ，輸出額の多くは農産物で
　　占められている。

解答の方針
——
097　(3)環太平洋造山帯の位置に気をつける。

難 **098** 右の地図を見て，次の問いに答えなさい。

（熊本・真和高）

(1) 地図中のa，bの線は，年降水量の線である。それぞれ何mmの年降水量線か。正しい組み合わせを次のア～エの中から1つ選び，記号で答えよ。

[   ]

ア a 500mm，b 1,000mm

イ a 250mm，b 1,000mm

ウ a 250mm，b 750mm

エ a 500mm，b 750mm

(2) 次の文を読んで（ ① ）～（ ⑨ ）に適する語句をあとのア～ソの中から1つずつ選び，記号で答えよ。

　　この国は20世紀初頭から1970年代まで（ ① ）主義という政策がとられ有色人種の移民が制限されていた。しかし1980年代から政策を変更し，多様な民族が共存できるような社会を築こうとする（ ② ）主義をおし進めている。この国の先住民である（ ③ ）の地位を高めようとする動きも見られる。この国は，（ ④ ）連邦に属するが，日本や東南アジア諸国，アメリカ合衆国との結びつきが強い。人口は，約（ ⑤ ）万人で1960年代まで（ ⑥ ）からの移民が多かったが，1990年代から（ ⑦ ）からの移民が増加している。首都は（ ⑧ ）で，2000年には（ ⑨ ）でオリンピックが聞かれた。

ア イギリス　　イ メルボルン　　ウ 3,600　　エ 白豪　　オ ブリズベン

カ 多文化　　キ ロシア　　ク ヨーロッパ州　　ケ 2,600　　コ アジア州

サ キャンベラ　　シ 4,000　　ス シドニー　　セ アボリジニ　　ソ マオリ人

①[   ] ②[   ] ③[   ] ④[   ] ⑤[   ]

⑥[   ] ⑦[   ] ⑧[   ] ⑨[   ]

(3) 東経140度の経線を地図中の⑦～⑤の中から1つ選び，記号で答えよ。 [   ]

(4) 地図中の●○印はある鉱物資源の分布を表している。何という資源か。次のア～エの中から1つ選び，記号で答えよ。 ●[   ] ○[   ]

ア 石油　　イ 鉄鉱石　　ウ 天然ガス　　エ 石炭

(5) 地図中のA地帯は1,000kmにわたって広がるさんご礁である。その名称を書け。

[   ]

(6) 地図中の⑥～⑤は農牧業の分布を示している。何の分布を示しているか。次のア～カの中から1つずつ選び，記号で答えよ。

ア 羊　　イ 米　　ウ 小麦　　エ さとうきび　　オ 肉牛　　カ 大豆

⑥[   ] ⑥[   ] ⑤[   ]

解答の方針

098 (2)オリンピックはこの国最大の都市で開かれた。

　　 (3)日本の標準時子午線は，オーストラリア大陸のほぼ中央を通る。

1 世界の地形と地図について，次の問いに答えなさい。

(千葉・市川高)(各5点，計20点)

(1) 右のグラフは世界の大陸別高度分布を示し，a～dには，アジア・オーストラリア・南アメリカ・アフリカのいずれかがあてはまる。a～dの組み合わせとして正しいものはどれか。次のア～オの中から1つ選び，記号で答えよ。

ア a　アフリカ　　　　b　アジア
　　c　南アメリカ　　　d　オーストラリア

イ a　アジア　　　　　b　アフリカ
　　c　オーストラリア　d　南アメリカ

ウ a　南アメリカ　　　b　オーストラリア
　　c　アジア　　　　　d　アフリカ

エ a　アジア　　　　　b　アフリカ
　　c　南アメリカ　　　d　オーストラリア

オ a　アフリカ　　　　b　オーストラリア
　　c　アジア　　　　　d　南アメリカ

グラフ

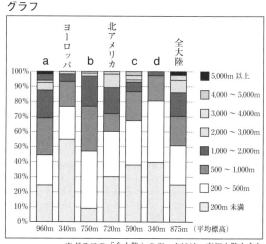

※グラフの「全大陸」のデータには，南極大陸も含む
(「データブック オブ・ザ・ワールド 2018年版」より作成)

(2) 3,000m以上の高度分布は，アルプス・ヒマラヤ造山帯や環太平洋造山帯に属する高山地帯に多く見られる。この2つの造山帯にあてはまらないものはどれか。地図1中のア～キの中からすべて選び，記号で答えよ。

(3) 地図2はメルカトル図法で，地図3はA地点を中心として正距方位図法で描かれた世界地図である。どちらの地図でも緯線・経線はともに15度間隔で描かれており，また，A～Dもそれぞれ同じ地点を表している。地図2・地図3を見て，次の①・②の問いに答えよ。

地図1

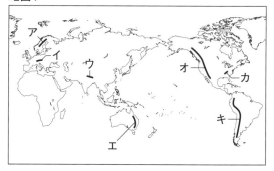

① A地点が1月16日の午前9時のとき，B地点の日付と時刻を書け。ただし，A地点を通る経線は東経135度とする。

② A～D地点について説明した文として正しいものはどれか。次のア～オの中から2つ選び，記号で答えよ。

ア 地図2で，C地点から経線に対して常に一定の角度を保って進むと，D地点にたどりつく。

イ 地図2で，A地点から経線に対して常に一定の角度を保って進むと，C地点に最短コースでたどりつく。

ウ 地図3で，B地点とD地点を直線で結んだ線は両地点間の最短コースである。

エ 地図3で，A地点から真東へまっすぐ進むと，C地点に最短コースでたどりつく。

オ 地図3で，A地点からB地点への最短コースをさらに進むとD地点にたどりつく。

地図2   地図3

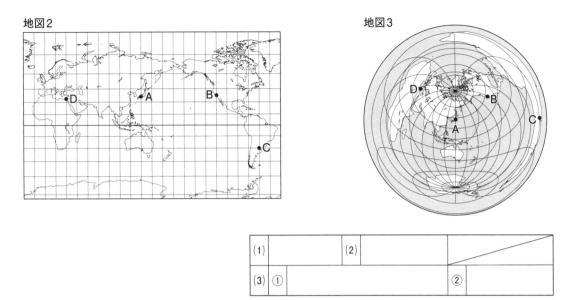

(1)			(2)			
(3)	①				②	

2 次の地図1は，太平洋沿岸をとり囲む地域をメルカトル図法で示したものである。これを見て，あとの問いに答えなさい。　(佐賀・弘学館高)((1)(2)(5)(6)各5点，他各4点，計40点)

地図1

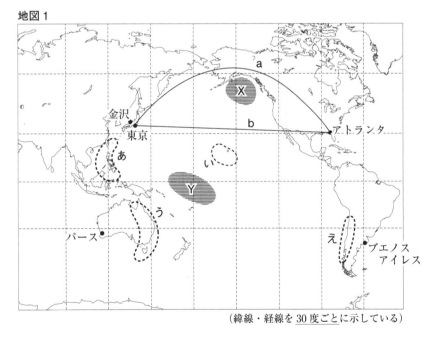

(緯線・経線を30度ごとに示している)

(1)　地図1中に示したあ～えのうち，地震・火山の被害が最も少ないと考えられる場所はどこか。あ～えの中から1つ選び，記号で答えよ。

(2)　次ページのグラフは，地図1中の金沢，パース，アトランタ，ブエノスアイレスのいずれかの気温と降水量を示したものである。ブエノスアイレスにあてはまるグラフを，ア～エの中から1つ選び，記号で答えよ。

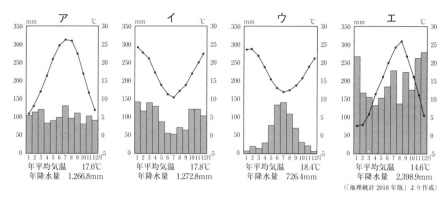

（「地理統計 2018 年版」より作成）

(3)　太平洋における海流の流れ方を示した図として正しいものを，次のア〜エの中から 1 つ選び，記号で答えよ。

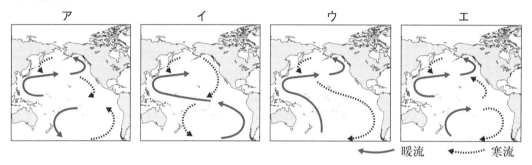

(4)　次の文中の〔　A　〕・〔　B　〕に入る語句を，あとのア〜エの中から 1 つずつ選び，記号で答えよ。また，〔　C　〕・〔　D　〕に入る語句を漢字で書け。

> 　地図 1 中の X の海域では，主にカニや〔　A　〕が漁獲され，また Y の海域では〔　B　〕などが漁獲される。いずれも，昔は日本の港から冷凍設備をそなえた漁船が出漁し，長い場合は数か月かけて漁獲する〔　C　〕漁業がさかんであったが，現在は各国が沿岸から 200 海里までを〔　D　〕水域（略称 EEZ）に設定し，外国船の漁を規制したことで，現地で漁獲されたものを輸入する体制への切りかえが進んでいる。

　　ア　うなぎ　　　イ　さけ　　　ウ　たい　　　エ　まぐろ

(5)　地図 1 中 Y 付近の島国のいくつかでは，ある地球環境問題の影響で，国土の大半が失われるような被害をうけるおそれがある。その環境問題とは何か。漢字 5 文字で書け。

(6)　地図 1 を見て，次の文のうち，内容が誤っているものをア〜エの中から 1 つ選び，記号で答えよ。

　　ア　東京からアトランタに飛行機で向かう場合，b よりも a のコースが実際の距離が短い。

　　イ　東京からアトランタを飛行機で往復すると，通常東京へ帰る時の方が飛行時間が長い。

　　ウ　東京からほぼ真東の方角に進むと，アトランタではなく，ブエノスアイレスの近くを通る。

　　エ　東京が 1 月 6 日 14 時のとき，アトランタの現地時間は 1 月 6 日 22 時である。

(1)		(2)		(3)		
(4)	A	B		C	漁業	D	水域
(5)			(6)			

3 名古屋市の姉妹友好都市（シドニー，トリノ，南京，メキシコシティ，ランス，ロサンゼルス）を示した下の図を見て，次の問いに答えなさい。 (愛知・東海高)(各5点，計40点)

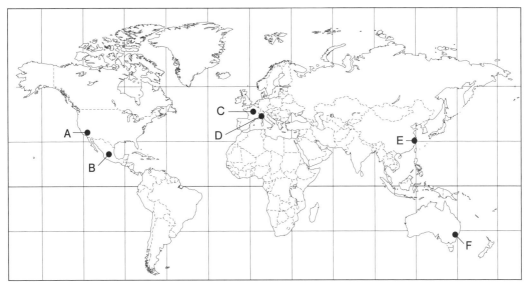

(1) 成田を2019年2月5日0時5分出発する飛行機に乗り，所要時間9時間55分でロサンゼルスに到着した。ロサンゼルス到着時の現地日時を答えよ。ただし，午前午後を用いず24時間制で答えよ。

(2) 次の表のあ〜おは，A，B，C，E，Fのいずれかの都市について1月と7月の平均気温と降水量を示したものである。AとCに該当するものを，1つずつ選び，記号で答えよ。

	あ	い	う	え	お
1月	22.9℃	2.9℃	14.0℃	14.1℃	2.8℃
	79.7mm	39.5mm	7.6mm	72.1mm	45.9mm
7月	12.5℃	18.8℃	17.0℃	20.7℃	28.2℃
	70.1mm	64.7mm	276.9mm	1.1mm	216.9mm

(気象庁資料より作成)

(3) AとBが属する国を含めた3国により構成され1994年に発効した貿易に関する取り決めを，アルファベット5文字で書け。

(4) A〜Fが属する国のうち，人口が1億人以上の国を，都市の記号を用いてすべて答えよ。

(5) 右の表のあ〜おは，日本がB〜Fが属する国から輸入する上位品目(2017年)を示したものである。EとFが属する国をそれぞれ1つずつ選び，記号で答えよ。

(6) Bが属する国と異なる言語が公用語となっている国を，ア〜オの中から1つ選び，記号で答えよ。
　ア　アルゼンチン　　イ　エクアドル
　ウ　コロンビア　　エ　ブラジル　　オ　ペルー

あ	機械類，衣類，金属製品
い	石炭，液化天然ガス，鉄鉱石
う	機械類，原油，自動車部品
え	たばこ，機械類，バッグ類
お	機械類，医薬品，ぶどう酒

(「日本国勢図会2018/19年版」より作成)

(1)		(2) A		C		(3)	
(4)		(5) E		F		(6)	

1 次の文を読み，あとの問いに答えなさい。

（佐賀・東明館高）（各5点，計50点）

地理は，用語や地名などを単純に暗記するのではなく，資料を論理的に分析する能力が求められる。次の文は，太郎君が世界と日本の気候を考える際に，正解にたどりつく思考を追ったものである。

雨温図 A ～ C は，ロンドン・ベルリン・パリのものだが，授業ではこの3都市の気候は西岸海洋性気候と学んだ。熱帯と温帯，あるいは，熱帯と乾燥帯のように明らかに気温や降水量が異なる雨温図の判別を行うのは難しくはない。では，同じ気候の雨温図の判別を行うには，何を根拠にして考えればいいのだろうか…。

太郎君は，授業中に先生から「知らない地域のことを考える時，身近な地域に置き換えることで理解できる…。」という言葉を思い出して，雨温図 A ～ C を考えてみることにした。

例えば，日本も大半の地域が温暖湿潤気候だが，同じ気候であっても判別することができる。

D ～ F の雨温図は，福岡・仙台・長野のいずれかであり，3都市とも温暖湿潤気候である。しかし，都市の位置によって3都市の気温や降水量に違いが生じる。そして，都市が位置する緯度によって最高・最低気温に差が生じる。また，その位置が沿岸か内陸かによって，気温の年較差や降水量に差が生じると考えた。

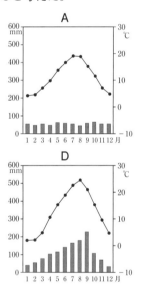
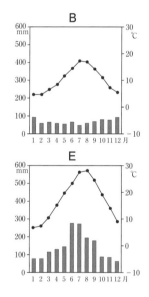
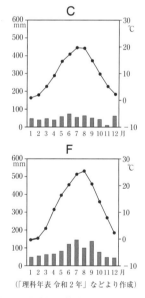

（「理科年表 令和2年」などより作成）

(1) 雨温図 A ～ F にあてはまる都市を次の①～⑥の中から1つずつ選び，記号で答えよ。

① ロンドン ② ベルリン ③ パリ ④ 福岡 ⑤ 仙台 ⑥ 長野

(2) 同じ緯度で気温や降水量に差が生じる例として，大陸の東岸と西岸の違いがある。この場合，冬の気温が高いのはどちらか答えよ。また，その理由を簡単に書け。

(3) 同緯度に位置するだけでなく，大陸の沿岸・内陸や東岸・西岸の位置の条件が同じ場合でも，気温や降水量に差が生じることがあるが，その原因を1つ書け。

(4) アジアでは，一般に夏に多くの降水が見られるが，その原因は何か簡単に書け。

(1)	A		B		C		D		E		F	
(2)			理由									
(3)												
(4)												

2 次の会話文は，ある中学校の社会の授業のようすである。文を読み，あとの問いに答えなさい。

（愛媛・愛光高）（各 5 点，計 20 点）

先生　：今週は，皆さんにアジアとヨーロッパについて，テーマごとに調べてきたことを発表しても
　　　　らいます。最初に，A君はアジアのモンスーン地域の農業について調べてきましたよね。

Aくん：はい，私は東アジアから南アジアにかけての，モンスーンアジアとよばれる地域を調べてき
　　　　ました。ァこの地域の名前の由来になっているモンスーンは季節風のことで，季節によって
　　　　風向きが逆になるのが大きな特徴です。この風の影響で，季節によっては降水量が非常に多
　　　　くなり，そのため古くからィ稲作がさかんな地域となっています。

先生　：なるほど。B君はヨーロッパの北西部の農業についてでしたね。

Bくん：はい。ゥヨーロッパでは昔から小麦栽培がおこなわれてきましたが，とりわけ北西部は，
　　　　ェ1年を通じて暖流と偏西風の影響を強く受けるため，高緯度の割に冬の寒さがそれほど厳
　　　　しくなく，小麦栽培がさかんな地域です。

(1)　下線部アに関連して，次の図①と②は東南アジア地域の 1 月ま
たは 7 月の風向きを，③と④は 1 月または 7 月の降水量（単位：
mm）を示したものである。7 月の風向きと 7 月の降水量の正し
い組み合わせを，右のあ〜えの中から 1 つ選び，記号で答えよ。

	7 月の風向き	7 月の降水量
あ	①	③
い	①	④
う	②	③
え	②	④

① 　② 　③ 　④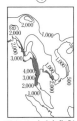

（「Diercke Weltatlas」より作成）

(2)　下線部イに関連して，表 1 は，インドネシア，タイ，中国の米の生産量，輸出量（2014 年）を示
したものである。X〜Zにあてはまる正しい国の組み合わせを，次のあ〜かの中から 1 つ選び，記
号で答えよ。

表 1　　　　（単位：万トン）

	生産量	輸出量
X	20,651	41
Y	3,262	1,095
Z	7,085	0.05

（「FOASTAT」より作成）

	X	Y	Z
あ	インドネシア	タ　イ	中　国
い	インドネシア	中　国	タ　イ
う	タ　イ	中　国	インドネシア
え	タ　イ	インドネシア	中　国
お	中　国	タ　イ	インドネシア
か	中　国	インドネシア	タ　イ

(3) 下線部ウに関連して，イギリス，ドイツ，フランスでは小麦だけではなく，さまざまな農作物が
つくられている。次の**表2**は，小麦を含む各農作物の食料自給率(2014 年)を示したものである。
表中の**X〜Z**と国名との正しい組み合わせを，あとの**あ〜か**の中から 1 つ選び，記号で答えよ。

表2　　　　　　　　　　　　　　　　　　　　　　　　　　　　　　　　　　　　　(単位：％)

	小麦	いも類	野菜類	肉類	乳製品
X	124	124	41	113	119
Y	110	87	40	69	81
Z	179	127	78	102	128

(農林水産省「食料需給表」より作成)

	X	Y	Z
あ	イギリス	ドイツ	フランス
い	イギリス	フランス	ドイツ
う	ドイツ	フランス	イギリス
え	ドイツ	イギリス	フランス
お	フランス	イギリス	ドイツ
か	フランス	ドイツ	イギリス

(4) 下線部エについて，このような影響を受けている気候の雨温図にあたるものを，次の**あ〜う**の中
から 1 つ選び，記号で答えよ。

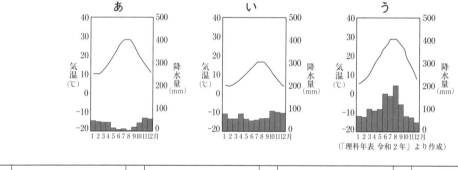

(「理科年表 令和 2 年」より作成)

(1)		(2)		(3)		(4)	

---

3 アメリカについて，次の問いに答えなさい。

(大阪・清風南海高)(各 5 点，計 30 点)

(1) 次の文は，**図1**中の**A〜D**で示された地域の気候につい
て述べた文である。気候について述べた文として適当でない
ものを，次の**ア〜エ**の中から 1 つ選び，記号で答えよ。

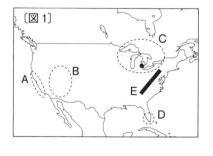

〔図1〕

ア　**A**の地域は，夏に湿潤になり，冬に乾燥する温帯の気候
が見られる。

イ　**B**の地域は，岩石や砂の土地が続くなど乾燥帯の気候帯
が見られる。

ウ　**C**の地域は，高緯度であることから冷帯の気候が見られる。

エ　**D**の地域は，アメリカ合衆国では数少ない熱帯の気候が見られる。

(2)　**図1**中の**E**はアメリカ合衆国の 　**図2**
東部にある低くなだらかな山脈を
示している。この山脈は古生代に
形成された古い山脈である。この
山脈の名称を答えよ。また，下の
図2のア〜エは世界の山脈を示し
ている。**図1**中の**E**の山脈と同じ
時期に形成された山脈を**図2**中の
ア〜エの中から1つ選び，記号で
答えよ。

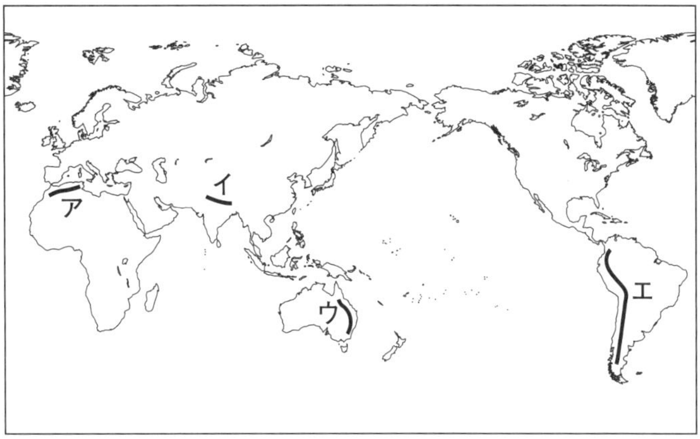

(3)　次の①・②の問いに答えよ。

①　**図1**中の●の都市は，かつて五大湖周辺 　**表1**
で生産される鉄鋼などを用いた自動車工業で
栄えた都市である。この都市名を答えよ。

②　右の**表1**は1990年と2015年の各国の自
動車の生産台数を示したものである。表中の
空欄**F**，**G**，**H**，**I**は中国・日本・ドイツ・
韓国のいずれかを示したものである。ドイツ
に該当するものを**F**〜**I**の中から1つ選び，
記号で答えよ。

	1990 年 （千台）	2015 年 （千台）
F	473	24,567
アメリカ合衆国	9,783	12,106
G	13,487	9,278
H	5,163	6,033
I	1,322	4,556

（「データブック オブ・ザ・ワールド 2018」より作成）

(4)　アメリカ合衆国はさまざまな国と貿易を行っている。次の**表2**はアメリカ合衆国の輸出・輸入
相手国上位5か国と全体に占める割合（単位は％）を示したものである。**表2**中の空欄に入る適当
な国名を書け。

表2

輸出相手国	
カナダ	18.3
（　　　）	15.9
中国	8.0
日本	4.4
イギリス	3.8

輸入相手国	
中国	21.4
（　　　）	13.2
カナダ	12.6
日本	6.0
ドイツ	5.2

（統計年次は 2016 年）（「データブック オブ・ザ・ワールド 2018」より作成）

(1)		(2) **名称**		**記号**	
(3) ①			②	(4)	

1 アジアやオセアニアの自然や社会について，右の地図を見て次の問いに答えなさい。

(福岡・久留米大附設高)(各4点，計48点)

(1) 地図中A〜Cの地域で多く採れる資源の組み合わせを次の表中ア〜カの中から1つ選び，記号で答えよ。

	ア	イ	ウ
A	石炭	石炭	ボーキサイト
B	ボーキサイト	鉄鉱石	石炭
C	鉄鉱石	ボーキサイト	鉄鉱石
	エ	オ	カ
A	ボーキサイト	鉄鉱石	鉄鉱石
B	鉄鉱石	石炭	ボーキサイト
C	石炭	ボーキサイト	石炭

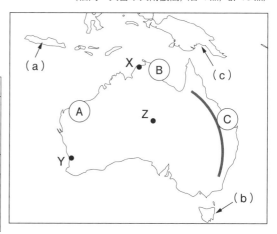

(2) 地図中の(a)・(b)の島名を書け。

(3) 地図中の(c)の島には，アジアとオセアニアの境界がある。この島に領土を持つアジアの国名を書け。

(4) 次のア〜エは，地図中X・Y地点とブエノスアイレス(アルゼンチン)，ローマ(イタリア)のいずれかの雨温図である。このうち，地点Yの雨温図として最も適切なものを1つ選び，記号で答えよ。

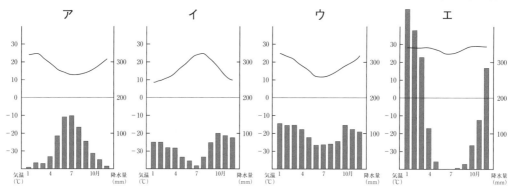

(5) 地図中Z付近には，通称「地球のへそ」と言われる先住民族の聖地がある。この聖地と先住民族の名称を書け。

(6) 次のア〜オのうち，オーストラリアの東部に連なるグレートディバイディング山脈と同じ時期に形成された山脈として適切なものを2つ選び，記号で答えよ。

ア　ウラル山脈　　　イ　飛騨山脈　　　ウ　アパラチア山脈

エ　アルプス山脈　　オ　アンデス山脈

(7)　オセアニアの島々の暮らしについて述べた文のうち正しいものをア〜エの中から1つ選び，記号
　　で答えよ。

　　ア　トンガでは日本向けのカボチャの栽培がさかんであるが，近年はニュージーランドやメキシコ
　　　　などとの競争が激しく，カボチャのみに依存した農業の形態を見直す時期にきている。

　　イ　ニュージーランドはオーストラリアと同様に多文化主義を採用しているが，公用語を英語に限
　　　　定している。これは，居住する移民の母国語が多すぎて選定が難しいからである。

　　ウ　日付変更線より西，赤道よりも南の島々をメラネシアというが，これは「黒い島々」という意
　　　　味である。ハワイ諸島やツバル，ナウルなどがこの島々に含まれている。

　　エ　さんご礁からなる島々では，大型のリゾート開発が進んでおり，アジアからの観光客が増加し
　　　　ている。大きな港湾の整備も進み，大型クルーズ船の寄港も年々増加している。

(8)　下の表は，オーストラリアの貿易相手国(輸出入総額)・輸出品・輸入品の変化についてまとめた
　　ものである。空欄Xにあてはまる国名，およびA・Bにあてはまる品目名をそれぞれ書け。

	1960 年				2013 年		
	第 1 位	第 2 位	第 3 位	→	第 1 位	第 2 位	第 3 位
貿易相手国	イギリス	アメリカ	日　本		X	日　本	アメリカ
輸出品	A	小　麦	肉　類		鉄鉱石	石　炭	天然ガス
輸入品	B	自動車	石　油		B	自動車	石　油

(1)		(2)	(a)		島	(b)		島	(3)	
(4)		(5)	聖地			先住民族				
(6)		(7)		(8)	X		A		B	

2　次の地図を見て，あとの問いに答えなさい。

（福岡・西南女学院高）((4)② 4 点，他各 3 点，計 52 点)

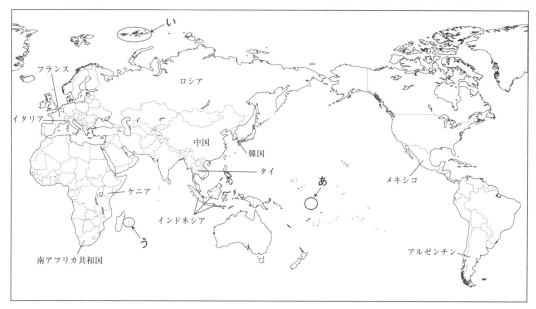

(1)　次のA〜Eの文は，地図中に国名が記されたいずれかの国について述べた文である。

A　この国は，日本と平和友好条約を結んで 2018 年に 40 周年を迎えた。今後も政治・経済などさまざまな分野での関係が求められている。

B　この国は，活発な貿易が行われるように，アメリカ合衆国・カナダとァ北米自由貿易協定を結んでいる。しかし，近年，協定内容が見直され，新協定として USMCA が発効した。

C　この国は，世界有数の米の輸出国であるが，近年，海外企業の進出の増加で，自動車生産の拠点にもなっている。また，ィ環太平洋戦略的経済連携協定への参加を目指している。

D　この国は，ゥヨーロッパ連合の国々の中で最大の農業国である。ぶどうや小麦の栽培がさかんで，小麦の輸出量は，アメリカ合衆国に次いで世界第 2 位となっている。

E　この国は，赤道に近い国であるが，標高が高い地域では，（ X ）とよばれる大規模な農園が広がり紅茶やコーヒーの栽培を行っているが，近年では，ヨーロッパ向けのバラの栽培が増加してきている。

①　A〜Eにあてはまる国名を書け。
②　文中の（ X ）にあてはまる語句を書け。
③　文中の下線部ア〜ウをアルファベットの略称でそれぞれ何というか，書け。
④　Eの国の雨温図を次のア〜ウの中から1つ選び，記号で答えよ

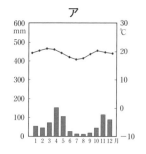

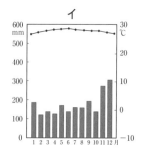

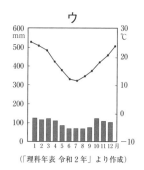

（「理科年表 令和 2 年」より作成）

(2) ヨーロッパの農業について述べた文の（　a　）（　b　）に適する語句を書け。

> （　a　）山脈より北の地域では，小麦などの穀類と豚や牛などの家畜の飼育を組み合わせた（　b　）農業が行われてきた。

(3) 次のグラフは，州別に見た世界の人口と面積の割合である。

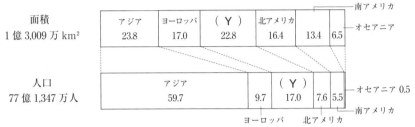

面積
1 億 3,009 万 km²

アジア 23.8	ヨーロッパ 17.0	（　Y　）22.8	北アメリカ 16.4	13.4	6.5

南アメリカ
オセアニア

人口
77 億 1,347 万人

アジア 59.7	9.7	（　Y　）17.0	7.6	5.5

オセアニア 0.5
ヨーロッパ　北アメリカ　南アメリカ

（面積 2017 年，人口 2019 年）　※四捨五入の関係で合計は 100％にならないことがある。　（「世界国勢図会 2019/20 年版」などより作成）

① グラフ中の（Y）にあてはまる州を答えよ。

② アジア州の人口合計は約何人か。次のア～エの中から 1 つ選び，記号で答えよ。

ア　76 億　　イ　66 億　　ウ　56 億　　エ　46 億

(4) 次の文は，地図中の⬭あ～うのうちにあるいずれかの国についてのものである。

> この国は，平均海抜が 2m 以下で，満潮時には海面上昇による浸水が顕著で水没の危機にある。2018 年に福島県で開催された「太平洋・島サミット」にこの国も参加した。会議では，気候変動対策のための資金協力を行う考えが表明され，「（　Z　）な開発」のための力強い支援が引き続き期待された。

① この国を含む島々を地図中の⬭あ～うの中から 1 つ選び，記号で答えよ。

② 文中の下線部の原因となっている環境問題とは何か，答えよ。

③ 文中の（　Z　）に適する語句を，漢字 4 字で答えよ。

(1)	①	A		B		C	
		D		E			
	②						
	③	ア		イ		ウ	④
(2)	a		b				
(3)	①		州	②			
(4)	①		②		③		

10 身近な地域の調査

標 準 問 題 ——————————————————————— 解答 別冊 p.24

重要 099 〉**[調査の手順]**

地域調査の手順を次の〔手順〕に示したとき，（　　　　）には，それぞれ下のア～エの中のいずれかが入る。それぞれの（　　　　）に適切な記号を入れ，地域調査の手順を完成させなさい。

〔手順〕資料の収集　→（　　　　）→（　　　　）→（　　　　）→（　　　　）→　発表

ア　調査テーマの発見　　イ　文献調査や野外調査の実施
ウ　調査結果のまとめ　　エ　予想・仮説の設定

> **ガイド** 調査前の作業，調査後の作業は何か，考える。

100 〉**[略地図の読み取り]**

右の図はある地域を略地図にまとめたものである。次の問いに答えなさい。

(1) 次の文を読み，みさきさんが到着した建物や施設の地図記号を書け。

[　　　　]

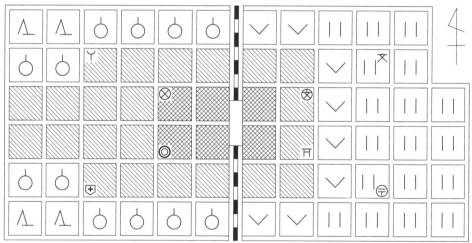

・縮尺は2万5千分の1である。
・1区画の大きさはすべて（例）と同じである。

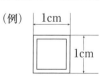

(例)

　みさきさんは駅より東へ1,000m進み，その交差点を右に曲がり，さらに500m進んで，ある建物・施設に到着した。

(2) 略地図にない土地利用を次のア～エの中から1つ選び，記号で答えよ。　[　　　　]

ア　茶畑　　イ　田　　ウ　果樹園　　エ　針葉樹林

> **ガイド** (1)地形図は上が北である。2万5千分の1の地図で，1,000mの長さは，1000m÷25000の長さになる。これを計算し，mをcmに直す。

重要 101 [地形図の読み取り]

地図を見て，次の問いに答えなさい。

(1) 地形図中にAで示した「ようろう」駅と，Bで示した寺院を結んだ直線距離は，この地形図上で約8cmである。この間の実際の距離は約何mか。その数字を書け。

[　　　　　m]

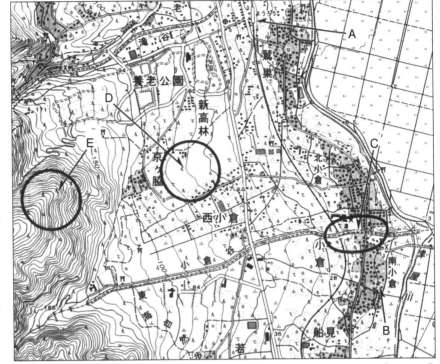

(2) 地形図中にCで示した地域のようすについて述べた文として正しいものを，次のア〜エの中から1つ選び，記号で答えよ。　　[　　　]

ア　鉄道も道路も「小倉谷」の上をとおっている。

イ　鉄道も道路も「小倉谷」の下をとおっている。

ウ　鉄道は「小倉谷」の上を，道路は「小倉谷」の下をとおっている。

エ　鉄道は「小倉谷」の下を，道路は「小倉谷」の上をとおっている。

(3) 地形図中にDで示した地域の等高線の間隔は，地形図中にEで示した地域の等高線の間隔よりも広い。Dの地域の傾斜と，Eの地域の傾斜を比べると，Dの地域の傾斜はどうであるか。簡単に書け。　　[　　　　　　　　　　　　　　　　　　　　　　]

ガイド (3)等高線の間隔が広いか狭いかで，傾斜の度合いがちがう。

102 [地図記号の由来]

次の地図記号について述べた文のうち，正しいものを次のア〜エの中から1つ選び，記号で答えなさい。　　[　　　]

① 卍　　② Y　　③ 📖　　④ 🏠

ア　①は鳥居を表しており，寺院である。

イ　②は火を消すための昔の道具を表しており，消防署である。

ウ　③は文献や書類を表しており，博物館である。

エ　④は鍵穴のある施設を表しており，銀行である。

重要 103 〉[新旧地形図の比較]

次の文は，新旧の地形図Ⅰ，地形図Ⅱから読み取ったことをまとめたものである。これらの地形図を見て，あとの問いに答えなさい。

> 　地形図Ⅰ，Ⅱは，生駒市内の同一の地域を示す新旧2枚の地形図である。地形図ⅡのⒶの周辺は，地形図Ⅰと比較すると等高線の本数が　　a　　いることから，起伏が　　b　　なっていることがわかる。2枚の地形図を比較すると，　　　c　　　ことや，　　　d　　　ことなどの変化が読み取れ，このことから，この地域がベッドタウン化したことが推定できる。
>
> 　そこで，さらに調査したところ，平成17年の生駒市の昼夜間人口比率は75.8%と低いこと，近鉄けいはんな線は，生駒市と大阪市中心部を約30分で結ぶ鉄道で，大阪方面への通勤・通学に利用されていることなどがわかった。地形図Ⅱの「しらにわだい」駅と「がっけんきたいこま」駅の二地点間の距離は，地図上では3cmなので，実際には750mである。

地形図Ⅰ　　　　　　　　　　　　　　　　地形図Ⅱ

(昭和44年国土地理院発行の地形図「生駒山」より作成)　　　　(平成18年国土地理院発行の地形図「生駒山」より作成)

(1)　　　a　，　　b　にあてはまることばの正しい組み合わせを，次のア〜エの中から1つ選び，記号で答えよ。　　　　　　　　　　　　　　　　　　　[　　　　　]

　ア　a＝増えて，b＝大きく　　　　イ　a＝減って，b＝大きく

　ウ　a＝増えて，b＝小さく　　　　エ　a＝減って，b＝小さく

(2)　　　c　，　　d　に入る文を，それぞれ簡潔に書け。

　c [　　　　　　　　　　　　　　　　　　　　　　　　　　　　　　　　　　]

　d [　　　　　　　　　　　　　　　　　　　　　　　　　　　　　　　　　　]

(3)　下線部をもとにして，地形図Ⅱの縮尺を計算して求め，書け。

　　　　　　　　　　　　　　　　　　　　　　　　　　[　　　　　　　　　　]

ガイド (2)文中に「この地域がベッドタウン化したことが推定できる」とあることが手がかりとなる。

　　　(3)750m（＝75,000cm）が地形図Ⅱでは3cmで表されている。縮尺の分母は，(実際の距離)÷(地形図上の長さ)で求める。

最 高 水 準 問 題 ———————————————— 解答 別冊 p.25

104 次の問いに答えなさい。

(1) 聞き取り調査を行うにあたって，適当でないものを次のア〜エの中から1つ選び，記号で答えよ。

（智弁和歌山高）[　　　　]

　ア　できる限り事前に連絡をとって，相手に話を聞く日時を約束しておく。

　イ　どんなことを調査したいのか，相手にあらかじめ内容を伝えておく。

　ウ　聞き取るときには，相手に失礼になるのでメモをとらないようにする。

　エ　調査が終わったらすぐに礼状を送り，調査結果ができたら報告する。

(2) 大阪府のある中学校で，身近な地域を調査する際にすべきことをあげたところ，次のA〜Eの意見が出た。効率よく調査をする順序として最も適当なものを，あとのア〜カの中から1つ選び，記号で答えよ。 （大阪星光学院高）[　　　　]

> A　大阪にある大きな図書館に行って，三重県の統計書や県史をみる。
>
> B　現地の図書館に行って，市勢要覧や市統計書，市史などをみる。
>
> C　インターネットで三重県の人口や面積などの基礎的な情報を集める。
>
> D　現地に行って，観察や写真撮影，聞き取り調査をする。
>
> E　テーマを決めたり，三重県内で注目すべき市町村，地域をみつけたりする。

　ア　D → C → B → E → A ⎫
　イ　D → B → C → A → E ⎪
　ウ　C → A → B → D → E ⎬ → 調べた結果をまとめて，クラスで発表する。
　エ　C → E → A → B → D ⎪
　オ　E → B → A → C → D ⎪
　カ　E → C → D → B → A ⎭

(3) 地域調査の方法としてふさわしくないものを次のア〜オの中から2つ選び，記号で答えよ。

（東京・筑波大附駒場高）[　　　　] [　　　　]

　ア　商店街で土産物を扱う店の増減を調べるために，古い地形図と新しい地形図を見比べる。

　イ　観光の目的を調べるために，駅前で旅行者に聞き取り調査を行う。

　ウ　長崎県におけるみかんの生産量の推移を調べるために，農園を観察する。

　エ　交通渋滞解消への取り組みを調べるために，市役所や警察で聞き取り調査を行う。

　オ　地元で水揚げされる水産物の種類を調べるために，魚市場で観察する。

🈔(4) 2万5千分の1の地形図において，一辺の長さが6cmの正方形の地域の面積は，実際には何km²になるか，書け。 （京都・立命館高改）[　　　　km²]

（解答の方針）

104 (2)事前にすべきことは何かを考える。その後に調査を行う。

　　(3)それぞれの調査のしかたで，調査の目的が達成されるかどうかを考える。

　　(4)まず，実際の長さをkmを単位として求め，そのあとで面積を計算する。cm → km に直すとき注意する。

105　地形図と資料1，2を見て，次の問いに答えなさい。

（富山第一高改）

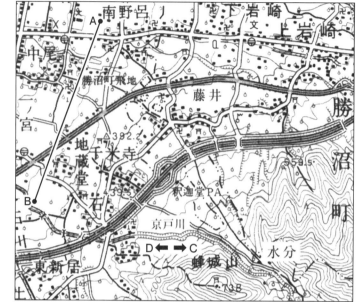

(1) 右の地形図を見て，次のア～エの中から誤っているものを1つ選び，記号で答えよ。

[　　　]

ア　水分付近の地形は扇状地の扇頂である。

イ　藤井の北にある「⍁」は記念碑である。

ウ　藤井の北東にある「文」は高等学校である。

エ　地図に多く見られる「⛩」は神社である。

(2) 地形図中のA―――B間は地形図中で測定すると5cmで，実際の距離は1,250mであった。この地形図の縮尺はいくつになるか，書け。

[　　　　　　　　　　]

(3) 地形図中の京戸川は矢印（➡）C，Dのどちらの方向に向かって流れているか。記号を書け。

[　　　]

(4) 資料1，2は富山市郊外における新旧の土地利用図である。凡例のA～Cは，住宅地・商業用地・農地のいずれかを示している。住宅地と農地にあたる記号を，それぞれ書け。

住宅地[　　　]　農地[　　　]

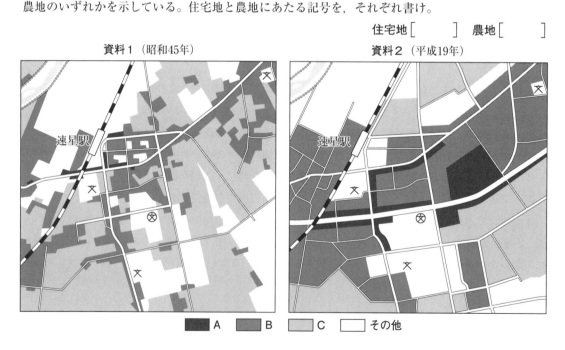

資料1（昭和45年）　　　　　資料2（平成19年）

■ A　　■ B　　▨ C　　□ その他

解答の方針

105 (4)中心的な都市では，年を経ることで都市化が進む。土地利用で減少するのは何か，考える。

難 **106** 次の地形図において，下の文の通りに進んだＡ子さんが到着した場所はどこか。地図記号の名
称で答えなさい。

(福井・北陸高)

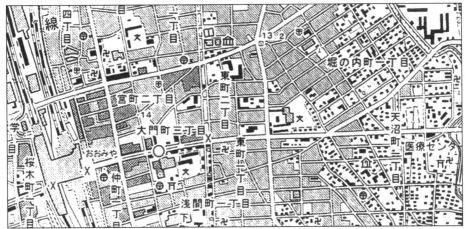

(2万5千分の1　浦和　平成18年)

区役所を出て，右手に学校を見ながら東に進んだ。

→東に進むと，次の学校のある交差点に着いた。

→その交差点を，北に進んだ。

→北に進むと，水準点のある交差点に着いた。

→その交差点を，西に曲がった。

→西に曲がってしばらく進むと，右手に小さな路地
が見えた。

→その路地に入ると，右手奥に目的地が見えてきた。

[　　　　　　　　]

107 写真は，地形図のどの方向から撮ったものか。ア〜エの中から１つ選び，記号で答えなさい。

(大阪・関西大一高) [　　　　]

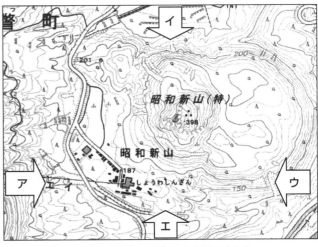

(地形図は，編集上の都合により縮小してある。)

解答の方針

106 地形図において，東は右，北は上にあたる。

108　次の文章はA君が函館市を見て歩いたときのメモの一部である。このメモや2万5千分の1
　　　の地形図に関して，あとの問いに答えなさい。

（北海道・北海高）

　　①函館山のロープウェーに
乗るために緑の島からは徒歩
で向かった。途中，元町のハ
リストス正教会や，少し遠回
りにはなったが，②宝来町に
ある高田屋嘉兵衛像や日露友
好の碑などを見学した。③函
館山からは函館市の市街地が
見下ろせるほか，天気がよけ
れば本州の下北半島まで見渡
せることもある。

(1)　下線部①に関して，A君は函館
　市の地形図で緑の島から函館山ロ
　ープウェーまでの距離を測ってみ
　たところ4cmあった。実際には
　何kmであったか，答えよ。

［　　　　　km］

(2)　下線部②への道順を調べるため
　に地形図を見ると，A君が通る宝
　来町には 🏠 の記号があることに
　気がついた。この地図記号は何を
　示しているか，答えよ。

［　　　　　　　　　］

(3)　下線部③に関して，A君は地形図の X —— Y 間のおおよその断面図を書いてみた。その断面図
　として最も適当なもの次のア〜エの中から1つ選び，記号で答えよ。　　　　　　　　［　　　　］

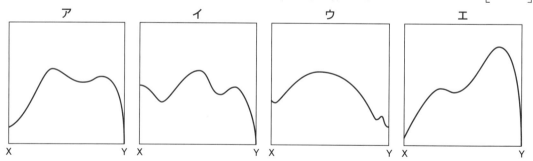

11 日本の自然環境

標 準 問 題 ──────────────────────── 解答 別冊 p.26

重要 109 〉[日本の河川と気候]

右の地図を見て，次の問いに答えなさい。

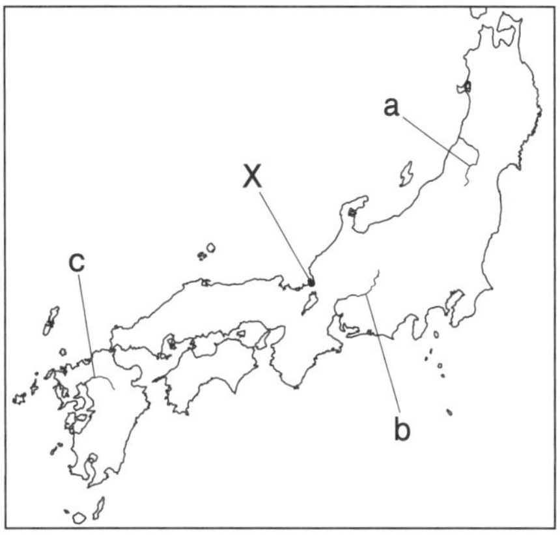

(1) 日本の河川に関する，次の①，②の問いに答えよ。

① a～cの河川の名称をA群のア～エから1つず
つ選び，記号で答えよ。また，それぞれの河川の
下流に広がる平野をB群のカ～ケから1つずつ選
び，記号で答えよ。

[A群] ア 木曽川 　 イ 筑後川
　　　 ウ 最上川 　 エ 利根川

[B群] カ 濃尾平野 　 キ 関東平野
　　　 ク 筑紫平野 　 ケ 庄内平野

a…A[　]，B[　] b…A[　]，B[　] c…A[　]，B[　]

② 河川がつくる地形について述べた次の文中の X ， Y にあてはまる語句を，あと
のア～オの中から1つずつ選び，記号で答えよ。 　　　　　 X[　] Y[　]

河川が山地から平野や盆地にさしかかる谷口付近になると，傾斜が急にゆるやかにな
り，上流から運ばれてきた大きな砂利が堆積し， X を形成する。さらに河口付近に
なると，細かな砂や泥が堆積し， Y を形成する。

ア 三角州 　　 イ 海溝 　　 ウ 山脈 　　 エ 扇状地 　　 オ さんご礁

(2) 地図のXの都市の気候について，次の①，②の問いに答えよ。

① Xの都市の気温と降水量を示すグラフを，次のア～エの中から1つ選び，記号で答えよ。
[　]

ア：降水量(mm) 年平均気温11.5℃ 気温(℃) 年降水量1,031mm
イ：降水量(mm) 年平均気温16.5℃ 気温(℃) 年降水量2,325mm
ウ：降水量(mm) 年平均気温16.3℃ 気温(℃) 年降水量1,538mm
エ：降水量(mm) 年平均気温15.3℃ 気温(℃) 年降水量2,136mm

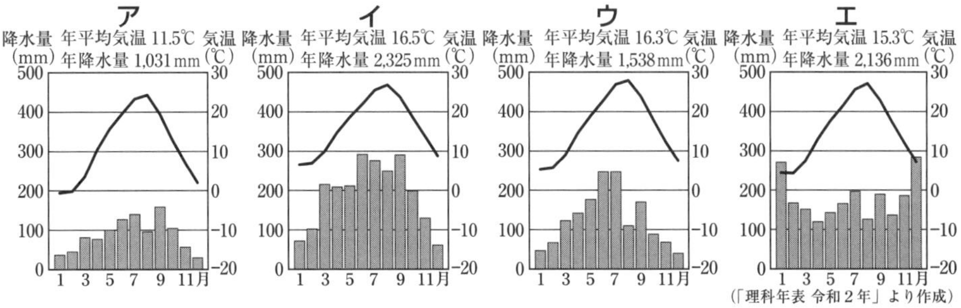

（「理科年表 令和2年」より作成）

② Xの都市の気候にあてはまるものを，次のア～エの中から1つ選び，記号で答えよ。

ア 日本海側の気候 　　 イ 内陸(中央高地)の気候 　　 [　]
ウ 瀬戸内の気候 　　 エ 太平洋側の気候

ガイド (1)①aは山形県で日本海に注ぐ。bは岐阜県や愛知県などを流れる。cは有明海に注ぐ。

110 〉[**日本の山脈・島，緯線・経線**]

次の図Ⅰ，図Ⅱ，図Ⅲは，いずれも伊能忠敬が行った測量をもとに作られた地図の一部である。

また，下の文は，これらの地図から読み取れることについて述べたものである。文中の | a |，| c | にあてはまる語句の組み合わせとして正しいものを，あとのア～エの中から1つ選び，記号で答えなさい。また，文中の（ b ）にあてはまる経度を，語句と数字で正しく書きなさい。

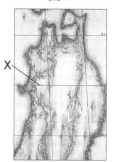  

図Ⅰ　　　　図Ⅱ　　　　図Ⅲ

組み合わせ[　　　]　経度[　　　　　　]

これらの地図は，いずれも，沿岸部や測量で歩いた道路に沿った部分が描かれていて，それ以外のところは空白のままである。図Ⅰの線Xは，現在の北緯40度の緯線とほぼ一致し，出羽山地・| a |・北上高地を通過している。図Ⅱの線Yは，日本の標準時を決める子午線である兵庫県明石市を通る（ b ）度の経線より東に位置している。また，図Ⅲのझは，世界遺産に登録された| c |を示している。

ア　a　奥羽山脈，c　種子島　　　　イ　a　越後山脈，c　種子島
ウ　a　奥羽山脈，c　屋久島　　　　エ　a　越後山脈，c　屋久島

ガイド　図Ⅰは東北地方，図Ⅱは近畿地方～中部地方，図Ⅲは九州地方である。

重要 111 〉[**自然災害，気候，海流**]

次の問いに答えなさい。

(1) 地図中の███で示した地域は，夏の低温や日照不足により，2003年における米の作況指数が，平年作を100としたとき60未満であった。夏の低温や日照不足により農作物の収穫量が減少する気象災害を，次のア～エの中から1つ選び，記号で答えよ。

ア　干害　　イ　冷害　　ウ　高潮　　エ　水害　　[　　　]

(2) 地図中のA県など瀬戸内海一帯は，夏は四国山地，冬は中国山地によって[　　]ため，雨や雪を降らせたあとの乾いた空気が流れ込み，降水量が少なめである。[　　]に適当な言葉を書き入れて文を完成させよ。ただし，[　　]には，「季節風」の言葉を含めること。[　　　　　　　　　]

(3) 沖縄近海を流れている海流を，次のア～エの中から1つ選び，記号で答えよ。　[　　　]

ア　千島海流ともよばれる親潮　　　イ　日本海流ともよばれる親潮
ウ　千島海流ともよばれる黒潮　　　エ　日本海流ともよばれる黒潮

ガイド　(3)北半球では，一般に，**寒流は北から南へ，暖流は南から北へ流れる。**

解答 別冊 p.27

最 高 水 準 問 題

112 次の問いに答えなさい。

(1) 次の文章を読んで，あとの①，②の問いに答えよ。　　　　　　　　　　（東京学芸大附高）

> 日本列島の東には太平洋が，西には日本海や東シナ海が広がっている。太平洋側には，暖流の（ あ ）や寒流の（ い ）が流れている。また，東シナ海には海底が浅く平らな（ う ）が大きく広がっている。

① （ あ ）・（ い ）にあてはまる海流の組み合わせとして最も適切なものを，表のア～カの中から1つ選び，記号で答えよ。　　［　　　］

	ア	イ	ウ	エ	オ	カ
（ あ ）	日本海流	日本海流	対馬海流	対馬海流	千島海流	千島海流
（ い ）	対馬海流	千島海流	日本海流	千島海流	日本海流	対馬海流

② （ う ）にあてはまる語を漢字3字で答えよ。　　　　　［　　　　　　　］

(2) 次の文章を読んで，あとの①，②の問いに答えよ。　　　　　　　　　　（奈良・帝塚山高）

> 日本列島は，a 大陸プレートと海洋プレートがぶつかり合う境界に形成され，国土の約（ b ）が山地で占められている。

難 ① 下線部 a に関して，2つのプレートの境界で見られる地形について述べた文として，説明が適当でないものを次のア～エの中から1つ選び，記号で答えよ。　　　　［　　　］

ア　陸地では，マグマが地表に噴出する火山が出現する。

イ　海底では，海嶺が連なり新しいプレートが生成される。

ウ　陸地では，地層が波状に折れ曲がり，けわしい山脈が形成される。

エ　海底では，海洋プレートが沈み込む地点に海溝が形成される。

② （ b ）にあてはまる数字を次のア～エの中から1つ選び，記号で答えよ。　　［　　　］

ア　3分の1　　　イ　2分の1　　　ウ　3分の2　　　エ　4分の3

難 (3) 淡路島の北西部には，1995年の兵庫県南部地震の際に動いた活断層があり，国の天然記念物に指定されている。その活断層の名を答えよ。　　（京都・洛南高）［　　　　　　　］

(4) 次の文の3県に共通して関係の深い海岸地形の名称を書け。　（大阪桐蔭高）［　　　　　　　］

① 岩手県宮古市田老地区には津波災害に備えて高さ10mの防潮堤がつくられていた。

② 三重県は養殖真珠の生産がさかんで，志摩半島南部の英虞湾が有名である。

③ 長崎県の総面積は小さいが，海岸線の長さは全国第2位である。

(5) 津波に関する説明として正しいものをア～エの中から1つ選び，記号で答えよ。
　　　　　　　　　　（宮城・東北学院榴ヶ岡高）［　　　　　　　］

ア　津波は，地震が起こった後で海水面が低下する現象である。

イ　津波は，海岸線が湾になっているところでの被害は小さい。

ウ　津波の被害を防ぐため，沿岸には堤防が築かれているところが多い。

エ　津波は，大雨や台風によってもしばしば発生している。

解答の方針

112 (4) いずれも，侵食で多くの谷が刻まれた山地が沈水してできた，屈曲に富む海岸線となっている。

113 右の地図は，日本各地の富士と名のつく主な山の分布を表したものである。これを見て，次の
問いに答えなさい。 (北海道・函館ラ・サール高)

(1) 地図中の **X・Y・Z** にあてはまる山を次のア～エの中か
ら1つずつ選び，記号で答えよ。

ア　薩摩富士とよばれる開聞岳である。　　　**X** [　　　]

イ　筑紫富士とよばれる桜島の御岳である。　**Y** [　　　]

ウ　伯耆富士とよばれる大山である。　　　　**Z** [　　　]

エ　利尻富士とよばれる利尻山である。

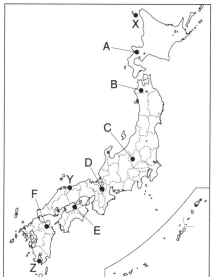

（難）(2) 地図中の **A～F** の山がある周辺のようすについて説明し
たものを次のア～クの中から1つずつ選び，記号で答えよ。

A [　　　] **B** [　　　] **C** [　　　]
D [　　　] **E** [　　　] **F** [　　　]

ア　この富士の周辺は，大都市に比較的近い山岳リゾート
として別荘やゴルフ場などの施設が整備されている。ま
た，近くの盆地ではももやぶどうの栽培がさかんである。

イ　この富士の周辺は，ため池が点在する平野が広がって
いる。古くから二毛作によって小麦が栽培されたことから，うどんが名物である。

ウ　この富士の近くには湖と温泉地があり，多くの観光客が訪れている。うどんが名物で，ウイン
タースポーツもさかんである。また，付近ではこんにゃくいも栽培がさかんである。

エ　この富士の近くには大きな湖があり，多くの観光客が訪れている。近年近くの大都市のベッド
タウンとして人口流入が続いている地域でもある。

オ　この富士の周辺は，涼しい気候を利用した畑作がさかんである。近年では海外からのスキー客
が増加し，注目された地域でもある。

カ　この富士の周辺は，日本なしの栽培がさかんで，近くの海岸付近の温泉地では日本最初のトラ
イアスロンがおこなわれた。

キ　この富士の周辺は，広大な平野が広がっており全国有数の米どころとなっている。また，この
山のふもとなどにはりんご畑が広がっている。

ク　この富士の周辺は，しいたけの栽培がさかんな地域だったが，近年は旅行雑誌にも大きく取り
上げられるほどの人気の温泉地があり，入り込み客数も全国トップクラスである。

(3) このように，各地域に郷土富士がある理由はいくつかある。その理由を説明したものとして誤っ
ているものを次のア～エの中から1つ選び，記号で答えよ。　　　　　　　　　　[　　　]

ア　富士山は円すい形の美しい形をしているため，似た形の山を「富士」とよぶようになった。

イ　富士山は日本一標高の高い山であり，その地の代表的な山を「富士」とよぶようになった。

ウ　富士山は日本でもっとも有名な山であり，知名度を高めるために「富士」とよぶようになった。

エ　富士山は日本を代表する成層火山であり，その地を代表する成層火山だけを「富士」とよぶよ
うになった。

解答の方針

113 (3) **成層火山**は，噴出した溶岩や火山灰が噴火口の周囲に堆積して層をなしている円錐形の火山である。

難 **114** 次の表は，扇状地と三角州の特徴について比較したものである。表中の 1 ～ 6 にあてはまる語句を，あとのア～シの中から１つ選び，記号で答えなさい。 （熊本マリスト学園高）

	扇状地	三角州
形成される場所	山地と平地の境目	川が海へ出る河口付近
おもな堆積物	1	2
河川と水流	上流部(扇頂)では急流，中央部(扇央)では水が地下に伏流し，3 となることが多い。末端部（扇端）ではしばしば湧水が見られる。	高度が低いため，河川は 4 して流れることが多い。増水時には洪水などに見舞われることもある。
おもな土地利用	上流・中央部では 5 ，末端部では 6 など。	水田地帯

1 [   ] 2 [   ] 3 [   ] 4 [   ] 5 [   ] 6 [   ]

ア　住宅地・水田　　　イ　果樹園・畑　　　ウ　ため池　　　エ　水無川　　　オ　三日月湖
カ　蛇行　　　　　　　キ　氾濫原　　　　　ク　後背湿地　　ケ　火山灰　　　コ　山地
サ　小石・砂　　　　　シ　土泥

115 右の図は，有珠山火山防災マップ（ハザードマップ）の一部である。これを見て，次の問いに答えなさい。 （北海道・北海高）

(1) このような防災地図について述べた文として適当でないものを次のア～オの中から１つ選び，記号で答えよ。

[   ]

ア　過去の災害から被害を予測し，その被害範囲を地図化したもので，災害の歴史や避難のポイントなどが示されている。

イ　予測される災害の発生地点，被害の拡大範囲および被害の程度，避難経路，避難場所などの情報が示されている。

ウ　ハザードマップを利用することにより，災害発生時に住民などは迅速・的確に避難を行うことができる。

エ　二次災害の発生予想箇所を避けることができるため，災害による被害を減らすことに有効である。

オ　このような災害地図は，火山災害だけではなく，水害や地震などの自然災害に備えるために，全国すべての地方自治体で作成されている。

(2) 図では，降灰の可能性の高い区域が山頂から東側の地域となっている。その理由について具体的に説明せよ。 [   ]

解答の方針

114 堆積物は，上流ほど粒が大きく，下流ほど粒が小さくなる。

115 (2)上空を吹く風に着目する。

12 日本の人口

116 [分布図, 人口ピラミッド]

次の図を見て, 近畿地方で最も 65 歳以上人口の割合が低い府または県の, 府庁または県庁所在地名を書きなさい。また, あとのア〜エの人口ピラミッドは, 愛知県, 大阪府, 広島県, 高知県のいずれかを示している。高知県の人口ピラミッドを示したものを, ア〜エから 1 つ選び, 記号を答えなさい。　　　　　　　　　　　　　　　　　　　　　　　　　　　　　　　　（茨城県）

府庁または県庁所在地 [　　　　　　　] 記号 [　　　　]

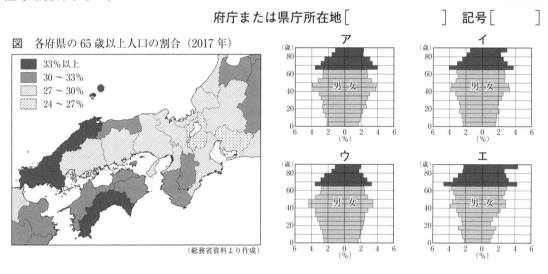

図　各府県の 65 歳以上人口の割合 (2017 年)

- 33%以上
- 30 〜 33%
- 27 〜 30%
- 24 〜 27%

（総務省資料より作成）

117 [東京大都市圏の問題]

東京大都市圏では, 地震や台風などにより, 公共交通機関に乱れが生じ, 帰宅困難者が多く出ることがある。その理由として, どのようなことが考えられるか。次の資料Ⅰ, 資料Ⅱの内容にふれて, 簡単に書きなさい。　　　　　　　　　　　　　　　　　　　　　　　　　　　　　（岩手県）

[　　]

資料Ⅰ　東京 23 区への通勤・通学者数

埼玉県
86 万人

東京都（23 区以外）
54 万人

千葉県
72 万人

神奈川県
90 万人

(2010 年)（「日本国勢図会 2015/16 年版」より作成）

資料Ⅱ　通勤・通学に利用する交通手段の割合(2010 年)

	利用交通機関	
	鉄道	自家用車
東京都	58%	9%
神奈川県	49%	19%
千葉県	40%	34%
埼玉県	38%	32%
全国平均	23%	47%

（総務省資料より作成）

※鉄道は, バス, 自転車, オートバイを併用する数値を含む。
※自家用車は, 自家用車のみを利用する数値。

◆重要 118 [産業別人口]

右のグラフは，日本の産業別人口の割合の推移を示していて，グラフ中のＡ，Ｂ，Ｃは，第1次産業，第2次産業，第3次産業のいずれかである。ＡとＣにあたるものはそれぞれ何か。次のア～エの中から1つ選び，記号で答えなさい。

[　　　　]

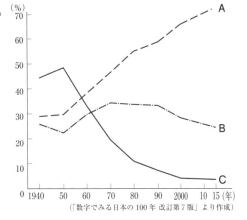

（「数字でみる日本の100年 改訂第7版」より作成）

ア { A 第2次産業 / C 第1次産業 }　　イ { A 第1次産業 / C 第3次産業 }

ウ { A 第3次産業 / C 第2次産業 }　　エ { A 第3次産業 / C 第1次産業 }

119 [人口の状況]

次の問いに答えなさい。

(1) 宮崎県と秋田県の人口密度を比較するために，表から秋田県の人口密度を，四捨五入して10の位までのがい数で求め，図のように表した。同じように，宮崎県の人口密度を表す場合，●の数はいくつになるか。正しいものを次のア～オの中から1つ選び，記号で答えよ。

[　　　　]

表
宮崎県と秋田県の比較 （がい数）

項目＼県	面積 (km²)	人口 (万人)
宮崎県	7735	108
秋田県	11638	98

（「データでみる県勢 2020年版」より作成）

図
秋田県の人口密度
（1km²あたり）

※●1個は10人を示す。

ア　5　　イ　8　　ウ　10　　エ　12　　オ　14

(2) 東京都，大阪府，愛知県などの都府県では，高度経済成長期に人口が急激に増加し，大都市中心部の過密を解消するために，郊外に大規模なニュータウンが建設された。しかし，郊外に多くの人々が移り住むことによって，新たな問題も発生した。新たな問題にはどんなものがあるか，1つ書け。　[　　　　　　　　　　　　　　　]

(3) 資料Ⅰは，日本の1999年から2006年までの全国の市町村数の推移を表したもので，資料Ⅱは，1999年3月末と2006年3月末の全国の人口規模別に見た市町村の割合を表したものである。全国の市町村数と人口規模別に見た市町村の割合にはどのような変化が見られるか。変化をもたらした理由を明らかにして，簡単に書け。

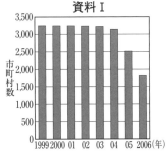

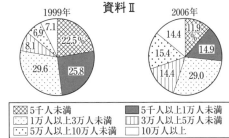

（総務省ホームページなどより作成）

[　　　　　　　　　　　　　　　　　　　　　　　　　　　　]

最 高 水 準 問 題 ────────────────── 解答 別冊 p.28

120 次の問いに答えなさい。　　　　　　　　　　　　　　（鹿児島・ラ・サール高，福岡・久留米大附設高）

(1)　右の**A～C**の人口ピ
ラミッドは，日本の1935
年，1965年，2019年の
ものである。年代の古
い順に並べたものを次
のア～カの中から1つ
選び，記号で答えよ。

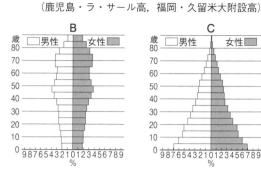

　　　　　　　　[　　　]

ア　A→B→C　　イ　A→C→B　　ウ　B→A→C

エ　B→C→A　　オ　C→A→B　　カ　C→B→A

難 (2)　日本の人口に関して誤っているものを次のア～エの中から1つ選び，記号で答えよ。　　[　　　]

ア　明治維新以降，日本の人口は増大を続けた。1940年代後半と1970年代前半のベビーブームで
は急激に人口が増加した。しかし，2005年に前年を戦後初めて下回り，人口減少がはじまった。

イ　日本の少子化は深刻な状況にあり，合計特殊出生率は1.4台にまで落ち込んでいる。政府は児
童手当の拡充や保育サービスの充実などの対策を行ったが，効果は上がっているとはいえない。

ウ　65歳以上の人口を老年人口とよぶ。その割合は近年急激に増加しており，総人口に占める割合
は25％を越え，人口の4人に1人が高齢者となっている。

エ　15歳から64歳までの生産年齢人口が減少しており，さらに団塊の世代が定年退職したことに
よる社会的影響も大きい。近年では労働人口を補うために規制を撤廃し，外国人労働者を積極的
に導入している。

難 **121** 次の文章を読んで，あとの問いに答えなさい。　　　　　　　　　　　　　　　　　（熊本・真和高）

我が国の人口は約1億2751万人で国土面積の割に人口が多い
ので，下線部人口密度は世界有数の高さとなっている。特に，平野
や盆地で高くなっており，我が国の人口は最近ますます都市
部に集中している。

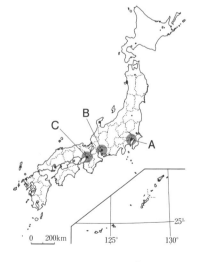

(1)　地図中**A，B，C**の地域（三大都市50キロ圏）に日本の人口
のどれくらいが集中しているか。次のア～エの中から1つ選び，
記号で答えよ。　　　　　　　　　　　　　　　[　　　]

ア　約2分の1　　イ　約3分の1

ウ　約4分の1　　エ　約5分の1

(2)　札幌・仙台・広島・福岡のように地方の政治・経済の中心
となっている都市のことを何というか，書け。

　　　　　　　　[　　　　　　　　　]

(3)　下線部について，日本の人口密度を，次のア～エの中から1つ選び，記号で答えよ。　[　　　]

ア　約133人／km²　　イ　約233人／km²　　ウ　約333人／km²　　エ　約533人／km²

(4) 大都市の郊外で人口が増加するいっぽうで，その都市の中心部の人口が減少することを何というか，答えよ。　　　　　　　　　　　　　　　　　　　　　　　　　　[　　　　　　]

122 次の2つの三角グラフは，日本の産業別人口比率の推移とさまざまな国の産業別人口比率を示したものである。これを見て，あとの問いに答えなさい。　　　　　　　(三重・高田高)

(2015・2016年)

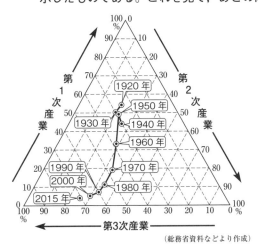
(総務省資料などより作成)

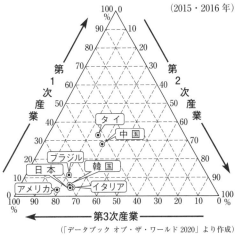
(「データブック オブ・ザ・ワールド 2020」より作成)

(1) 1950年の日本の第2次産業人口比率として最も近い数字を，次のア〜エの中から1つ選び，記号で答えよ。　　　　　　　　　　　　　　　　　　　　　　　　　　　　　　[　　　　　　]

ア　約20%　　　イ　約30%　　　ウ　約50%　　　エ　約80%

(2) グラフに関する文として誤っているものを，次のア〜エの中から1つ選び，記号で答えよ。

[　　　　　　]

ア　1970年以降に日本の経済がさらに発展すると，第3次産業人口の割合が増加した。

イ　日本では，1970年頃までは第1次産業人口の割合は減少し，かわって第2次・第3次産業人口の割合が増加した。

ウ　第3次産業人口の割合が高い先進国は，三角グラフの左下に集まる傾向がある。

エ　三角グラフの国の中で，第2次産業人口の割合が最も高い国はアメリカ合衆国である。

(3) 右の表は，三重県，東京都，千葉県，沖縄県について，産業別人口比率と昼夜間人口比率(夜間人口に対する昼間人口の比率)を示したものである。沖縄県にあたるものを，表のア〜エの中から1つ選び，記号で答えよ。　　　[　　　　　　]

	産業別人口比率			昼夜間人口比率
	第1次産業	第2次産業	第3次産業	
ア	3.0 %	32.3 %	64.7 %	98.3 %
イ	0.5	15.8	83.7	117.8
ウ	2.8	19.6	77.6	89.7
エ	4.0	15.4	80.7	100.0

(「データでみる県勢 2020年版」より作成)

解答の方針

121 (3) 日本の国土面積は，約38万km²である。人口密度は，人口を面積で割って求める。

122 (1)・(2) 例えば，第3次産業は，左上がりの目盛りの点線で割合を求める。

(3) 沖縄県は，他県から遠く，周りを海に囲まれていることを考える。

123 次の表と図を見て，次の問いに答えなさい。

（東京・国立工業高専）

(1) 次の表 1 は，人口増加率の上位 5 都県における人口，出生数，死亡数，転入者数，転出者数（2017 年）についてまとめたものである。表 1 から読み取ることができる内容として正しいものを，次のア〜エの中から 1 つ選び，記号で答えよ。　　　　　[　　　　　]

表 1
(単位：人)

順位	都県名	人口	出生数	死亡数	転入者数	転出者数
1	東京都	13,723,799	108,990	116,451	419,283	343,785
2	埼玉県	7,309,629	53,069	65,764	161,538	146,615
3	沖縄県	1,443,116	16,217	11,945	24,731	25,843
4	愛知県	7,524,759	62,436	67,177	110,577	105,738
5	千葉県	6,245,613	44,054	59,009	145,367	129,164

ア　表 1 中の 5 都県の中で，出生数を人口で割った値が最も高いのは，千葉県である。

イ　表 1 中の 5 都県の中で，自然増加数（出生数 − 死亡数）が最も多いのは，愛知県である。

ウ　表 1 中の 5 都県の中で，社会増加数（転入者数 − 転出者数）が最も多いのは，東京都である。

エ　表 1 中の 5 都県の中で，自然増加数が社会増加数を上回っている都県はない。

(2) 表 2 は，表 1 中で示した 5 都県における昼夜間人口比率，流入人口，流出人口（2015 年）についてまとめたものである。表 2 中の **A** から **E** は，表 1 中で示した 5 都県のいずれかを示している。**E** の都県名として当てはまるものを，次のア〜オの中から 1 つ選び，記号で答えよ。　　　　　[　　　　　]

ア　東京都　　イ　愛知県　　ウ　沖縄県

エ　埼玉県　　オ　千葉県

表 2　（注意：昼夜間人口比率とは，夜間人口を 100 としたときの昼間人口の割合）

都県	昼夜間人口比率　（％）	通勤・通学による流入人口　（人）	通勤・通学による流出人口　（人）
A	117.8	2,906,075	500,941
B	101.4	199,954	96,788
C	100.0	2,173	2,629
D	89.7	192,282	832,707
E	88.9	263,494	1,073,576

(3) 図 1 と図 2 は，それぞれ都道府県ごとの第 3 次産業就業者の割合（2017 年）と 1 人あたりの県民所得（2016 年）を示したものである。表 1 中で示した 5 都県について，図 1 と図 2 から読み取ることができる内容として正しいものを，次のア〜エの中から 1 つ選び，記号で答えよ。　　　　　[　　　　　]

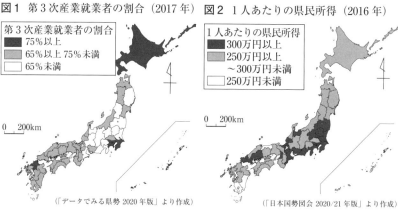

図 1　第 3 次産業就業者の割合（2017 年）

第 3 次産業就業者の割合
■ 75％以上
▨ 65％以上 75％未満
□ 65％未満

0　200km

（「データでみる県勢 2020 年版」より作成）

図 2　1 人あたりの県民所得（2016 年）

1 人あたりの県民所得
■ 300 万円以上
▨ 250 万円以上
　〜300 万円未満
□ 250 万円未満

0　200km

（「日本国勢図会 2020/21 年版」より作成）

ア　表 1 中の 5 都県の中で，図 1 において 70％以上となる都県はない。

イ　表 1 中の 5 都県の中で，図 1 において 65％未満となる都県はない。

ウ　表 1 中の 5 都県の中で，図 2 において 300 万円以上となる都県はない。

エ　表 1 中の 5 都県の中で，図 2 において 250 万円未満となる都県はない。

解答の方針

123 (2) **昼夜間人口比率**が 100 未満の場合，夜間人口＞昼間人口となる。

13 日本の資源・エネルギーと産業

標準問題 ──────────────────────── 解答 別冊 p.29

重要 124 [日本の発電]

資料を見て, 次の問いに答えなさい。

(1) 資料Ⅰは, 日本, フランス, カナダ, 中国のいずれかの発電エネルギー源別割合を示したものである。日本に当たるものを, 資料Ⅰ中のア〜エの中から1つ選び, 記号で答えよ。　　　　　　　　　　[　　]

資料Ⅰ

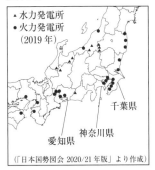

(2) 資料Ⅱは, 主な水力発電所と火力発電所の分布を示したものである。水力発電所と火力発電所の分布を比較し, ●の火力発電所の立地条件を, 次の2つの点からまとめた。文中の(　　　　)に入る内容を, その理由も含めて簡潔に書け。

資料Ⅱ

① 電力需要が多いので, 工業地域や大都市の近くに立地している。
② (　　　　　　　)に立地している。

[

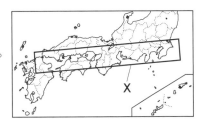
（「日本国勢図会 2020/21 年版」より作成）

重要 125 [日本の工業]

地図を見て, 次の問いに答えなさい。

(1) 地図のXの範囲には, 臨海部を中心として工業生産がさかんであり人口が集中している帯状の地域が見られる。この帯状の地域を何というか。[　　　　　　　]

(2) 空港や高速道路を利用しやすい場所に, 生産工場が立地することが多い工業は何か。次のア〜エの中から1つ選び, 記号で答えよ。　　　　　　　[　　]

ア 石油化学　　イ 鉄鋼　　ウ 繊維　　エ IC

(3) 右のグラフは, 中京工業地帯と京浜工業地帯で工業出荷額が最も多い製造業の占める割合を示したものである。グラフにYで示した業種に共通してあてはまるものを次のア〜エの中から1つ選び, 記号で答えよ。

[　　]

ア 金属製品　　　イ 化学製品　　　ウ 機械製品　　　エ 食料品

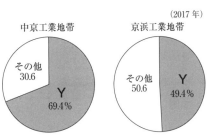
（「日本国勢図会 2020/21 年版」より作成）

126 **[西日本の農業・水産業]**

次の問いに答えなさい。 (北海道)

　表のＡ～Ｄには，略地図の**あ**～**え**の県のいずれかがあてはまる。Ａ～Ｄそれぞれにあてはまる県を，**あ**～**え**の中から１つずつ選び，記号で答えよ。

略地図

Ａ[　　　　]　Ｂ[　　　　]
Ｃ[　　　　]　Ｄ[　　　　]

表

県 ＼ 項目	みかんの生産量 （ t ）	うめの生産量 （ t ）	肉用牛の 飼育頭数（頭）	かき類（養殖）の 収穫量（ t ）
Ａ	31,500	698	23,800	103,454
Ｂ	120,300	…	10,800	623
Ｃ	144,200	53,500	2,640	4
Ｄ	10,100	671	322,000	－

　※表中の「…」は，栽培面積が狭く，調査されていないことを示す。データは2017年。
（「作況調査（果樹）」，「畜産漁業生産統計調査」より作成）

重要 127 **[日本の漁業]**

次の問いに答えなさい。

(1)　静岡県には千葉県の銚子港とならぶ全
　国有数の水揚げ量がある漁港がある。こ
　の漁港名を書け。[　　　　　　港]

(2)　右のグラフは，日本の漁業形態別漁獲
　量の推移を表している。1970年代ごろか
　ら，漁獲量が減少している P の漁業
　形態の名称を書け。
　　　　　　　　　[　　　　　　　]

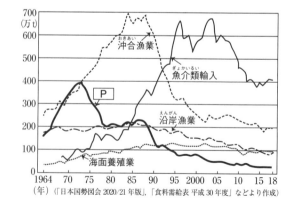

（「日本国勢図会 2020/21年版」，「食料需給表 平成30年度」などより作成）

ガイド　(1)かつおやまぐろの水揚げで知られている。
　　　　(2)外国の海洋で漁をする。

最高水準問題

解答 別冊 p.30

128 日本の農業に関する，次の問いに答えなさい。

(1) 日本の食料生産の特徴を調べるため，日本の農業を外国と比較し，グラフを作成した。グラフから読み取れる日本の農業の特徴を述べた文として正しいものを，次のア～エの中から1つ選び，記号で答えよ。

(宮城県) [　　　]

日本と主な国の農業生産活動の比較(2017年)

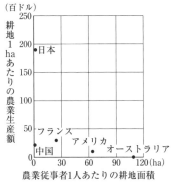

農業従事者1人あたりの耕地面積

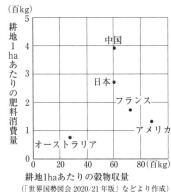

耕地1haあたりの穀物収量
(「世界国勢図会 2020/21 年版」などより作成)

ア　フランスに比べ，耕地1haあたりの農業生産額が少ない。

イ　中国と，農業従事者1人あたりの耕地面積，耕地1haあたりの農業生産額ともにほぼ等しい。

ウ　オーストラリアに比べ，耕地1haあたりでは，肥料消費量，穀物収量ともに少ない。

エ　アメリカに比べ，耕地1haあたりでは，穀物収量は少ないが，農業生産額は大きい。

(2) 図1は，東京都中央卸売市場におけるきゅうりの取扱量と平均価格(2016年)を示している。また，図2は，きゅうりの生育に適した気温と，きゅうりの主産地である宮崎市，福島市の平均気温を示している。

宮崎県が，平均価格の高い時期に，福島県よりも，きゅうりを多く出荷できる理由について，図2から読み取れることにふれ，「ビニールハウス」，「暖房費」の2つの語を用いて簡潔に書け。

(栃木県)

図1

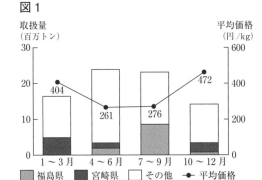

「東京都中央卸売市場ホームページ」により作成

図2

○きゅうりの生育に適した気温　18～25℃

宮崎市と福島市の平均気温(℃)

	1～3月	4～6月	7～9月	10～12月
宮崎市	9.3	19.7	26.3	14.4
福島市	3.0	16.1	23.4	9.6

(気象庁資料ほかより作成)

[　　　　　　　　　　　　　　　　　　]

解答の方針

128 (2)図2からきゅうりの生育に適した気温の時期の違いを確認し，出荷時期にどのような影響があるのかを考える。

129 次の文章を読み，図を見ながら，あとの問いに答えなさい。 （山形学院高）

　日本人は，日常の食生活の中でたくさんの水産物を消費している。日本周辺は，□□□□ため好漁場となっており，とくに九州西部や（　あ　）海岸の漁港には近海でとれた大量の魚が水揚げされる。以前は，<u>遠洋漁業</u>もさかんに行われていたが，沿岸国が経済水域を設定していくとともに，わが国の遠洋漁業は衰退し，沿岸国や沖合における漁業の見直しに加えて，養殖漁業や人工ふ化による放流を行う（　い　）漁業が注目されるようになっている。

図1　日本の主な漁港の水揚げ量

- - - - 20万t
- - - - 10万t
- - - - 5万t
- - - - 1万t

リマン海流
親潮
対馬海流
黒潮

八戸 10.6万t
気仙沼 8.3万t
女川 3.7万t
石巻 10.6万t
大船渡 4.3万t

（「水産物流通調査 2018 年」より作成）

(1)　次の①～④の問いに答えよ。

①　文章中の（　あ　）に適切な語句を，**図1**を参考にして答えよ。

［　　　　　　海岸］

②　文章中の（　い　）に適切な語句を答えよ。

［　　　　　　漁業］

③　文章中の□□□□に適当な文章を 10 文字以内で答えよ。

［　　　　　　　　　　　　　　　　　　　　　　］

④　文章中の下線部にあてはまる折れ線グラフをについて正しいものを**図2**のア～エの中から1つ選び，記号で答えよ。［　　　］

図2　日本の漁業形態別漁獲量と魚介類の輸入量の推移

ア　イ　ウ　エ　輸入

（年）（『日本国勢図会 2020/21 年版』，「食料需給表 平成 30 年度」などより作成）

(2)　次のA～Cの円グラフは，それぞれ何の輸入量を表しているか。正しいものをあとのア～オの中から1つずつ選び，記号で答えよ。

A［　　　］　B［　　　］　C［　　　］

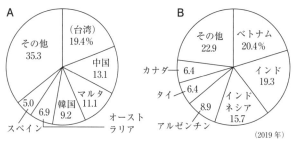

A
その他 35.3
（台湾）19.4%
中国 13.1
マルタ 11.1
韓国 9.2
オーストラリア
6.9
5.0
スペイン

B
その他 22.9
ベトナム 20.4%
インド 19.3
インドネシア 15.7
カナダ 6.4
タイ 6.4
アルゼンチン 8.9
（2019 年）

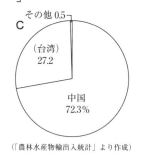

C
その他 0.5
（台湾）27.2
中国 72.3%
（「農林水産物輸出入統計」より作成）

ア　えび　　イ　帆立　　ウ　うなぎ　　エ　かに　　オ　まぐろ

(3)　次のア～オの経済活動を第1～3次産業に分け，記号で答えよ。

第1次産業［　　　　　］　第2次産業［　　　　　］　第3次産業［　　　　　］

ア　漁業　　　イ　運輸業　　　ウ　建設業　　　エ　鉱工業　　　オ　金融業

解答の方針

129 (1)③近海に潮目（潮境）が見られる。また，浅い海底が広がっている。

　　(2) Aはヨーロッパの国も入っていることに着目。Bは東南アジアの国々が多いことに着目。

難 **130** 右の図は，日本における主な水力発電所・火力
発電所・原子力発電所・風力発電所などの分布
を表したものである。これを見て，次の問いに
答えなさい。　　　　　　　　　　（広島大附高）

原子力発電所は，稼働中また
は国の許可がおりている発電
所のみ表記している。
（2020年2月26日現在）

(1)　それぞれの発電方法には異なる立地条件がある。
日本における火力発電所の立地条件を2つ述べよ。

[　　　　　　　　　　　　　　　　　　　　]
[　　　　　　　　　　　　　　　　　　　　]

★　ア
◆　イ
△　ウ
●　エ
×　オ

(2)　図にはア〜オの5種類の発電所の分布が示されて
いる。水力・火力・原子力・風力の4種類ともう1
つはどんな発電か，漢字で答えよ。また，その分布を，
図中のア〜オから1つ選び，記号で答えよ。

発電[　　　　　　]　記号[　　　　]

131 次の問いに答えなさい。　　（京都・立命館高）

(1)　地図中あ〜かはそれぞれ北九州，呉，倉敷，神戸，
東海，川崎の各市を指している。これらの都市に
共通する，さかんな工業の種類は何か，次のア〜
エの中から1つ選び，記号で答えよ。　[　　　]

ア　鉄鋼業　　　　　イ　自動車工業
ウ　せんい工業　　　エ　石油化学工業

(2)　地図中a〜fの各工業地帯(地域)について説明
した次のア〜カの中から，c，e，fの説明とし
て適切なものを1つずつ選び，記号で答えよ。

c[　　　]　e[　　　]　f[　　　]

ア　全国有数の工業出荷額を誇る。機械・化学工
業などの重化学工業が主であるが，印刷業もさかん。

イ　交通の便の良さから工業が発展し，主に製紙・パルプ業や楽器・オートバイの生産がさかんで
ある。

ウ　全国で最も多くの工業出荷額をあげている地域で，自動車などの機械工業の出荷額が極めて高
い。他に，せんい工業や窯業もさかんである。

エ　臨海地域には重化学工業の大きな工場や，造船業のさかんな都市が見られるが，内陸部には中
小企業が多く，近年中小企業の技術力を集めた人工衛星の開発なども注目されている。

オ　古くからのせんい工業のほかに，水運の便が良いことから石油化学工業や鉄鋼業がさかんである。

カ　かつてさかんであった鉄鋼業がおとろえたため，他の地域に比べ，全体的に工業生産量は停滞
している。

解答の方針

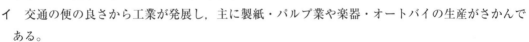

130 (1)火力発電の燃料は，石油や石炭，天然ガスなどで，輸入に依存している。

131 (2)cは阪神工業地帯，eは東海工業地域，fは京浜工業地帯である。

14 日本の貿易・交通・通信

132 [主要貿易港の輸出統計]

次の問いに答えなさい。

(1) 次の**資料Ⅰ**のa～dは，2017年における成田国際空港，千葉港，名古屋港，博多港のいずれかの輸出総額，輸出総額に占める割合の高い上位3品目をそれぞれ表したものである。資料中のa～dにあてはまる港の組み合わせとして正しいものを，あとのア～エの中から1つ選び，記号で答えよ。 (高知県) [　　　　]

資料Ⅰ

a		b		c		d	
輸出総額 17,421 億円		輸出総額 19,268 億円		輸出総額 111,679 億円		輸出総額 7,841 億円	
輸出品目	割合(％)	輸出品目	割合(％)	輸出品目	割合(％)	輸出品目	割合(％)
自動車	24.5	自動車	27.2	金(非貨幣用)	7.7	石油製品	22.4
自動車部品	18.3	集積回路	10.6	科学光学機器	6.0	鉄鋼	19.0
内燃機関	4.3	タイヤ・チューブ	7.2	集積回路	4.0	有機化合物	16.6

(「日本国勢図会 2018/19 年版」より作成)

(注) 内燃機関…自動車のエンジンなど。　科学光学機器…光ファイバー，メガネ，写真機用レンズなど。
　　　有機化合物…石油化学工業などでつくられる薬品類。

ア　a　博多港　　　　　b　名古屋港　　　　c　千葉港　　　　　d　成田国際空港
イ　a　名古屋港　　　　b　千葉港　　　　　c　成田国際空港　　d　博多港
ウ　a　千葉港　　　　　b　名古屋港　　　　c　博多港　　　　　d　成田国際空港
エ　a　名古屋港　　　　b　博多港　　　　　c　成田国際空港　　d　千葉港

(2) 次の**資料Ⅱ**は空港を利用して日本に入国した外国人の国や地域の割合を，全国の空港，鹿児島空港，熊本空港について示したものである。また，**資料Ⅲ**は，鹿児島空港，熊本空港との間にそれぞれ国際線で結ばれた空港がある都市を示している。鹿児島空港，熊本空港から入国した外国人の国や地域の割合についての特徴を，**資料Ⅱ**，**資料Ⅲ**をもとにして，50字以上60字以内で書け。ただし，「アジア」ということばを使うこと。 (鹿児島県)

[
　　]

資料Ⅱ　　　　　　　　　　　　　　　　　　　　(単位：％)　　資料Ⅲ

国名や地域名	全国の空港	鹿児島空港	熊本空港
中　　国	23.9	10.8	1.2
台　　湾	15.1	16.8	21.8
香　　港	6.7	41.8	16.5
韓　　国	22.1	24.1	58.6
イギリス	1.4	0.9	0.4
アメリカ合衆国	5.5	1.0	0.7

鹿児島空港	熊本空港
インチョン(韓国)	インチョン(韓国)
テグ(韓国)	カオシュン(台湾)
シャンハイ(中国)	ホンコン(香港)
タイペイ(台湾)	
ホンコン(香港)	

※平成 30 年の 10 月 1 日から 10 月 31 日に入国した外国人の割合を示す。
(法務省出入国管理統計より作成)

※平成 30 年 10 月現在
(鹿児島空港，熊本空港のウェブページより作成)

重要 133 **[日本の貿易]**

次の問いに答えなさい。

(1) **表1**は，神奈川県にある横浜港と千葉県にある成田国際空港の輸出総額と輸出品の上位を示している。**X**，**Y**のうち，成田国際空港にあたる方を選び，記号で答えよ。また，選んだ理由も書け。

記号 [　　　　]

理由 [　　　　　　　　　　　　　　]

表1

X	Y
105,256 億円	69,461 億円
①半導体等製造装置	①自動車
②科学光学機器	②自動車部品
③金(非貨幣用)	③内燃機関
④電気回路用品	④プラスチック

2019 年　　（「日本国勢図会 2020/21 年版」より作成）

図

アメリカ合衆国 23.2%	中国 19.0	タイ 8.3				その他 30.2

メキシコ 5.2　　カナダ 3.5　(2019 年)
ベルギー 5.7　　インドネシア 4.9

（「日本国勢図会 2020/21 年版」より作成）

(2) 日本の自動車部品の輸出先を示した**図**と，日本の主要輸出品と主要輸入品の上位4品目を示した**表2**，**3**を見て，次の問いに答えよ。

① **図**と**表2**，**3**から読み取れることについて述べた文として適切なものを，次のア～オの中から2つ選び，記号で答えよ。

[　　　] [　　　]

ア 2019 年の自動車の輸出額は，1960 年の輸出総額より少ない。

イ 1960 年と 2019 年の鉄鋼の輸出を比べると，割合は減ったが輸出額は増えている。

ウ 1960 年と 2019 年の石油の輸入を比べると，割合が減って輸入額も減っている。

エ 機械類は 1960 年，2019 年とも輸入額の方が輸出額より多い。

オ 2019 年の自動車部品の中国，タイ，インドネシアをあわせた輸出額は 10 千億円を超えている。

② 日本の貿易について述べた次の文中の **X** ，**Y** に入る適切な語句を，それぞれ書け。

X [　　　　　　] Y [　　　　　　]

表2　日本の主要輸出品

1960年		2019年	
品　目	割合(%)	品　目	割合(%)
繊維品	30.2	機械類	36.8
機械類	12.2	自動車	15.6
鉄　鋼	9.6	自動車部品	4.7
船　舶	7.1	鉄　鋼	4.0
その他	40.9	その他	38.9
輸出総額 (千億円)	15	輸出総額 (千億円)	769

（「日本国勢図会 2020/21 年版」より作成）

表3　日本の主要輸入品

1960年		2019年	
品　目	割合(%)	品　目	割合(%)
繊維原料	17.6	機械類	24.9
石　油	13.4	石　油	12.1
機械類	7.0	液化ガス	6.2
鉄くず	5.1	衣　類	4.1
その他	56.9	その他	52.7
輸入総額 (千億円)	16	輸入総額 (千億円)	786

（「日本国勢図会 2020/21 年版」より作成）

　　日本は原料を輸入し，**X** して，優れた工業製品を輸出する **X** 貿易に大きく依存してきた。しかし，最近は，日本の企業が海外で製品をつくることが増えてきた。たとえば，日本の自動車メーカーは世界各地に工場をつくり，現地生産を増やしている。図の自動車部品の輸出先を見ると，北アメリカに属する国々に輸出されているとともに，**Y** に属する国々への輸出が 32%を超えていることがわかる。このように産業のグローバル化が進展している。

ガイド (1)航空機で輸送するものと船舶で輸送するものの違いを考える。
(2)② **Y** は，輸出相手先を州のまとまりでとらえる。

最 高 水 準 問 題 ————————————————————————————— 解答 別冊 p.31

134 次の文章を読んで，あとの問いに答えなさい。 〔東京・桜美林高〕

　世界の国々はさまざまな方法や内容で結びついている。国と国との間で商品の輸出や輸入を通して取引で結びつく方法がある。これを貿易という。①資源の少ない日本は，原料を輸入し，できた製品を輸出するという方法で発展してきた。日本は第二次世界大戦後の重化学工業化で鉄鋼や船舶，自動車などが輸出の中心となってきたが，1980年代になると，日本の②輸出額が輸入額を大幅に上回ってしまった結果，アメリカ合衆国との間で｜ 1 ｜が生じた。そこで日本の企業はアメリカなどに生産のための工場をつくったり，日本側の輸入を増やす努力をしたりした。

　貿易は自由にしながら，輸出と輸入のバランスがとれていることが理想的である。しかし，現実的には難しいため，③一定のルールにもとづいておこなうように取り組んできた。

　「情報や通信」を通して結びつくこともできる。テレビや新聞など｜ 2 ｜は多くの情報をたくさんの人々に伝える役割を持っている。また，海外からの情報も瞬時に伝え，人々は世界の出来事を衛星中継などを通して知る事ができる。｜ 2 ｜は情報を伝えるだけでなく，ある出来事について人々の一般的な意見をつくりあげるのにも役立つ。しかし，テレビや新聞が偏った意見を伝えようとすると，人々は誤った情報を信じてしまうだけでなく，偏った意見を持ってしまうようになり，社会全体にとっても悪い影響を与えてしまうため，注意して伝えることが大切である。1990年頃からは④世界中のコンピューターを通信網で結ぶ事が進められ，新しい情報伝達のための手段となった。

(1)　文中の｜ 1 ｜，｜ 2 ｜にあてはまる語句をそれぞれ書け。

　　　　　　　　　　　　　　　 1 ［　　　　　　　　　　　］ 2 ［　　　　　　　　　　　］

(2)　下線部①に関して，このような貿易のやりかたを何というか，書け。　　［　　　　　　　　　　　］

(3)　下線部②に関して，このように日本からの輸出が大幅に多くなることは，相手国にとってどのような問題が生じると考えられるか，書け。

　　［　　］

(4)　下線部③に関して，世界の貿易でのルールをつくるために，日本を含め，多くの国々が加盟している組織の名称を答えよ。また，その略称も答えよ。

　　　　　　　　　　名称［　　　　　　　　　　　］　略称［　　　　　　　　　　　］

(5)　下線部④に関して，世界中に張り巡らされたコンピューターの通信網のことを何というか，書け。

　　　　　　　　　　　　［　　　　　　　　　　　］

(6)　右の表は日本の輸出入第1位の貿易港の主な輸出品目を表したものである。この貿易港を，次のア〜オの中から1つ選び，記号で答えよ。　　　　　［　　　　］

　ア　成田国際空港　　イ　横浜港　　ウ　名古屋港

　エ　関西国際空港　　オ　神戸港

輸出品目	百万円	％
集積回路	813,346	9.8
科学光学機器	577,380	7.0
映像記録・再生機器	412,361	5.0
電気回路用品	321,501	3.9
金（非貨幣用）	316,166	3.8
その他を含め計	8,296,660	100.0

135　図1，表1中のＡ・Ｂ・Ｃ・Ｄは本州四国連絡橋を示している。図1，表1，表2から読み取れることを述べた文として適切なものを，次のア〜エから1つ選び，記号で書きなさい。

（兵庫県）[　　　]

ア　2000年と2016年の本州四国連絡橋の通行台数を比べると，全ての橋で増加しており，四国地方発全国着の貨物輸送量と北九州地方発全国着の貨物輸送量も増加している。

イ　2000年と2016年の本州四国連絡橋の通行台数においては，明石海峡大橋より大鳴門橋の方がいずれも多い。

ウ　2000年と2016年の本州四国連絡橋の通行台数を比べると，瀬戸大橋の増加量は，全ての橋の中で最も多い。

エ　2000年と2016年の本州四国連絡橋の通行台数を比べると，明石海峡大橋は400万台以上増加しており，徳島県・兵庫県発着の乗合バス旅客輸送人員も増加している。

表1　本州四国連絡橋の通行台数　（台）

名称（開通年）	2000年	2016年
Ｄ（1985年）	6,326,762	9,059,233
Ｂ（1988年）	5,352,201	8,030,869
Ｃ（1998年）	9,089,036	13,358,869
Ａ（1999年）	1,467,785	2,727,319

（四国運輸局「四国地方における運輸の動き」より作成）

図1

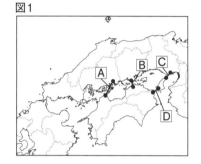

表2

	2000年	2016年
四国地方発全国着の貨物輸送量（千t）	285,803	317,813
北九州地方発全国着の貨物輸送量（千t）	326,021	267,299
徳島県・兵庫県発着の乗合バス旅客輸送人員（千人）	618	712

（「交通経済統計要覧」より作成）

136　次の問いに答えなさい。

（茨城高）

(1)　1965年に日本で初めて開通した高速道路は名神高速道路である。この高速道路が東から西に向けて通過する府県の順番として正しいものをア〜エの中から1つ選び，記号で答えよ。　[　　　]

ア　愛知→岐阜→滋賀→京都→大阪一兵庫　　　イ　愛知→三重→岐阜→京都→大阪→兵庫

ウ　愛知→岐阜→三重→大阪→京都→兵庫　　　エ　愛知→三重→滋賀→大阪→京都→兵庫

(2)　次の駅名は下りの山陽新幹線が停車する駅名を順に示したものである。県境にあたるＡ〜Ｅの線として誤っているものを1つ選び，記号で答えよ。　[　　　]

　　　　　Ａ　　　　　　　　　　　　　　　　Ｂ　　　　　　　　　　　Ｃ
新大阪｜新神戸　西明石　姫路　相生｜岡山　新倉敷　福山　新尾道｜三原　東広島

　　　　Ｄ　　　　　　　　　　　　　　　Ｅ
広島｜新岩国　徳山　新山口　厚狭　新下関｜小倉　博多

解答の方針

136 (2) 下りの山陽新幹線は，大阪府→兵庫県→岡山県→広島県→山口県→福岡県の順に通る。

137 次の問いに答えなさい。

(1) 国際化の進展により，日本を訪れる外国人の数も増えてきている。日本の「観光立国」の推進体制を強化するために2008年10月には観光庁も発足した。駅などでも複数の言語による案内表示が見られるようになった。右の表は，日本を訪問した外国人が多いアジアの国・地域を4位まで並べたものである。A～Dは，次のア～エのいずれかの国・地域に対応する。Cにあてはまるものをア～エの中から1つ選び，記号で答えよ。　　（東京・筑波大附高）[　　　]

訪日外国人数推移

	2009	2010	2011	2012	2013	2014	2015	2016	2017	2018	2019
A	159	244	166	204	246	276	400	509	714	754	558
B	102	127	99	147	221	283	368	417	456	476	489
C	101	141	104	143	131	241	499	637	736	838	959
D	45	51	36	48	75	93	152	184	223	221	229

（単位：万人）　　（日本政府観光局ホームページより作成）

ア　韓国　　イ　台湾　　ウ　中国　　エ　香港

難 (2) 右の図は，それぞれ1960年と2019年の日本の貿易額における主要輸入品の割合，日本の貿易額における大陸別輸入先の割合を示したものである。主要輸入品の割合と大陸別輸入先の割合の大きな変化の原因はいくつか考えられる。そのうち大きな変化と原因について図を参照し，以下の2つの語を用いて，80字以内（句読点も含む）で書け。

（千葉・東葛飾高）

〔　賃金　　中国　〕

[　　　　　　　　　　　　　　　　　]

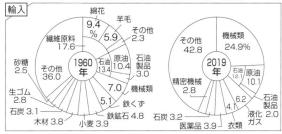

日本の貿易額における主要輸入品の割合

日本の貿易額における大陸別輸入先の割合

（「日本国勢図会 2020/21年版」などより作成）

難 (3) 右の**資料Ⅰ**は，1981年から1995年までの日本のアメリカに対する貿易の輸出入額の推移を，**資料Ⅱ**は，1981年から1995年までの日本の自動車のアメリカへの輸出台数とアメリカでの現地生産台数の推移を，それぞれ表したグラフである。これらの資料からどのようなことが読み取れるか。日本とアメリカの間に起きた貿易の問題を明らかにして，簡単に書け。　　（岩手県）

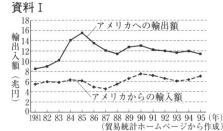

資料Ⅰ

資料Ⅱ

※アメリカでの現地生産は1982年から開始されたが，1982年から1984年までの生産台数は非公表。

[　　　　　　　　　　　　　　　　　]

15 九州地方

重要 138 [九州地方の自然]

地図を見て，次の問いに答えなさい。

(1) 地図中のA，B，Cの名称の正しい組み合わせを次のア～エの中から1つ選び，記号で答えよ。[　　　]

ア　A　筑後川，B　筑紫山地，C　宮崎平野

イ　A　吉野川，B　筑紫山地，C　筑紫平野

ウ　A　筑後川，B　九州山地，C　宮崎平野

エ　A　吉野川，B　九州山地，C　筑紫平野

(2) 阿蘇山を地図中のア～エの中から1つ選び，記号で答えよ。　　　[　　　]

(3) Cの平野での農業について正しく説明しているものを次のア～エの中から1つ選び，記号で答えよ。[　　　]

ア　台風がよく通過するために，石垣で作った畑地の景観がよく見られる。

イ　温暖な気候を生かして，ビニールハウスによる夏もの野菜の促成栽培がさかんである。

ウ　低湿地が多いので，輪中を作って水害を防ぐ対策をしている。

エ　雨が少ないので，みかんなどの果樹栽培が中心となっている。

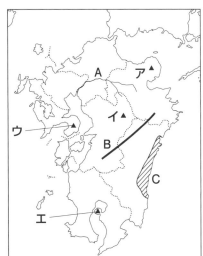

ガイド (2)阿蘇山は熊本県にある。

139 [九州の自然と産業]

地図のA～Dは県を示している。次の問いに答えなさい。

(1) A県について，次の①，②の問いに答えよ。

① 地図中に示した博多港は，韓国のプサンと定期便で結ばれ，多くの人が利用する港である。博多港がある都市名を書け。

[　　　　　市]

② この県の歴史上のできごとの説明として正しいものを，次のア～エの中から1つ選び，記号で答えよ。

[　　　]

ア　この県の八代海沿岸で，四大公害病の1つである水俣病の被害が起こった。

イ　この県の対馬に江戸時代にあった藩は，朝鮮との外交を担当した。

ウ　この県の種子島にポルトガル人を乗せた中国船が漂着して，鉄砲が伝えられた。

エ　この県の志賀島で，奴国の王が漢の皇帝から授けられた金印が発見された。

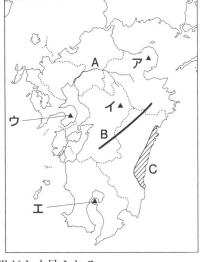

(2) B県について，次の①，②の問いに答えよ。

① この県の海岸では，海岸線が複雑に入り組み，いくつもの湾やけわしい崖が見られる。このような海岸を何というか，書け。 [　　　　　　　　　]

② この県には離島が多い。それらの離島では，人口が減少しているところが見られる。全国の山間部や離島などで見られる，人口の減少と経済活動の衰退によって，地域社会を維持することが難しくなっている地域を何とよぶか，書け。 [　　　　　　　　　]

(3) 右の表は地図中のA～D県の米とピーマンの収穫量，牛肉の生産量，漁獲量を表している。C県にあてはまるものを，表中のア～エの中から1つ選び，記号で答えよ。[　　　]

	米(t)	ピーマン(t)	牛肉(t)	漁獲量※(t)
ア	92,400	12,600	48,204	75,227
イ	57,400	…	8,319	317,069
ウ	79,400	26,500	24,065	96,540
エ	182,900	…	22,147	25,600

※遠洋・沖合・沿岸漁業における漁獲量（「データでみる県勢2020年版」により作成）

重要 140 〉[九州地方の生活と産業]

資料や図，表を見て，次の問いに答えなさい。

(1) 資料の写真のように，波照間島（はてるま）の伝統的な民家は石垣で囲まれている。波照間島の人々がこのような工夫をしてきたのはなぜか。この地域の気候の特徴と関連づけて簡潔に書け。

[　　　　　　　　　　　　　　　　　　　　　]

資料

(2) Nさんは食料品店に買い物に行き，いちごの産地に興味を持ち，調べた。表Ⅰは2018年産のいちごの生産量の上位6県を表したものであり，図Ⅰは，表Ⅰをもとに作成した上位6県の生産量を表す地図の一部である。図Ⅰをもとに，表Ⅰ中のA，Bにあてはまる県名をそれぞれ書け。

A[　　　県]B[　　　県]

表Ⅰ

都道府県	生産量(t)
栃木	24,900
A	16,300
熊本	11,200
静岡	10,800
B	10,200
愛知	9,670
全国	161,800

図Ⅰ

（ は5,000トン）
（…は県界を示す）

(3) 図Ⅱは木材生産額を4段階に区分して模様で表したものである。また，表Ⅱは同じ地域の林業についてまとめたものである。図Ⅱ中のA，Bにあてはまる模様を図Ⅱにならって太い枠の中に描け。また，表Ⅱを見て次ページのア～エの中から正しいものを1つ選び，記号で答えよ。[　　　]

図Ⅱ

木材生産額（千万円）
- 1,500以上
- 1,000～1,499
- 500～999
- 500未満

表Ⅱ

県　名	林業就業者割合　（%）	森林面積（千ha）	木材生産額（千万円）
福岡	0.04	222	258
佐賀	0.11	110	145
長崎	0.09	241	115
熊本	0.31	448	1,369
大分	0.32	448	1,306
宮崎	0.62	587	2,315
鹿児島	0.26	582	695

（「平成27年国勢調査報告」などより作成）

ア 福岡県は林業就業者割合，木材生産額がもっとも低い。

イ 佐賀県は林業就業者割合，木材生産額とも大分県の5分の1以下である。

ウ 熊本県は林業就業者割合，森林面積とも宮崎県の2分の1以下である。

エ 長崎県は林業就業者割合，森林面積とも鹿児島県の2分の1以下である。

141 〉[宮崎県の農業]

昌子さんは，「地産地消」をテーマに決め，宮崎県の資料をもとに，日本の農業や林業などについて調べている。あとの問いに答えなさい。

資料Ⅰ　昌子さんが使った宮崎県の資料

> 　私たちのふるさと宮崎は，「太陽と緑の国」と呼ばれるように，緑豊かな県土と日向灘を北上する（　　　）の恵みを受け a 豊富な農林水産物を産出する食の宝庫です。この豊かな食材を県内で消費するいわゆる b 地産地消運動を展開する中で，健全な食生活の普及・定着を図るとともに，農林水産業の重要性や素晴らしさを県民1人ひとりが自らの問題として，今を見直し，考え，そして実践していくよう……
>
> （みやざきの食と農を考える県民会議「設立趣意書」より）

(1) 資料Ⅰ中の（　　　）にあてはまる海流の名称を書け。

[　　　　　　　]

(2) 下線部 a について，昌子さんは宮崎の現状を知るため，木材，畜産，米，野菜，果実，漁業について，資料Ⅱのようにまとめた。米の生産を表しているものを資料Ⅱ中のア〜エから1つ選び，記号で答えよ。

[　　　]

資料Ⅱ

	木材	畜産	ア	イ	ウ	エ
①位	北海道	北海道	北海道	北海道	和歌山	新潟
②位	宮崎	鹿児島	茨城	長崎	青森	北海道
③位	岩手	宮崎	千葉	愛媛	山形	秋田
⋮	⋮	⋮	⋮	⋮	⋮	⋮
			⑭宮崎	⑭宮崎	⑱宮崎	㉜宮崎

（「データでみる県勢 2020」などより作成）

(3) 下線部 b について，昌子さんは，資料Ⅰに書かれたこと以外に，地産地消のよさについて自分なりにとらえた視点から発表しようと考え，資料Ⅲを準備した。地産地消のよさについて資料Ⅲをもとに書け。

[

]

資料Ⅲ　食料の輸送に伴う二酸化炭素排出量の推計

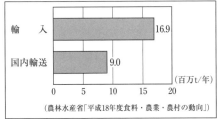

（農林水産省「平成18年度食料・農業・農村の動向」）

(4) 宮崎県の特徴として正しいものを次のア〜エの中から1つ選び，記号で答えよ。[　　　]

ア 近隣各県から人が流入し，人口が増加している。

イ 複雑な海岸線を利用した天然の良港が多く分布している。

ウ 南部に隣接する県から続くシラス台地があり，畜産がさかんに行われている。

エ 産業別の県内総生産額では，第1次産業が一番多い。

ガイド (3)資料Ⅲに二酸化炭素の排出量が示されている。これに関連づけて書くこと。

最 高 水 準 問 題 ────────────────────────────── 解答 別冊 p.33

142 右の地図を見て, 次の問いに答えなさい。(熊本・真和高改)

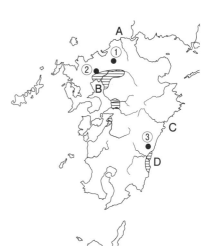

(1) 次の(あ), (い)は, 歴史的によく知られた都市または遺跡について述べたものである。何という都市または遺跡か。また, その場所を地図中の①〜③の中から1つ選び, 番号で答えよ。

(あ) 古代には, 大陸との交渉にあたる役所がおかれ, 九州全体を統括する役所のある町として栄えた。

(い) 弥生時代の大規模な集落遺跡で, 当時大陸から稲作が伝わっていたことがうかがえる。

(あ) 名称[   ] 番号[   ]

(い) 名称[   ] 番号[   ]

(2) 次の特徴がある(あ), (い)の河川名を答えよ。また, その場所を地図中のA〜Dから1つずつ選び, 記号で答えよ。

(あ) 川の流域には広大な平野がひらけ, 九州最大の米の産地になっている。下流域にはクリークが網の目のように走っている。

 (い) かつて石炭がエネルギー資源の中心的存在のころは, この川の上流にある大炭田の輸送ルートとして活躍をした川であり, 地域の工業発展に大きな役割を果たしてきた歴史を持つ。

(あ) 名称[   ] 記号[   ]

(い) 名称[   ] 記号[   ]

(3) 右の表は, 九州7県(沖縄を除く)の米・みかんの生産・肉用牛の飼育状況を表したものである。表中のX〜Zに該当する県名をそれぞれ書け。 X[県] Y[県] Z[県]

県名	米（千t）2018年	みかん（千t）2018年	肉用牛（千頭）2019年
福岡	182.9	20.2	21.6
X	176.2	90.4	125.3
佐賀	129.3	48.5	52.1
Y	92.4	11.2	338.1
大分	103.7	12.9	46.9
Z	79.4	10.0	250.3
長崎	57.4	49.7	79.4

(「データでみる県勢 2020 年版」より作成)

143 次の「日本」に関する問題に答えなさい。 (大阪・関西大倉高)

(1) 沖縄県の石垣島からおよそ170kmはなれた東シナ海の島々について, 1970 年代から中国がその領有を主張するようになった。これらの島々は何諸島か, その名称を書け。

[   ]

(2) 宮崎県や高知県では, 温暖な気候を生かした野菜の園芸農業がさかんで, ビニールハウスを使って, 農産物の出荷時期を早めにずらす栽培方法が導入されている。この栽培方法の名称を書け。

[   ]

解答の方針

142 (3) X, Y, Zは, 宮崎県, 熊本県, 鹿児島県のどれかにあてはまる。九州南部のシラス台地は水はけがよく稲作に適さないため肉用牛の飼育がさかんである。

144 ▶右の地図を見て，次の問いに答えなさい。

難 (1) 地図中のＸの県は九州最大の人口を持ち，東アジアへの玄
関口である。近年，東アジアの国の中で，Ｘの県に入国した
外国人数で最も多かったのは韓国である。高速船やフェリー
の出入港地であり，韓国南部に位置する韓国第2の都市名を
書け。　　　　　　　　　（福岡・久留米大附設高）[　　　　　　]

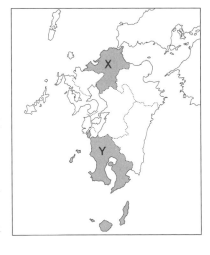

(2) 地図中のＹの県についての説明として誤っているものを次
のア～エの中から1つ選び，記号で答えよ。
　　　　　　　　　　　　　（山梨学院大附高）[　　　　　　]

ア　ブタの飼育頭数は日本一であり，肉牛・ブロイラーの生
産も有数である。

イ　シラス台地が広がっている。笠野原などで生産される茶
は，静岡県に次ぐ生産額である。

ウ　屋久島にその原生林がある屋久杉は世界遺産に登録されている。

エ　薩摩半島の南端に位置する桜島は火山島で，現在も噴火を続けている。

(3) 次の文は，九州地方のある県について述べたものである。この県の伝統文化のようすを表した写
真を次のア～エの中から1つ選び，記号で答えよ。　　　　　　　（大阪・清風高）[　　　　　　]

> 　産業別人口構成を見ると，第3次産業で働く人が圧倒的に多い。特に観光業が重要な産業で
> ある。気候は1年中温暖で，国内だけてなく海外からも多くの旅行客がやってくる。また，豚
> 肉やゴーヤなどの野菜をいためるチャンプルとよばれる郷土料理も人気がある。

ア

イ

ウ

エ

──────────
解答の方針

144 (3)写真は，エイサー，阿波おどり，祇園祭，花笠まつりのいずれかである。

145 熊本県について，次の問いに答えなさい。

(1) 右の図は，熊本県における市町村別に見た人口増減
率（平成7年から平成12年）と平成12年における老年
人口比率の関係をグラフ化したものである。これを見
て，次の①〜③の問いに答えよ。　　（熊本・九州学院高）

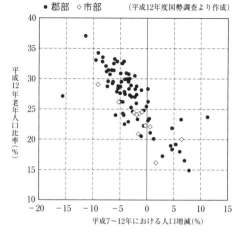

① 右の図から言えることとして正しいものを，次の
ア〜エの中から1つ選び，記号で答えよ。

[　　　]

ア　熊本県の市町村は，多くの地域で人口が増加す
る傾向にある。

イ　熊本県の多くの市町村は，いわゆる「高齢化社
会」の段階にある。

ウ　熊本県で人口が減少する市町村では，老年人口比率は高い傾向にある。

エ　熊本県では，人口増減と老年人口比率の高低に市部と郡部で明白な差がみられる。

② 図中の左上隅に位置する市町村と似た傾向を示す都道府県として最も適切なものを，次のア〜
エの中から1つ選び，記号で答えよ。　　　　　　　　　　　　　　　　　　　　　　[　　　]

ア　東京都　　　　イ　埼玉県　　　　ウ　島根県　　　　エ　沖縄県

③ 図中のいずれかの市町村で，仮に非常に大規模な住宅地の開発・分譲と集合住宅の新規建設が
行われた場合，この市町村の占める位置は，その後，グラフの中でいずれの方向へ移動するか。
最も適切なものを，次のア〜エの中から1つ選び，記号で答えよ。　　　　　　　　[　　　]

ア　左上の方向　　　イ　右上の方向　　　ウ　左下の方向　　　エ　右下の方向

難 (2) 1792年に普賢岳の噴火活動にともなって，眉山は山体崩壊を起こしたことで知られている。この
ときの状況を示した下の文中の　X　〜　Z　にあてはまる語句の組み合わせとして正しいもの
をあとのア〜エの中から1つ選び，記号で答えよ。　　　　（國學院大栃木高）[　　　]

1792年5月21日20時頃，眉山が山体崩壊を起こし，その崩土は島原の城下を流れ　X　海に
まで達した。その結果，　X　海では　Y　が起こり，対岸の　Z　を中心とする地域では，大
きな被害を受けた。この一連の災害を「島原大変　Z　迷惑」とよんでいる。

ア　X　八代，Y　高潮，Z　肥後　　　　イ　X　有明，Y　高潮，Z　肥前

ウ　X　八代，Y　津波，Z　肥前　　　　エ　X　有明，Y　津波，Z　肥後

146 次の九州地方各県（一部）の中で，福岡県，佐賀県，大分県を，ア〜カの中から1つずつ選び，
記号で答えなさい。　　　　　　　　　　　　　　　　　　　　　　　　（熊本・九州学院高）

福岡県［　　　］　佐賀県［　　　］　大分県［　　　］

ア　　　　イ　　　　ウ　　　　エ　　　　オ　　　　カ

解答の方針

145 (1)②人口に関して，熊本県と共通する問題をかかえていると考えられる都県を選ぶ。

16 中国・四国地方

標 準 問 題 ────────────────── 解答 別冊 p.34

147 [鳥取県のようす]

右の写真のように，山陰海岸は，美しい自然が魅力である。山陰海岸を含む東西約 110km におよぶ「山陰海岸ジオパーク」が，平成 22 年 10 月，「世界ジオパークネットワーク」への加盟を認定された。「山陰海岸ジオパーク」がある地域に関する説明として適切なものを次のア～カの中から 2 つ選び，記号で答えなさい。

[　　　] [　　　]

ア　鳥取県，兵庫県，京都府の一府二県にまたがっている。

イ　この地域の海岸線に沿って新幹線が開通しており，多くの観光客が訪れている。

ウ　冬に吹く南東方向からの季節風によって，雪が多い。

エ　港を利用した臨海工業地域として発展している。

オ　入り組んだリアス海岸や日本を代表する砂丘がある。

カ　この地域の沖合では，日本海流と千島海流が交わり，豊かな漁場となっている。

148 [自然，地形図の読み取り]

次の地図 I の A ～ F は県を，◆はそれぞれの県庁所在地を示している。また，地図 II は，A ～ F 県のいずれかの県庁所在地の 2 万 5 千分の 1 地形図を表している。次の問いに答えなさい。

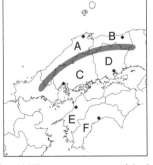

地図 I

地図 II　　　　　　　　　　　　　　　　　　　（福島県）

（国土地理院
2 万 5 千分の 1
地形図より作成
80％縮小）

(1)　地図 I に ▬▬▬ で示した山地名を書け。　　　　[　　　　　　　]

(2)　次ページのグラフは，B，D，F 県の県庁所在地の降水量を表している。あ～うにあてはまる県の組み合わせとして適当なものを，その右のア～カの中から 1 つ選び，記号で答えよ。

[　　　　　　]

> ガイド (1)ジオパークは，地球科学的に見て重要な自然遺産を含む，自然に親しむための公園のことをいう。
> 山陰海岸ジオパークは山陰海岸国立公園を中心としている。

グラフ　B, D, F 県の県庁所在地の降水量

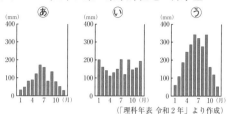

（「理科年表 令和2年」より作成）

	ア	イ	ウ	エ	オ	カ
あ	B	B	D	D	F	F
い	D	F	B	F	B	D
う	F	D	F	B	D	B

(3)　前ページの**地図Ⅱ**に関して，次の①〜③の問いに答えよ。

①　**地図Ⅱ**は，どの県の県庁所在地を表しているか。A〜Fの中から1つ選び，記号で答えよ。　　　　　　　　　　　　　　　　　　　　　　　　　　　　　　[　　　]

②　**地図Ⅱ**の地点Lと地点Mの間の道路の長さを測ると2cmであった。実際の距離は何mか求めよ。　　　　　　　　　　　　　　　　　　　　　　　　　　　[　　　　m]

③　**地図Ⅱ**から読み取れることとして最も適当なものを，次のア〜エの中から1つ選び，記号で答えよ。　　　　　　　　　　　　　　　　　　　　　　　　　　　[　　　]

ア　市民会館の周辺は，畑や果樹園が広がっている。

イ　古町駅を通っている鉄道は，JR線である。

ウ　県庁から見た東雲神社の方位は，西である。

エ　地点Nの標高は，80mである。

◆重要◆ 149 〉[中国・四国地方の自然と産業]

右の地図を見て，次の問いに答えなさい。

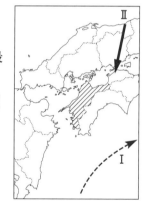

(1)　地図中の矢印Ⅰでおおよその位置を示した海流の名称として，最も適当なものを，次のア〜エの中から1つ選び，記号で答えよ。　　　　　　　　　　　　　　　　　　　　　　[　　　]

ア　千島海流（親潮）　　イ　対馬海流

ウ　リマン海流　　　　エ　日本海流（黒潮）

(2)　地図中の矢印Ⅱに沿って移動したときのようすについて述べた，次の文中の　X　，　Y　にあてはまる語句の組み合わせとして，最も適当なものを，次のア〜エの中から1つ選び，記号で答えよ。　　　　　　　　　　　　　　　　　　　　　　　　　　　　[　　　]

　　　県庁所在地であるこの市の北部には，　X　が広がっている。この市を出発し，中国山地を越えると，瀬戸内海の臨海部には，石油化学工場などが密集する工業地域があった。昭和63(1988)年に開通した　Y　をすぎると，讃岐平野が見えた。

ア　X　砂浜海岸，Y　しまなみ海道　　　　イ　X　砂浜海岸，Y　瀬戸大橋

ウ　X　リアス海岸，Y　しまなみ海道　　　エ　X　リアス海岸，Y　瀬戸大橋

150 〉[中国・四国地方各県のようす]

次の図A〜Eは，中国地方5県の形を表したものである。この図を見て，あとの問いに答えなさい。

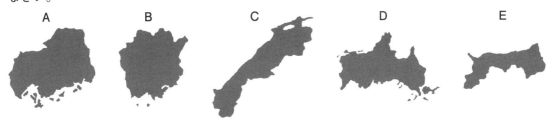

A　　　B　　　C　　　D　　　E

(1) 右の**写真**は，2007年に世界遺産に登録された石見銀山遺跡の一部である。石見銀山遺跡は図A〜Eのいずれかの県に位置する。その県の県庁所在地名を答えよ。　[　　　　　市]

写真　坑道の入り口

(2) **表1**は，中国地方5県の製造品出荷額，小売業年間商品販売額，100世帯あたりの乗用車保有台数の3つの統計をまとめたものである。このうち図のA県にあたるものを表1のア〜オの中から1つ選び，記号で答えよ。　[　　　]

(3) 右の**表2**は，新潟県，千葉県，兵庫県，鳥取県について農産物の収穫量および水産物の漁獲量を示したものである。このうち鳥取県にあたるものを表2中のア〜エの中から1つ選び，記号で答えよ。　[　　　]

表1

	製造品出荷額（億円）2017年	小売業年間商品販売額（十億円）2015年	100世帯あたりの乗用車保有台数（台）2018年
ア	11,841	707	141.4
イ	76,409	2,093	137.9
ウ	102,356	3,310	111.7
エ	61,307	1,489	125.4
オ	8,102	630	146.9

表2　　　　　　　　　　　　（単位：t）

	農産物（2018年）		水産物（2017年）	
	米	日本なし	まぐろ類	かに類
ア	182,000	989	12	3,013
イ	627,600	7,780	3,834	2,510
ウ	301,400	30,400	460	38
エ	63,700	15,900	3,016	4,286

（「データでみる県勢2020年版」より作成）

重要 151 〉[瀬戸内の気候]

次のア〜エは，地図中のA〜Dのいずれかの雨温図である。このうち，瀬戸内の気候のグラフを1つ選び，記号で答えなさい。　[　　　]

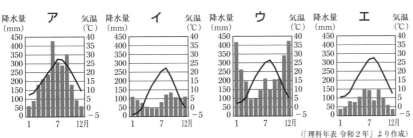

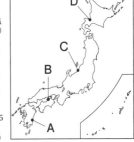

（「理科年表 令和2年」より作成）

ガイド　瀬戸内は，気候が温和であるが，しばしば日でりの害にみまわれる。

最高水準問題 ──────────────────── 解答 別冊 p.34

152 右下の地図を見て，次の問いに答えなさい。 （広島・尾道高）

(1) 次の**X**～**Z**の雨温図は，地図中の①～③のいずれかの都市のものである。①，②の都市の雨温図
の組み合わせとして正しいものを，あとの**ア**～**カ**の中から1つ選び，記号で答えよ。 ［　　　］

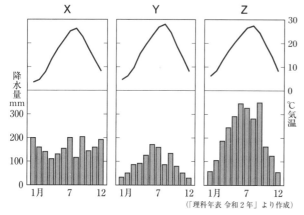

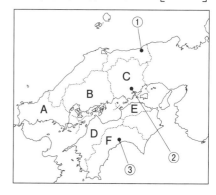

（「理科年表 令和2年」より作成）

ア ① X，② Y　　　**イ** ① X，② Z　　　**ウ** ① Y，② X
エ ① Y，② Z　　　**オ** ① Z，② X　　　**カ** ① Z，② Y

(2) 瀬戸内海で養殖などに被害をもたらすプランクトンの異常発生による現象を何というか。漢字2
文字で答えよ。 ［　　　　　　　］

〔難〕(3) **A**県では，秋吉台のように石灰岩によって形成された地形が多く見られるが，この地形を何とい
うか。カタカナ4文字で答えよ。 ［　　　　　　　］

(4) **D**県西部ののこぎり状の海岸は地形上何というか。 ［　　　　　　　］

(5) **D**県の県庁所在地を，次の**ア**～**エ**の中から1つ選び，記号で答えよ。 ［　　　］

　　ア 高松市　　　**イ** 今治市　　　**ウ** 西条市　　　**エ** 松山市

(6) **F**県では，冬でも温暖な気候を利用して野菜などの出荷時期を早める栽培方法をとっている。こ
れを何というか。漢字4文字で答えよ。 ［　　　　　　　］

(7) 児島・坂出ルートの本州・四国連絡橋は，何県と何県を結んでいるか。あてはまる県を地図中の
A～**E**から2つ選び，記号で答えよ。 ［　　　］［　　　］

〔難〕(8) この県の南部は，新産業都市に指定され発展し，石油化学コンビナートや鉄鋼業がさかんである。
この県とはどこか。地図中の**A**～**F**から1つ選び，記号で答えよ。 ［　　　］

153 高知県について説明した次の文章を読んで，あとの問いに答えなさい。 （大阪・清風南海高）

　a高知県は四国の南に位置し，南は太平洋に接し，北は険しい四国山地で愛媛県・徳島県と接して
いる。気候は温暖で降水量も多く，県内を流れる四万十川，仁淀川，物部川などの大河川は，流域面
積が狭い割には水量が豊富である。また，県北部にはb吉野川の源流や，四国の水がめとよばれる早
明浦ダムがある。気候に恵まれた高知県は，古くから農林水産業がさかんであり，以前は暖かい気候

解答の方針

152 (8)この県にある市の**水島地区**は，石油化学コンビナートが建設され，また，鉄鋼業もさかんである。

を利用して米の二期作が行われていたが，最近はc様々な野菜の生産地として知られるようになった。たとえば高知県のなすやしょうがの生産量は日本一である。しかし，近年中国からの輸入量が急激に増加し，国内消費量のおよそ半分は中国産となっている。また，d高知県には県木に指定されている魚梁瀬杉など優れた森林が多く，森林資源が豊富であり，古くから林業がさかんであったが最近はあまりふるわない。水産業では，江戸時代初期に手結(現在の香南市)に日本初の掘込港が作られるなど，早くから漁港が整備され，現在でもe漁獲量が多い。

(1) 下線部aについて，次の①，②の問いに答えよ。

① 右の表は，高知県と面積がほぼ同じである宮城県，岡山県，熊本県と高知県の主なデータをまとめたものである。高知県を表のア〜エの中から1つ選び，記号で答えよ。　　[　　　]

② 高知県は，北緯33度付近に位置している。次のア〜エの国のうち，北緯33度線が国内を通っていない国を次のア〜エの中から1つ選び，記号で答えよ。　　[　　　]

	面積(km²)2018年	人口(千人)2018年	製造品出荷額(億円)2017年
ア	7,410	1,757	28,574
イ	7,282	2,316	44,953
ウ	7,114	1,898	76,409
エ	7,104	706	5,919

(「データでみる県勢2020年版」より作成)

ア　イラク　　イ　アフガニスタン　　ウ　エチオピア　　エ　アメリカ合衆国

(2) 下線部bについて，吉野川の説明として間違っているものを，次のア〜エの中から1つ選び，記号で答えよ。　　[　　　]

ア　吉野川の大部分がフォッサマグナの中を流れている。

イ　吉野川は中流以降，讃岐山脈の南部を東へ流れている。

ウ　吉野川の水は，香川用水によって香川県の農業用水などに利用されている。

エ　吉野川の本流は，高知県と徳島県の2県を流れている。

(3) 下線部cについて，高知県では，ピーマンやきゅうりの促成栽培がさかんである。促成栽培について説明した次の文章の(1)・(2)にあてはまる語句を答えよ。　　1[　　　]　2[　　　]

促成栽培とは，(1)などの施設を利用して作物の出荷時期を(2)ことをいう。このことにより，作物の商品価値を高めることになる。

(4) 下線部dについて，高知県の県面積に占める森林面積の割合はどれくらいか。あてはまるものを，次のア〜エの中から1つ選び，記号で答えよ。　　[　　　]

ア　83.6%　　イ　66.7%　　ウ　50.7%　　エ　37.7%

順位	魚種	漁獲量(t)
1	(　　)	18,065
2	まぐろ	16,735
3	いわし	11,138
4	あじ	3,619
5	ぶり	2,956

統計：2017年
(「データでみる県勢2020年版」より作成)

(5) 下線部eについて，右の表は高知県の漁業種別漁獲量の上位5種を表したものである。漁獲量1位は何か。次のア〜エの中から1つ選び，記号で答えよ。　　[　　　]

ア　かつお　　イ　たら　　ウ　さけ　　エ　いか

解答の方針

153 (4)高知県の北部は，東西に**四国山地**が走っていて，山岳地帯となっている。

(5)「□□節」や「□□のたたき」が高知県の名産となっている。

154 いちろう君は，夏休みの宿題として「都道府県の地域調査」が出されたので，班員と一緒に四国地方の各県について調べてみることにした。これについて，次の問いに答えなさい。

(東京・明星高)

難 (1) いちろう君は，四国地方への交通機関について調べてみた。すると，四国地方には各県に1つずつ空港があるが，大阪国際空港からの航空便がある空港は2つしかないことがわかった。

① 大阪国際空港からの航空便がある空港の組合せとして正しいものを，次のア〜カの中から1つ選び，記号で答えよ。 [　　]

ア 松山空港と高松空港　　イ 松山空港と高知空港　　ウ 松山空港と徳島空港

エ 高松空港と高知空港　　オ 高松空港と徳島空港　　カ 高知空港と徳島空港

② 他の2つの空港では，大阪国際空港からの旅客数が減少したために航空便が廃止されたことがわかった。旅客数が減少した理由を述べよ。

[

]

(2) いちろう君は，香川県の県庁所在地である高松市について調べてみた。

① 高松市のホームページを見ると，名物としてうどんが紹介されていた。調べてみると，うどん屋が多いのは，香川県の気候が小麦栽培に適しているためだということがわかった。その特色を，次のア〜エの中から1つ選び，記号で答えよ。 [　　]

ア 年間を通して比較的温暖な気候で，他の地域と比べて降水量が少ない。

イ 年間を通して比較的温暖な気候で，他の地域と比べて降水量が多い。

ウ 年間における気温の差が大きく，他の地域と比べて降水量が少ない。

エ 年間における気温の差が大きく，他の地域と比べて降水量が多い。

② 高松市の人口を調べてみると，1995年から2007年にかけて人口が大幅に増えたことがわかった。四国地方の他の市についても調べてみると，同様に人口が増えた市がいくつかあった。これらの市に共通する，人口が増えた主な理由を述べよ。

[
]

(3) たかし君は，徳島県について調べてみた。すると，「阿波踊り」で有名な徳島市は，東北四大祭りの1つである「七夕まつり」が開催されている都市と，姉妹都市関係を結んでいることがわかった。その都市を，次のア〜エの中から1つ選び，記号で答えよ。 [　　]

ア 仙台市　　イ 青森市　　ウ 山形市　　エ 秋田市

(4) よしあき君は，高知県の人口について調べてみた。誤っているものを，次のア〜オの中から2つ選び，記号で答えよ。 [　　] [　　]

ア 65歳以上の人口の割合は34.8%であり，四国地方で最も高いことがわかった。

イ 人口密度は99人/km²であり，四国地方で最も低いことがわかった。

ウ 就業者に占める第1次産業の割合は66.9%であり，四国地方で最も高いことがわかった。

エ 2000年から2005年にかけての人口増加率は−2.2%であり，四国地方で最も低いことがわかった。

オ 夜間人口を100としたときの昼間人口の値は87.5であり，四国地方で最も低いことがわかった。

解答の方針

154 (1)②・(2)②本州と四国の間の道路交通網の整備から理由を考える。

17 近畿地方

重要 155 [近畿地方の府県]

右の地図を見て，次の問いに答えなさい。

(1) 地図中のX県にある，日本で面積が最大の湖について，次の①，②の問いに答えよ。

① この湖の名前を書け。 [   ]

② この湖では，人口の増加とともに水質汚濁がひどくなり，アオコや赤潮が発生する年が多くなった。人口の増加とともに水質汚濁がひどくなった理由を書け。

[   ]

(2) 地図中のY県は，北部が生活のうえで中部地方の隣県と関係が深いことから，中部地方のいくつかの県とあわせて地域区分されることがある。その地域区分として適切なものを，次のア～エの中から1つ選び，記号で答えよ。 [   ]

ア 北陸 イ 山陽 ウ 甲信越 エ 東海

(3) 資料のA～Dは，地図中の①～④のいずれかの府県である。また，資料は，A～Dの産業と府県庁所在地人口についてまとめたものである。地図と資料を見て，次の①，②の問いに答えよ。

① 資料のBの府県名を書け。なお，府または県をつけること。 [   ]

② 次のア～エは，それぞれ資料のA～Dのいずれかについて述べたものである。Dについて述べたものとして適切なものを，次のア～エの中から1つ選び，記号で答えよ。

[   ]

資料

	農業生産額（十億円）2017年	製造品出荷額（十億円）2017年	小売販売額（十億円）2015年	府県庁所在地人口（千人）2019年
A	74	5,822	2,976	1,413
B	36	17,349	10,325	2,714
C	163	15,799	5,726	1,538
D	43	2,118	1,248	357

（「データでみる県勢2020年版」より作成）

ア 紀伊山地では，吉野すぎのような特色ある木材を生産している。

イ 本州四国連絡橋の1つである明石海峡大橋が通っている。

ウ 淀川河口付近では，テーマパークの建設など再開発が進んでいる。

エ 西陣織などの伝統産業や，町家などの古い町なみが残っている。

ガイド (1)②この湖には，周辺からいくつもの河川が流れ込んでいる。

(2)新幹線などの名称と照らして考える。

(3)Bは府県庁所在地人口が多いことに着目する。近畿地方の中心となる府県を答える。

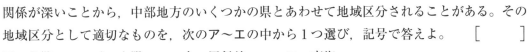

156 [和歌山県の地形と産業]

次の問いに答えなさい。

(1) 紀伊半島について，次の①，②の問いに答えよ。

① 図1は，図2に示したア～エのいずれか
の線のところで切断した地形の断面を，模
式的に示したものである。図1はどの線の
ところの断面か。最も適切なものを図2の
ア～エの中から1つ選び，記号で答えよ。

［　　］

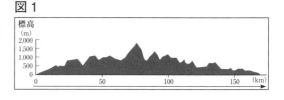

図1

② 紀伊半島には，山間部を中心に人口の減少と経済活動の
衰退などにより，社会生活を維持することが難しくなって
きている地域が多くある。このような地域を何というか，
書け。　　　　　　　　　　［　　　　　　　　　　　］

(2) 近畿地方で生産がさかんな農産物について，次の①，②の
問いに答えよ。

① 次の表は，うめ，かき，みかん，もも，それぞれの都道
府県別収穫量の割合について，上位県(2018年)を示したものである。表中のA～Dにあ

てはまる品目の組み
合わせとして正しい
ものを，次のア～エ
の中から1つ選び，
記号で答えよ。

［　　］

	A		B		C		D	
山梨県	34.8%	和歌山県	18.8%	和歌山県	20.1%	和歌山県	65.1%
福島県	21.4	奈良県	13.6	静岡県	14.8	群馬県	5.1
長野県	11.7	福岡県	7.6	愛媛県	14.7	三重県	1.9
山形県	7.1	岐阜県	6.7	熊本県	11.7	神奈川県	1.6
和歌山県	6.6	愛知県	6.5	長崎県	6.4	長野県	1.6
その他	18.4	その他	46.8	その他	32.3	その他	24.7
計	100.0	計	100.0	計	100.0	計	100.0

（「日本国勢図会 2020/21 年版」などより作成）

ア　A　うめ，B　みかん，C　もも，D　かき

イ　A　もも，B　かき，C　みかん，D　うめ

ウ　A　もも，B　みかん，C　かき，D　うめ

エ　A　かき，B　うめ，C　みかん，D　もも

② 和歌山県では，生産者の申請を受けて，「いつ」「どこで」「だれが」「どのように」生産
したかわかる農産物であることを認定し，マークで示す方法を取り入れている。このよう
な取り組みは，生産者と消費者にとって，それぞれどのような利点があるか，簡潔に書け。

生産者［　　　　　　　　　　　　　　　　　　　　　　　　　　　　　　　　］

消費者［　　　　　　　　　　　　　　　　　　　　　　　　　　　　　　　　］

(3) 豊かな自然を守るため，和歌山県の串本沿岸海域や北海道の釧路湿原は，水鳥などが生息
する国際的に貴重な湿地を守るために結ばれた条約に登録され，環境保全の取り組みが進め
られている。この条約を何というか，書け。　　　　　　　　［　　　　　　　　　　　］

ガイド (2)②「どのように」では，農薬や化学肥料を使った栽培をしていないかなどが確認できる。

(3)イランの都市名が条約の名称となっている。

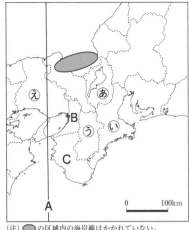

(注) ⬭の区域内の海岸線はかかれていない。

◆重要 157 [近畿地方の自然と産業]

右の地図を見て，次の問いに答えなさい。

(1) 地図中の⬭印で示した区域内には，リアス海岸と よばれる海岸地形が見られる。リアス海岸の海岸線の形 状の特徴を，簡単に書け。

[   ]

(2) 地図中の線Aは東経135度の経線を示している。東経 135度の経線が通る国の組み合わせとして適当なものを， 次のア〜エの中から1つ選び，記号で答えよ。[   ]

ア　ロシア・オーストラリア　　イ　ロシア・インド

ウ　韓国・オーストラリア　　エ　韓国・インド

(3) 地図中の太平洋側には，☐☐☐海流ともよばれる，暖流の黒潮が流れ，漁業や気候などに 影響をあたえている。☐☐☐にあてはまる最も適当な言葉を書け。　　[**海流**]

(4) 右の表は，地図中のあ 〜えの4県の人口などを 表したものであり，表中 のa〜dは，それぞれあ 〜えのいずれかにあた る。aにあたる県をあ〜 えの中から1つ選び，記 号で答えよ。また，その県名を書け。

項目 県	人口 (千人) (2018年)	湖沼，河川 の面積 (km²) (1987年度)	農業 産出額 (億円) (2017年)	海面漁業 生産量 (百t) (2017年)	製造品 出荷額 (億円) (2017年)
a	1,791	181	1,112	1,547	105,552
b	1,412	766	647	–	78,229
c	1,339	75	430	–	21,181
d	5,484	191	1,634	410	157,988

（「データでみる県勢2020年版」より作成）

記号[   ]　県名[県]

(5) 右の表は，2015年における，地図中のB，Cの 府県と全国の，それぞれの総就業人口に占める産 業別就業人口の割合を表したものであり，表中の X〜Zは，それぞれ第1次産業，第2次産業，第 3次産業のいずれかにあたる。表中のX，Zと産業を組み合わせたものとして適当なものを， 次のア〜エの中から1つ選び，その記号を書け。　　　　　　　　　　　　　[   ]

産業 府県	X	Y	Z	分類不能
B	68.5	22.2	0.5	8.8
C	66.7	21.7	8.8	2.8
全国	67.2	23.6	3.8	5.4

（国立社会保障・人口問題研究所資料より作成）

ア　X　第2次産業，Z　第1次産業　　　イ　X　第2次産業，Z　第3次産業

ウ　X　第3次産業，Z　第1次産業　　　エ　X　第3次産業，Z　第2次産業

◆重要 158 [近畿地方の人口]

次の問いに答えなさい。

(1) 右の図は，各府県の昼夜間人口比率（夜間の人口に 対する昼間の人口の割合）を示している。昼間の人口 が夜間の人口より多いか同じである府県名をすべて 書け。　　　　[   ]

(2015年)

▨ 100〜105未満
▧ 95〜100未満
▥ 95未満
（%）

昼夜間人口比率(%)＝ （昼間人口÷夜間人口） ×100

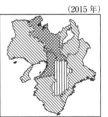

（「日本国勢図会2020/21年版」より作成）

(2) 右の表は，各府県の人口密度と製造品出荷額を示しており，a〜dは三重県，京都府，大阪府，兵庫県のいずれかである。前ページの図と右の表から読み取れることを述べた文として適切なものを次のア〜エの中から1つ選び，記号で答えよ。 [　　　]

府県	2018年	2017年
	人口密度（人/km²）	製造品出荷額（億円）
a	4,626	173,490
b	653	157,988
c	562	58,219
奈良県	363	21,181
滋賀県	352	78,229
d	310	105,552
和歌山県	198	26,913

（「データでみる県勢 2020 年版」より作成）

ア　人口密度が最も低い府県は，製造品出荷額が最も少ない。

イ　人口密度が最も低い府県は，昼夜間人口比率が最も高い。

ウ　製造品出荷額が最も少ない府県は，昼夜間人口比率が最も低い。

エ　工業出荷額が最も多い府県は，昼夜間人口比率が最も低い。

(3) 兵庫県にあたるものを，表中のa〜dの中から1つ選び，記号で答えよ。 [　　　]

ガイド (1)昼間，地域の中心となる所に，通勤・通学者が多く移動する。

---

159 〉[兵庫県の自然と産業]

次の問いに答えなさい。

(1) 右の地図の兵庫県内の豊岡，神戸に加えて，比較のために和歌山県の潮岬の3つの地点の気候を調べ，右の

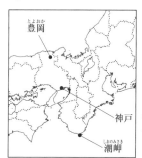

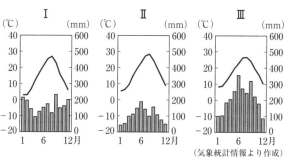

（気象統計情報より作成）

Ⅰ〜Ⅲの気温と降水量のグラフを手に入れた。グラフと地名の組み合わせとして正しいものを，次のア〜エの中から1つ選び，記号で答えよ。 [　　　]

ア　Ⅰ−豊岡，Ⅱ−潮岬，Ⅲ−神戸　　　イ　Ⅰ−豊岡，Ⅱ−神戸，Ⅲ−潮岬

ウ　Ⅰ−潮岬，Ⅱ−豊岡，Ⅲ−神戸　　　エ　Ⅰ−潮岬，Ⅱ−神戸，Ⅲ−豊岡

(2) 日本全体の貿易と神戸港の貿易を比較するために，それぞれの2019年の輸出と輸入に占める主な国と地域の貿易額の割合を調べた。 X 〜 Z にあてはまる語と国名の組み合わせとして正しいものを，次のア〜エの中から1つ選び，記号で答えよ。 [　　　]

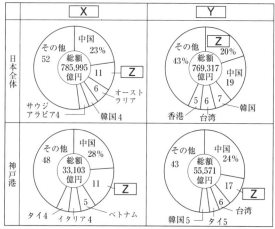

（「日本国勢図会 2020/21 年版」などより作成）

ア　X−輸出，Y−輸入，Z−ロシア

イ　X−輸入，Y−輸出，Z−ロシア

ウ　X−輸出，Y−輸入，Z−アメリカ

エ　X−輸入，Y−輸出，Z−アメリカ

最 高 水 準 問 題 ————————————————— 解答 別冊 p.36

160 大阪府について述べた次の文章を読んで，あとの問いに答えなさい。 （大阪・清風南海高）

大阪府は，経緯度で説明すれば a 北緯（　　）度，東経 135 度にあり，日本列島のほぼ中央に位置する。b 大阪府は人口 881 万人で 47 都道府県の中では東京都，（ X ）に次いで 3 番目に人口が多く，面積は 1,905km² と（ Y ）に次いで 2 番目に小さい。西に大阪湾，北・東・南を山地で囲まれ，中央部に大阪平野が広がり，平野のほぼ中央部を南北に上町台地が貫いている。農林水産業はふるわないが，工業はさかんである。1970 年代前半には，都道府県別で全国 1 位の製造品出荷額を誇っていた。現在でも c 生産量全国 1 位の分野をいくつも持ち，国内有数の工業地帯である。しかし，1980 年代には愛知県に追い越され，現在は全国 3 位にまでその地位を低下させている。また，2000 年代に入ると，d 府内の工場が次々と他の地域へ移転，廃業または操業停止し閉鎖された工場が増加している。その結果，失業者が増加し，地域経済に深刻な影響を与えている。

そこで，大阪府と大阪市は，「大阪 21 世紀協会」を立ち上げ，大阪の魅力を国内，国外にアピールすることにより，大阪の活力を取り戻そうと活動している。また，ホームページ「大阪ブランド情報局」を開き，インターネットによって大阪の「ものづくり」「食文化」「伝統芸能」「観光資源」などについて，広く情報発信している。

(1) 下線部 a について，次の①，②の問いに答えよ。

① 下線部中の（　　）に入る最も適当な数字を，次のア～エの中から 1 つ選び，記号で答えよ。

ア 23　　イ 28　　ウ 34　　エ 40 　　　　　　[　　　]

難 ② 大阪市から日本の最西端の与那国島まで直線距離でどれくらいあるか。次のア～エの中から 1 つ選び，記号で答えよ。

[　　　]

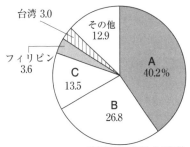

府内外国人登録国籍別割合
25 万 5,894 人（令和元年末）

台湾 3.0／その他 12.9／フィリピン 3.6／C 13.5／B 26.8／A 40.2%

（「在留外国人統計」より作成）

ア 約 600km　　イ 約 1,100km
ウ 約 1,600km　　エ 約 2,400km

難 (2) 下線部 b について，右の円グラフは，大阪府内の外国人登録国籍別割合を表したものである。グラフ中の A，B，C にあてはまる国の正しい組み合わせを，次のア～カの中から 1 つ選び，記号で答えよ。　　　　[　　　]

	ア	イ	ウ	エ	オ	カ
A	韓国・朝鮮	韓国・朝鮮	ベトナム	中国	ベトナム	中国
B	ベトナム	中国	韓国・朝鮮	韓国・朝鮮	中国	ベトナム
C	中国	ベトナム	中国	ベトナム	韓国・朝鮮	韓国・朝鮮

(3) （ X ），（ Y ）にあてはまる都道府県名をそれぞれ漢字で答えよ。

X[　　　　　　] Y[　　　　　　]

難 (4) 下線部 c について，次ページのア～エは，大阪府の市町村別の 4 種類のデータについて，1 ～ 5 位を ▇▇ ，6 ～ 10 位を ▨▨ で示している。4 種類のデータとは，それぞれ人口密度（平成 21 年），人口増加率（平成 20 年から 21 年にかけて），繊維産業の人口 1 万人あたり工場数（平成 20 年），金属製品工業の人口 1 万人あたり工場数（平成 20 年）のいずれかである。このうち，金属製品工業の人口 1 万人あたり工場数を表しているものを，次ページのア～エの中から 1 つ選び，記号で答えよ。

[　　　　]

ア　　　　　　　イ　　　　　　　ウ　　　　　　　エ

（大阪府ホームページ「大阪府の統計情報」のデータをもとに作成）

(5)　下線部 d について，次の文章は，閉鎖された工場が日本国内で増加した理由について述べたものである。文章中の（　①　）〜（　③　）に入る最も適当な語句を漢字で答えよ。ただし，①は漢字4字，②は漢字2字，③は漢字3字で答えること。

　　　日本の製造業が積極的に海外に進出するようになったのは1980年代からである。当時は，欧米諸国との間で起こった（　①　）問題を避ける目的で，工場を海外に移転することが多かった。しかし，1980年代後半に急激に（　②　）が進んだため，輸出産業は大打撃を受け，コストを削減するために安い労働力を求めて海外に進出する企業が目立つようになった。この結果，日本国内では1990年代から一貫して工場が減少している。このように国内の産業が衰退していく現象を産業の（　③　）という。

①[　　　　　　　]　②[　　　　　　　]　③[　　　　　　　]

161　次の地図を見て，あとの問いに答えなさい。　　　　　　　　（広島・崇徳高）

(1)　地図中の⑧の湾，⑩の山地，⑨の半島の名称を答えよ。

⑧[　　　　湾]　⑩[　　　　　山地]
⑨[　　　　半島]

(2)　地図中 X・Y に見られる複雑な海岸線の地形について，その説明として誤っているものを1つ選び，記号で答えよ。

[　　　　]

ア　この地形は地盤が海面に沈んだことによってつくられた。

イ　この地域では波が穏やかなので，養殖業がさかんである。

ウ　宮城県三陸海岸や愛媛県宇和海の海岸線でも同様なものが見られる。

エ　遠浅な沿岸地域となるため，入り江ごとに工業都市が成立しやすい。

(3)　次の**表1**は地図中の A 〜 D のそれぞれの昼夜間人口（2015年）を示したものである。このうち，D にあてはまるものを1つ選び，記号で答えよ。　　　　　　　　[　　　　]

表1

	昼間人口（千人）	夜間人口（千人）	昼夜間人口比率（%）
ア	5,294	5,535	95.7
イ	1,364	1.413	96.5
ウ	2.656	2,610	101.8
エ	1,228	1,364	90.0

（「日本国勢図会2018/19」より作成）

⑷ 次の表2は地図中A〜Dのそれぞれの府県の統計資料である。このうち，Bにあてはまるものを1つ選び，記号で答えよ。 ［　　　　］

表2

	人口増加率 （2010〜15%）	農業産出額 （2014年：億円）	製造品出荷額 （2014年：億円）	小売業商品販売額 （2014年：億円）	産業別就業者割合（2015年：%）		
					1次産業	2次産業	3次産業
ア	0.15	554	68,326	12,673	2.7	32.8	64.5
イ	− 0.95	1,491	149,600	49,573	2.1	24.8	73.1
ウ	− 0.98	663	48,768	25,537	2.3	22.7	75.0
エ	− 2.60	402	19,132	10,665	2.8	22.8	74.4

（「データでみる県勢2017年版」より作成）

⑸ 地図中の▨で示された近畿地方7府県のうち，府県名と府県庁所在地名が異なる府県はいくつあるか，数字で答えよ。 ［　　　　］

⑹ 次の雨温図は，舞鶴・大阪・潮岬のいずれかのものである。このうち，舞鶴の雨温図にあたるものを選び，記号で答えよ。また，そのように判断した理由を，舞鶴の位置にふれて書け。

記号［　　　］

理由［　　　　　　　　　　　　　　　　　　　　　　　　　　　　　　　　　　　］

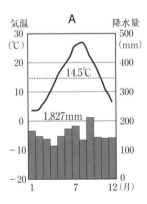
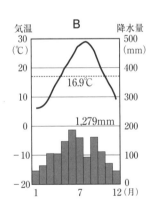
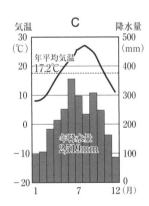

161 ⑶昼間人口とは日中の人口で，昼夜間人口比率とは夜間人口に対して昼間人口がどのくらいの割合かを示す。この比率が高いほど，昼間人口が多いことを表す。

18 中部地方

重要 **162** [中部地方の自然と人口]

次の文章は，生徒が地域区分に関して学習した際，班の中で中部地方について話し合った記録である。あとの問いに答えなさい。

> 「中部地方は，中央部に険しい山地があり，①山脈や川が複数の県にまたがっているね。」
>
> 「中部地方といっても，②気候が地域によって違うので，天気予報では，いくつかの地域に分けたり，中部地方以外の県といっしょにしたりすることがあるよ。」
>
> 「通勤や買い物をするときも，③他の地方との出入りのある県があるね。また中央に山地もあるので，必ずしも中部地方でひとまとまりになっているわけではないね。」
>
> 「でも，道路や鉄道が発達したので，昔に比べればずいぶん近く感じられるようになったと先生がおっしゃっていたよ。」

(1) 右の図は，文章中の①山脈や川について調べるために作成したものの一部である。左の図は，中部地方の地図であり，右の図は，左の図中の i － ii 間の断面を模式的に示したものである。右の図中のa，

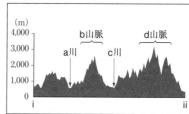

(注)県境はこの問題に関係のある部分を示した。

b，c，dのそれぞれを示す語句の組み合わせとして最も適当なものを，次のア～エの中から1つ選び，記号で答えよ。 [　]

ア　a 天竜，b 飛驒，c 木曽，d 木曽　　　イ　a 木曽，b 飛驒，c 天竜，d 木曽
ウ　a 天竜，b 木曽，c 木曽，d 赤石　　　エ　a 木曽，b 木曽，c 天竜，d 赤石

(2) 次の文章は，②気候が地域によって違うことについて，生徒が中部地方の3都市X，Y，Zの気温や降水量をまとめたものの一部である。X，Y，Zのうち，北陸地方と中央高地にある都市はそれぞれどれか。2地域とX，Y，Zの組み合わせとして最も適当なものを，次ページのア～カの中から1つ選び記号で答えよ。なお，X，Y，Zはそれぞれ静岡市，金沢市，松本市のいずれかである。 [　]

> 中部地方は，太平洋や日本海に面し，山地もあり，場所によって気温や降水量が大きく違います。たとえば，1月の平年の降水量と，1月31日の平年の気温は，次のようになります。Xの1月の降水量は約72mmです。31日の気温は，最低が約1度，最高が約11度です。Yの1月の降水量は約31mmです。31日の気温は，最低が約マイナス6度，最高が約4度です。Zの1月の降水量は約266mmです。31日の気温は，最低が

約0度，最高が約6度です。

ア 北陸地方 X，中央高地 Y		イ 北陸地方 X，中央高地 Z	
ウ 北陸地方 Y，中央高地 X		エ 北陸地方 Y，中央高地 Z	
オ 北陸地方 Z，中央高地 X		カ 北陸地方 Z，中央高地 Y	

(3) 文章中の③他の地方との出入りに関連して，愛知県および愛知県と接する4県について調べてみた。次の表は，愛知県を含めた5県の昼間人口，常住人口を示し，あわせて各県の産業の特徴や人口密度を示したものである。また，右の略地図は，表における5県について，略地図の右に示すように分類した結果を図示したものである。これらをもとに，略地図中に太枠で囲って示した3県について，他の2県にならって図示し，略地図を完成させよ。なお，表中のA，B，C，Dは，岐阜県，静岡県，長野県，三重県のいずれかを示している。

県　名	昼間人口 （千人）	常住人口 （千人）	石油製品・石炭製 品出荷額（億円）	輸送用機械器具 出荷額（億円）	人口密度 （人/km²）
愛知県	7,586	7,483	6,977	264,951	1,457
A	3,692	3,700	249	43,249	471
B	2,094	2,099	120	3,995	152
C	1,953	2,032	104	10,208	188
D	1,785	1,816	4,741	23,766	310

(注)各県の昼間人口は従業地や通学地をもとに算出した人口である。
　　各県の常住人口はそこに住んでいる人口である。
　　昼間人口と常住人口は2005年の国勢調査の確定値による。

（『データでみる県勢
2020年版』などより作成）

▨ 昼間人口が常住人口
より多い県

▨ 昼間人口が常住人口
より少なく，その差
が1万人未満の県

▨ 昼間人口が常住人口
より少なく，その差
が1万人以上の県

0　100km

(注)県境はこの問題に関係のあ
る部分を示した。

(4) 次の文章は，(3)の表や略地図をもとに，愛知県と接する県について考えたことをまとめたものである。文章中の（　Ⅰ　），（　Ⅱ　）のそれぞれにあてはまる数字の組み合わせとして最も適当なものを，あとのア〜エの中から1つ選び，記号で答えよ。　　　　　　［　　　］

> 　(3)の表中のA，B，C，Dのうち，昼間に流出する人口の多い2県における流出人口の合計は約（　Ⅰ　）人であり，愛知県に昼間に流入する人口は，その約（　Ⅱ　）％に相当する。他の県は，昼間人口と常住人口にほとんど差がないので，この2県から流出する人口の多くが愛知県に流入することが推測できる。

ア Ⅰ 11万， Ⅱ 94		イ Ⅰ 11万， Ⅱ 6	
ウ Ⅰ 4万5千，Ⅱ 94		エ Ⅰ 4万5千，Ⅱ 6	

ガイド (2) 北陸地方とは，日本海側に面した新潟県，富山県，石川県，福井県のことである。

---

163 [福井県と東京都の比較]

福井県と東京都を比較した文のうち，内容が誤っているものを次のア〜エの中から1つ選び，記号で答えなさい。　　　　　　　　　　　　　　　［　　　］

ア　日の出や日の入りの時刻が早いのは，東京都である。

イ　産業別人口構成において第3次産業の比率が高いのは，福井県である。

ウ　夜間人口に対する昼間人口の比率が高いのは，東京都である。

エ　耕地に占める水田の比率が高いのは，福井県である。

164 [中部地方の自然，地形図の読み取りなど]

次の地図を見て，あとの問いに答えなさい。 （新潟県）

(1) 次の表は，地図中の気象観測地点である福井，松本，名古屋の1月と8月の気温と降水量の月別平年値を示したものであり，表中の**A〜C**は，これらの3つの地点のいずれかである。**A〜C**にあてはまる地点の組み合わせとして，正しいものを，あとの**ア〜カ**の中から1つ選び，記号で答えよ。　　　　　　　　　　[　　　]

	気温（℃）		降水量（mm）	
	1月	8月	1月	8月
A	4.5	27.8	48.4	126.3
B	− 0.4	24.7	35.9	92.1
C	3.0	27.2	284.8	127.6

（「理科年表令和2年」より作成）

ア 〔**A** 福井，　　**B** 松本，　　**C** 名古屋〕

イ 〔**A** 福井，　　**B** 名古屋，　**C** 松本〕

ウ 〔**A** 松本，　　**B** 福井，　　**C** 名古屋〕

エ 〔**A** 松本，　　**B** 名古屋，　**C** 福井〕

オ 〔**A** 名古屋，　**B** 福井，　　**C** 松本〕

カ 〔**A** 名古屋，　**B** 松本，　　**C** 福井〕

(2) 次の表は，茨城県，岐阜県，静岡県，山梨県の，それぞれの県の山地面積，果実産出額，野菜産出額，製造品出荷額等を示したものであり，表中の**ア〜エ**は，これらの4つの県のいずれかである。このうち，茨城県にあてはまるものを，表中の**ア〜エ**から1つ選び，記号で答えよ。　　　　　　　　　　　　　　　　　　[　　　]

	山地面積（km²）	果実産出額（億円）	野菜産出額（億円）	製造品出荷額（億円）
ア	1,444	127	1,890	114,481
イ	5,650	304	637	161,289
ウ	3,820	484	124	21,488
エ	8,258	53	334	51,501

（「データでみる県勢2018年版」より作成）

(3) 次の地形図は，蓼科山周辺の山間地を表す2万5千分の1の地形図である。この地形図を見て，あとの①，②の問いに答えよ。

① 地形図中の⑦，⑦，⑦，⑦は，登山経路を示しており，それぞれの矢印は進行方向を示している。次の文は，⑦〜⑦の経路のうち，いずれかの特徴について説明したものである。この説明についてあてはまる経路として，最も適当なものを，地形図中の⑦〜⑦から1つ選び，記号で答えよ。　　　　　　　　　　　　　　　　　　[　　　]

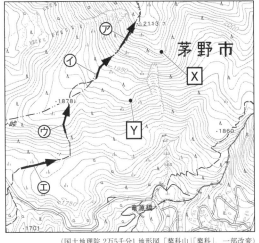

始めはゆるやかな登りだが，途中から急な登りになっている。

② 地形図中の地点**X**と地点**Y**の標高差は約何 m か。最も適当なものを，次のア～オの中から1つ選び，記号で答えよ。

[　　　]

ア　約75m　　イ　約100m

ウ　約150m　　エ　約200m

オ　約300m

（国土地理院 2万5千分1 地形図「蓼科山」「蓼科」，一部改変）

165 > **[富山県のようす]**

健太さんは，富山県を取り上げて地理的特色を調べた。次の問いに答えなさい。

(1) この県の中央部を流れる川の流域では，有害な排水によって，四大公害病（四大公害）の1つである公害病が発生した。この公害病を何というか，書け。

[　　　　　　　　　　　]

(2) 健太さんは，富山県を含む日本海側の3県と，東京都に隣接している3県との産業の違いを調べて，右の図1と図2を作成した。図1は，2017年における工業製品出荷額について，富山県・新潟県・山形県の3県の合計と，神奈川県・埼玉県・千葉県の3県の合計を表したものである。また，図2は，同じ3県ごとに合計した，2019年における農産物生産額の内訳を表したものである。富山県・新潟県・山形県の3県を表しているものを次のア～エの中から1つ選び，記号で答えよ。　　[　　　]

ア　AとX　　　イ　AとY

ウ　BとX　　　エ　BとY

図1　3県ごとに合計した工業製品出荷額

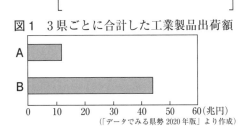

（「データでみる県勢 2020 年版」より作成）

図2　3県ごとに合計した農産物生産額の内訳

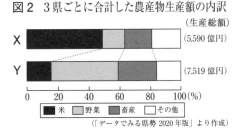

（「データでみる県勢 2020 年版」より作成）

(3) 健太さんは，富山県内のある市に，3年前に大型ショッピングセンターが出店したことを知った。健太さんは，その出店の前後で，同じ市にある商店街の売上高がどのように変化したか見ようと思い，この商店街の昨年の売上高の資料を入手しようと考えた。しかし，この資料だけでは，その変化を見ることはできない。なぜそのように判断できるか，書け。

[　　　　　　　　　　　　　　　　　　　　　　　　　　　　　　　　　　　　　　　]

ガイド (3)売上高の「変化」を見るのだから，出店の前後の売上高を比べる資料が必要となる。

最 高 水 準 問 題 ──────────────────────────────── 解答　別冊 p.38

166 次のＡ～Ｄの略地図を見て，あとの問いに答えなさい。　　　　　　　　（山梨学院大附高）

A 　　B 　　C 　　D

(1) 次の文中の□□□にあてはまる農産物名を答えよ。　　　　　　　　　　[　　　　　　　　]

> 　地図Ａ県の斜線で示した地域は牧ノ原といい，日本でも有数の□□□の栽培のさかんな地域である。Ａ県の□□□の生産量は日本一である。

(2) 右の表は，地図Ａ～Ｄ県の 2015 年の「林野面積率」，「耕地に占める水田の割合」，「農業総産額に占める果実の割合」（単位：％）を示したものである。「耕地に占める水田の割合」にあたるものをⅠ～Ⅲの中から１つ選び，記号で答えよ。　　[　　]

	Ⅰ	Ⅱ	Ⅲ
A県	34.0	63.7	13.3
B県	56.7	42.2	6.1
C県	49.5	76.1	25.3
D県	88.7	63.9	3.2

(3) 右の表は，地図Ａ～Ｄ県の 2017 年のパルプ・紙，鉄鋼，情報通信機器具，輸送用機械器具の出荷額（単位：億円）を示したものである。表中のあ～えに該当する県の正しい組み合わせを，次のア～エの中から１つ選び，記号で答えよ。　　　　　[　　]

ア　Ａ県…う，Ｂ県…え　　イ　Ａ県…え，Ｂ県…う
ウ　Ｃ県…う，Ｄ県…え　　エ　Ｃ県…う，Ｄ県…い

	パルプ・紙	鉄鋼	情報通信機械器具	輸送用機械器具
あ	8,353	2,254	4,114	43,249
い	4,221	23,300	1,453	264,951
う	833	600	10,353	3,995
え	2,283	2,228	1,009	2,460

(4) 次の各グラフは，地図Ａ～Ｄ県のいずれかの県庁所在地における，年間の気温と降水量の変化を示したものである。このうち，Ｄ県にあてはまるものを１つ選び，記号で答えよ。　　　　[　　]

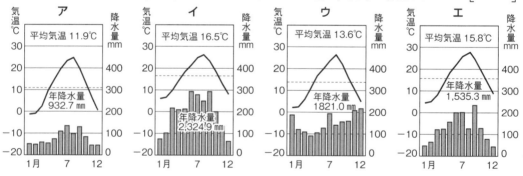

解答の方針

166 (1) 鹿児島県や京都府などでも生産がさかんである。

　　(4) **中央高地**は年間の降水量が少ない。太平洋側は夏の降水量が多い。

難 167 静岡県について，次の問いに答えなさい。 （愛知高）

(1) 右の地図のＡの河川とＢの台地の説明として正しい組み合わせを，次のア～エの中から１つ選び，記号で答えよ。 [　　　]

　ア　Ａの大井川は地下水を利用したうなぎの養殖で知られ，Ｂの牧ノ原の台地は茶の産地として有名である。

　イ　Ａの大井川は地下水を利用したうなぎの養殖で知られ，Ｂの三方原の台地は16世紀に武田信玄と徳川家康両軍が戦った古戦場として有名である。

　ウ　Ａの天竜川は諏訪湖に発し遠州灘に注いでおり，Ｂの牧ノ原の台地は茶の産地として有名である。

　エ　Ａの天竜川は諏訪湖に発し遠州灘に注いでおり，Ｂの三方原の台地は16世紀に武田信玄と徳川家康両軍が戦った古戦場として有名である。

(2) 浜名湖はうなぎが名産である。うなぎの生産量について，右のグラフのａ，ｂ，ｃにあてはまる県名の組み合わせとして正しいものを，次のア～オの中から１つ選び，記号で答えよ。 [　　　]

　ア　ａ　鹿児島県，ｂ　愛知県，ｃ　宮崎県

　イ　ａ　静岡県，ｂ　鹿児島県，ｃ　愛知県

　ウ　ａ　愛知県，ｂ　静岡県，ｃ　宮崎県

　エ　ａ　宮崎県，ｂ　鹿児島県，ｃ　静岡県

　オ　ａ　愛知県，ｂ　鹿児島県，ｃ　宮崎県

(3) 茶やいちごは静岡県の生産量のシェアが全国的に高い農産物である。茶といちごの生産量を示したものを，右のア～カの中から１つずつ選び，記号で答えよ。

　茶 [　　　]

　いちご [　　　]

ア 県名	生産量(t)	(%)	イ 県名	生産量(t)	(%)	ウ 県名	生産量(t)	(%)
長野	789	64.1	長野	13,600	43.7	茨城	40,200	26.3
静岡	333	27.1	静岡	6,210	20.0	熊本	22,100	14.5
東京	33	2.7	福岡	3,210	10.3	北海道	21,700	14.2
			愛知	2,620	8.4	山形	11,000	7.2
						青森	9,710	6.4
						愛知	8,480	5.5
その他		6.1	その他		17.6	その他		25.9
全国	1,231	100.0	全国	31,100	100.0	全国	152,900	100.0

エ 県名	生産量(t)	(%)	オ 県名	生産量(t)	(%)	カ 県名	生産量(t)	(%)
栃木	24,900	15.4	静岡	3,3400	38.7	岡山	2,150	38.2
福岡	16,300	10.1	鹿児島	2,8100	32.6	千葉	2,005	35.6
熊本	11,200	6.9	三重	6,240	7.2	山形	802	14.2
静岡	10,800	6.7	宮崎	3,800	4.4	静岡	280	5.0
長崎	10,200	6.3				茨城	228	4.0
その他		54.6	その他		17.1	その他		3.0
全国	161,800	109.0	全国	86,300	100.0	全国	5,632	100.0

小数点２位以下は四捨五入 （「データでみる県勢2020年版」などより作成）

(4) 静岡県の製造品出荷額の割合を表したグラフを，右下のア～エの中から１つ選び，記号で答えよ。 [　　　]

ア	輸送用機械 22.5%	電子部品 18.9	化学 11.3	電気機械 5.6	プラスチック製品 4.8	その他 36.9

イ	輸送用機械 35.4%	鉄鋼 13.7	生産用機械 9.0	食料品 6.6	プラスチック製品 5.2	その他 30.1

ウ	食料品 38.5%	飲料・飼料 15.1	窯業・土石 13.2	金属製品 10.9	鉄鋼 5.2	その他 17.1

エ	輸送用機械 25.6%	電気機械 13.1	化学 10.8	食料品 8.2	飲料・飼料 5.5	その他 36.8

（「データでみる県勢2020年版」より作成）

(5) 浜松市や磐田市を中心とした地域で，国内の工業製品のほぼ100％を生産している地場産業を１つ答えよ。 [　　　]

168 右の地図を見て，次の問いに答えなさい。

（広島城北高）

(1) 地図中のA～D県にある①の河川名，②の山脈名，③の盆地名，④の半島名を書け。

①[   ] ②[   ]

③[   ] ④[   ]

(2) 地図中の破線X－Yは，東日本と西日本を二分する大きな断層線を表している。この線上にあるA～D県のうち，県名と県庁所在地名が異なるものを，A～Dから1つ選び，記号で答えよ。 [   ]

(3) 地図中の破線X－Y付近を境に，その西側と東側の電力会社で異なるものを答えよ。 [   ]

(4) 地図中のA県が北海道とともに生産量の首位を争う農産物を次のア～エの中から1つ選び，記号で答えよ。 [   ]

ア 米 イ 小麦 ウ 大豆 エ じゃがいも

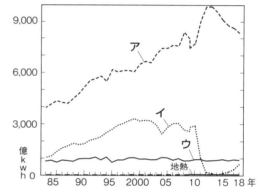

(5) 右のグラフは，日本の発電量の水力・火力・原子力などの種類別推移を示したものである。地図中のA県の柏崎・刈羽の発電所と関係の深い発電方式を，グラフ中のア～ウの中から1つ選び，記号で答えよ。 [   ]

(6) 右下の表は，あるエネルギー資源の日本の輸入相手国の割合を示したもので，地図中のA県からも産出される。このエネルギー資源を次のア～エの中から1つ選び，記号で答えよ。 [   ]

ア ウラン鉱 イ 原油 ウ 石炭 エ 天然ガス

(7) 地図中のA県で発生した公害病と最も関係の深いものを，次のア～エの中から1つ選び，記号で答えよ。 [   ]

ア 硫酸ガス イ ウラン鉱 ウ カドミウム エ 有機水銀

国　名	％
オーストラリア	38.9
マレーシア	12.1
カタール	11.3
ロシア	8.3
ブルネイ	5.6

難(8) 地図中のB県の山脈で産出する有名な木材を，次のア～エの中から1つ選び，記号で答えよ。

ア スギ イ ヒノキ ウ ヒバ エ マツ [   ]

難(9) 地図中のB県の諏訪湖付近で戦前までさかんであった工業を，次のア～エの中から1つ選び，記号で答えよ。 [   ]

ア 製紙業 イ 製糸業 ウ 製鉄業 エ 綿織物業

(10) 地図中のC県の盆地には，ある交通システムの実験場がある。この交通システムを何というか，書け。 [   ]

解答の方針

168 (3) 50ヘルツ域（東日本）と60ヘルツ域（西日本）の2つに分かれている。

(8) この木材は日本三大美林の1つに数えられている。

169 図を見て，次の問いに答えなさい。

（京都教育大附高）

(1) 中部地方は日本のアルプス地帯として知られる。**図1**の地形断面図は，**図2**に示した直線に沿って描いたものである。**図1**の地形断面中の**A**〜**C**の山脈は，木曽山脈，赤石山脈，飛騨山脈のいずれかである。地形断面図中の**B**の山脈と**D**の河川の名称の正しい組み合わせを，次の**ア**〜**カ**の中から1つ選び，記号で答えよ。　[　　　]

図1　　　　　図2

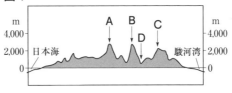

	ア	イ	ウ	エ	オ	カ
B	飛騨山脈	木曽山脈	赤石山脈	飛騨山脈	木曽山脈	赤石山脈
D	天竜川	木曽川	天竜川	木曽川	天竜川	木曽川

(2) **図3**は，耕地面積に対する田の割合（水田率），＊畑の割合（畑地率），樹園地の割合（樹園地率）のそれぞれについて，その大・小を県別に4つの階級に区分して示したものである。**図3**の**A**〜**C**は水田率，畑地率，樹園地率のいずれかである。**A**〜**C**と土地利用の正しい組み合わせを，右の**ア**〜**カ**の中から1つ選び，記号で答えよ。　[　　　]

図3

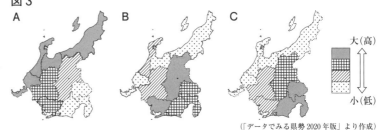

（「データでみる県勢 2020 年版」より作成）

＊畑は樹園地・牧草地を除いた野菜などを栽培する普通畑を指す。

	ア	イ	ウ	エ	オ	カ
A	水田率	畑地率	樹園地率	水田率	畑地率	樹園地率
B	畑地率	樹園地率	水田率	樹園地率	水田率	畑地率
C	樹園地率	水田率	畑地率	畑地率	樹園地率	水田率

(3) 2005 年に中部国際空港（セントレア空港）が開港した。**図4**は，日本の主な空港間の旅客輸送量（2018年度定期輸送）を示したものである。**図4**の**A**〜**C**は東京国際空港（羽田），中部国際空港，大阪国際空港（伊丹）のいずれかである。**図4**の**A**〜**C**にあてはまる正しい組み合わせを，次の**ア**〜**カ**の中から1つ選び，記号で答えよ。なお，**図4**の空港の位置関係は実際と一致するとは限らない。　[　　　]

図4

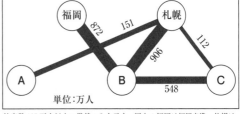

単位：万人

旅客数 105 万人以上の路線のみを示す。図中の福岡は福岡空港，札幌は新千歳空港である。

（「日本国勢図会 2020/21 年版」より作成）

	ア	イ	ウ	エ	オ	カ
A	東京国際	中部国際	大阪国際	東京国際	中部国際	大阪国際
B	中部国際	東京国際	中部国際	大阪国際	大阪国際	東京国際
C	大阪国際	大阪国際	東京国際	中部国際	東京国際	中部国際

解答の方針

169 (3)ＡＢ間とＡＣ間の便数が示されていないことに着目する。

19 関東地方

標 準 問 題 ──────────────────────────── 解答 別冊 p.39

重要 170 [首都東京とその周辺のようす]

あとの問いに答えなさい。

(1) 東京都の都心について述べた文として誤っているものを次のア〜エの中から1つ選び，記号で答えよ。　　　　　　　　　　　　　　　　　　　　　　　　　　　　[　　　]

　ア　大きな企業の本社が集まる。　　　イ　国会議事堂や国の官庁が集まる。

　ウ　百貨店などの商業施設が集まる。　エ　広い敷地の工場が集まる。

(2) 右のグラフは，東京都中央卸売市場における、はくさいの月別入荷量を表している。茨城県とその他からの入荷量が少ない6月から10月までの期間に，長野県からの入荷量が多いのはなぜか。その理由を気候に着目して書け。

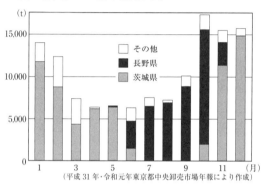

（平成31年・令和元年東京都中央卸売市場年報により作成）

(3) 右の表は，東京都と地図中のA〜C県それぞれの製造品出荷額と繊維工業，印

	製造品出荷額 （億円）	繊維工業 （億円）	印刷工業 （億円）	化学工業 （億円）	輸送用機器 （億円）
ア	90,985	553	1,373	6,433	36,794
イ	121,895	262	1,033	23,249	1,212
ウ	137,066	942	7,438	16,932	25,273
エ	79,116	668	8,133	3,639	15,925

（2017年）　　　　　　　　　　　（「データでみる県勢2020年版」より作成）

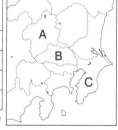

刷工業，化学工業，輸送用機器の出荷額を表している。東京都とC県にあてはまるものを表中のア〜エから1つずつ選び，記号で答えよ。　　東京都[　　　]　C県[　　　]

(4) 次の文は，都市中心部の過密解消への取り組みの1つについて述べようとしたものである。文中の　　　　内に共通してあてはまる最も適当な言葉を書け。

　　人口が急増した都市の郊外では，右の写真のように，　　　　とよばれる大規模な住宅地の開発がおこなわれた。その具体的な例として，東京都の多摩　　　　，大阪府の泉北　　　　，横浜市の港北　　　　などがあげられる。しかし，職場は都市中心部に集中しているため，通勤のときの混雑などの問題が生じたところもある。

[　　　　　　]

(5) 東京都に関する右のグラフⅠ～Ⅳからわかることを述べた文としてあてはまるものを次のア～エの中から1つ選び，記号で答えよ。

[　　　]

ア　グラフⅠから，東京都の道路実延長が京都府より長いので，東京都の方が京都府より面積が広いことがわかる。

イ　グラフⅡから，2005年から2015年の販売農家の減少戸数は，東京都の方が大阪府より多いことがわかる。

ウ　グラフⅢから，渋谷区における住宅地と商業地のおよその面積がわかる。

エ　グラフⅣから，港区は東京都内において第2次産業がさかんな地域の1つであることがわかる。

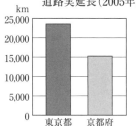

グラフⅠ　東京都と京都府の道路実延長(2005年)

(注)道路実延長は，道路総延長から，工事中の道路などを除いた距離。

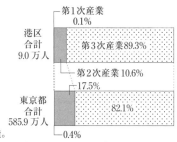

グラフⅡ　東京都と大阪府の販売農家数の推移

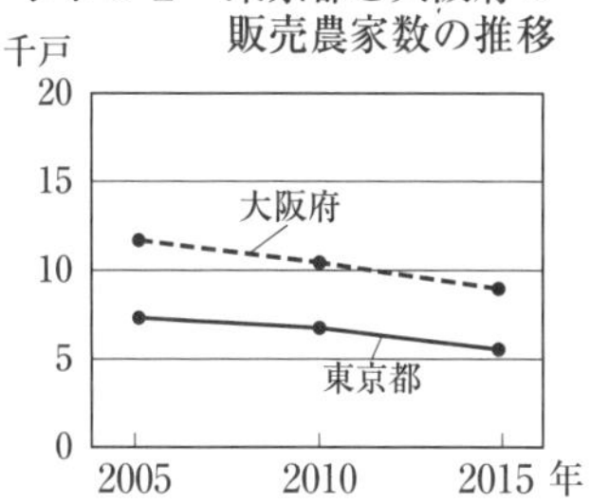

(注)販売農家は，経営耕地面積が30アール以上または年間の農産物販売額が50万円以上の農家。

グラフⅢ　東京都渋谷区の土地利用(2005年)

商業地 13.0%　その他 4.0%　合計 8.4km²　住宅地 83.0%

(注)道路，公共用地などを除いた面積。

グラフⅣ　東京都港区の産業別人口構成(2015年)

第1次産業 0.1%　港区合計 9.0万人　第3次産業 89.3%　第2次産業 10.6%　17.5%　東京都合計 585.9万人　82.1%　0.4%

「データでみる県勢 2020年版」などより作成

重要 171 [関東地方の農業，漁業]

次の問いに答えなさい。

(1) 右の表は，栃木県と群馬県の農業に関するさまざまな統計をまとめたものである。表から読み取れることを正

県名	総面積(km²)(2018年)	耕地面積(百ha)(2018年)	総人口(千人)(2018年)	農業就業人口(千人)(2015年)	販売農家総数(百戸)(2015年)	農業産出額(億円)(2017年)
栃木県	6,408	1,232	1,946	62	398	2,828
群馬県	6,362	684	1,952	44	255	2,550

「データでみる県勢2020年版」などより作成

しく述べているものを次のア～エの中から1つ選び，記号で答えよ。　[　　　]

ア　栃木県は群馬県より，総面積に占める耕地面積の割合が低い。

イ　栃木県は群馬県より，総人口に占める農業就業人口の割合が高い。

ウ　栃木県は群馬県より，農家一戸あたりの耕地面積が狭い。

エ　栃木県は群馬県より，農業就業人口1人あたりの農業総産出額が多い。

(2) 千葉県銚子市について，次の①，②の問いに答えよ。

① 銚子市の沖合には，2つの海流が出合う海域がある。これら2つの海流の名称をそれぞれ書け。　[　　　　　][　　　　　]

② 銚子市の漁港では豊富な種類の魚が水揚げされる。その理由を2つの海流の性質に着目して書け。

[　　　　　]

172 〉[関東地方のねぎの生産]

愛さんは，ねぎの産地に着目し，資料や地図を用意した。あとの問いに答えなさい。

資料1　ねぎの生産上位3県の生産量の割
　　　合と各県の生産量第1位の都市(2018年)

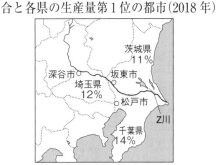

地図1　千葉県松戸市下
　　　矢切周辺

地図2　千葉県松戸市ご
　　　こう駅周辺

(資料1は「日本国勢図会」などより，地図1・2は国土地理院25,000分の1地形図を125%に拡大して作成)

(1) 資料1に関する次の文を読んで，あとの①，
　②の問いに答えよ。

> 　ねぎの生産量の上位3県は，関東地方に
> 集中しており，（　X　）への近さを生かし
> た（　Y　）を行っている。ねぎの生産がさ
> かんな深谷市，坂東市は，関東平野を流れ
> る資料1中の（　Z　）川沿いにある。

① （　X　），（　Y　）に入る最も適切な語
　句の組み合わせを，次のア～エの中から1
　つ選び，記号で答えよ。　　[　　　　]

ア　X　大都市，Y　輸送園芸農業

イ　X　貿易港，Y　輸送園芸農業

ウ　X　貿易港，Y　近郊農業

エ　X　大都市，Y　近郊農業

② （　Z　）にあてはまる河川名を書け。
　　　　　　　　[　　　　　　　　]

資料2　松戸市の耕地のようす

(農林水産省統計より作成)

資料3　東京都中央卸売市場へのねぎ出荷量

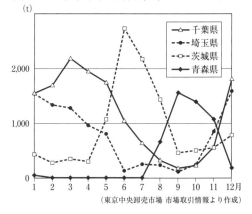

(東京中央卸売市場 市場取引情報より作成)

(2) ねぎの生産量上位3県である千葉県，埼玉県，茨城県の関東3県と，東北地方に位置する
　青森県に着目し，資料3をつくって，次のようにまとめた。あとの①～③の問いに答えよ。

> 　千葉県松戸市では，深谷市，坂東市同様，地図1に見られるような河川流域のほか，
> 地図2のような　a　に見られる畑でもねぎの生産を行っている。また，地図1に見
> られ，地図2には見られない「||」の地図記号が表す耕地は，松戸市の中では少ない
> と考えられる。それは，資料2で，土地利用における耕地の割合が13%しかなく，そ
> のうち「||」で示された　b　の割合が，　c　からである。関東3県と青森県では，
> d資料3のように，ねぎの出荷について違いがあることが分かった。さまざまな工夫
> をしていると思った。

① 　a　にあてはまる最も適切な語句を，次のア～オの中から1つ選び，記号で答えよ。

　　ア　くわ畑　　イ　荒地　　ウ　傾斜地　　エ　住宅地　　オ　山間地　　　[　　　]

② 　b　にあてはまる適切な地図記号名を漢字で書け。また，　c　にあてはまる適切な
言葉を，**資料2**中にある数値と％の記号を用いて，8字以内で書け。

　　　　　　　　　　　　　　　　b [　　　　　　　] c [　　　　　　　　]

③ 　下線部dに関して，ねぎの出荷について，**資料3**から読み取れることとして適切なも
のを，次のア～オの中からすべて選び，記号で答えよ。　　　　　　[　　　　　　　　]

　　ア　1か月ごとの出荷量を比べると，6月の茨城県よりも3月の千葉県の出荷量のほうが
多い。

　　イ　4～6月にかけて，千葉県，埼玉県は出荷量が減っているが，茨城県は増えている。

　　ウ　青森県の9月の出荷量は，茨城県の最も多い月の出荷量とほぼ同じである。

　　エ　関東3県と青森県の8～12月の出荷量を比べると，関東3県が減少すると青森県は
増加し，関東3県が増加に転じると青森県は減少に転じている。

　　オ　関東3県と青森県の，最も出荷量の多い月は異なっているが，関東3県の中でも，最
も出荷量の多い月はそれぞれ異なっている。

ガイド (1)①**輸送園芸農業は消費地から遠いところで，近郊農業は消費地に近いところで行われる。**

◆重要◆ **173** 〉**[東京都の土地の造成と自然災害]**

次の問いに答えなさい。

(1) 東京都の面積は，1965年から1995年の30年間で約160km²
増加した。これは，福井県鯖江市の約2倍の面積に相当する。
東京都の面積がこの時期に増加した最も大きな理由を，**資料1**
を参考にして簡潔に書け。

　　[　　　　　　　　　　　　　　　　　　　　]

資料1

(2) 東京都の三宅島では，2000年に島民が島外に避難した。そ
の原因となった自然災害を次のア～エの中から1つ選び，記号
で答えよ。　　　　　　　　　　　　　　　[　　　]

　　ア　津波　　　イ　火山噴火　　　ウ　干ばつ　　　エ　洪水

(3) **資料2**は，ある自然災害に対応するため，東京都の地下につ
くられた調節池である。この調節池がつくられた目的として最
も適切なものを次のア～エの中から1つ選び，記号で答えよ。

　　　　　　　　　　　　　　　　　　　　　　[　　　]

資料2

　　ア　火山噴火の際に，溶岩を集めることで，火災の発生を防ぐ。

　　イ　地震発生の際に，避難することで，建物の倒壊などから身を守る。

　　ウ　津波の際に，海水をためることで，都市などの破壊を防ぐ。

　　エ　集中豪雨の際に，雨水を流し込むことで，洪水を防ぐ。

最 高 水 準 問 題 ──────────────── 解答 別冊 p.40

174 資料を見て，次の問いに答えなさい。

(1) 右の表中のア，イの都県は，東京都と埼玉県のいずれかの都県
と一致する。ア，イのうち，東京都にあたるものはどちらか。そ
の記号を書け。また，その記号が答えとなる理由を，表をもとに，
「通勤・通学」の語を用いて，簡潔に書け。　　　　　（広島県）

都県	昼夜間人口比率(%) (昼間人口÷夜間人口×100)
ア	117.8
イ	88.9

（平成27年国勢調査による）

記号 [　　　]

理由 [

　　　　　　　　　　　　　　　　　　　　　　　　　　　　　　　　　]

(難)(2) 東京都の中心
部の人口と住宅
地の地価の1m²
あたりの平均価
格の推移を，そ
れぞれ図1と図
2に表している。
人口の増減と地

図1 人口の推移
（万人）
(注)東京都の中心部は，23区の範囲を示します。
（東京都ホームページから作成）

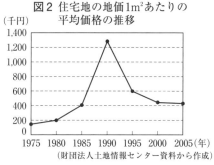

図2 住宅地の地価1m²あたりの
平均価格の推移
（千円）
（財団法人土地情報センター資料から作成）

価と地価の関係について，2つの図から読み取れることを，「バブル経済」という語句を用いて書け。

（和歌山県）

[

　　　　　　　　　　　　　　　　　　　　　　　　　　　　　　　　　　　]

(3) Iの表のア〜エは，我が
国の製造業の中心である太
平洋ベルトとよばれる地域
に含まれる東京都，静岡県，
大阪府，岡山県の，2017年
における製造業の事業所数，
従業者数，製造品出荷額，

I	事業所数	従業者数 （千人）	製造品 出荷額 （億円）	印刷・同関連 業の出荷額 （億円）	金属製品の 出荷額 （億円）
ア	29,615	290	79,116	8,133	3,186
イ	5,743	150	76,409	1,101	2,474
ウ	16,437	412	169,119	1,590	5,549
エ	32,970	473	173,490	4,848	15,967

製造品出荷額のうち印刷・同関連業，金属製品の出荷額を示したものである。IIの文章は，東京都
の製造業のようすについて述べたものである。東京都にあてはまるものを，Iの表のア〜エの中か
ら1つ選び，記号で答えよ。　　　　　　　　　　　　　　　　　　　　　　（東京都）[　　　　　]

II
○2017年における1事業所あたりの従業者数は全国平均の21.5人を下回り，規模の小さい
　工場においても，高度な技術を用いてさまざまな製品が生産されている。
○人口が集中し情報が集積する特色を活用し，文化や情報の発信にかかわる製造品の出荷
　額の割合が高い。

175 次の文章を読んで，あとの問いに答えなさい。 （東京・桜美林高）

　関東地方は日本の東部に位置し，首都東京があるため，日本の政治・経済・文化の中心として発展している。日本最大の平野である関東平野には，①流域面積が日本最大の河川が流れ，下流近くには日本第2位の広さをもつ霞ヶ浦がある。関東平野のまわりには山地がとりまき，関東平野の西部を中心に②関東ローム層におおわれた台地が広がっている。気候は太平洋沿岸のため，夏に雨が多く，③冬には乾燥した晴天が続き，内陸部ほど暖かいときと寒いときの温度差が大きいのが特徴である。農業は，関東平野の台地の畑作，④霞ヶ浦周辺の低地の稲作が中心で，野菜や草花などの栽培と畜産を主とする⑤近郊農業もさかんにおこなわれている。工業は，工業生産高全国有数の⑥京浜工業地帯を中心に，東京湾沿岸から内陸まで，各種の工業が発達している。

(1) 下線部①に関して，流域面積が日本最大の河川を答えよ。　　　　［　　　　　　　　　］

(2) 下線部②に関して，関東ローム層は火山灰からつくられているが，関東ローム層の火山灰を形成している火山として誤っているものを次のア〜エの中から1つ選び，記号で答えよ。　［　　　　　］

　　ア　富士山　　　イ　霧島山　　　ウ　赤城山　　　エ　浅間山

(3) 下線部③に関して，この気候は冬の乾燥した北西の季節風が影響しているが，その季節風をカタカナで何というか，書け。　　　　　　　　　　　　　　［　　　　　　　　　　　］

(4) 下線部④に関して，霞ヶ浦周辺に広がる低地を，次のア〜エの中から1つ選び記号で答えよ。

　　ア　輪中　　　イ　クリーク　　　ウ　シラス　　　エ　水郷　　　　　［　　　　　］

(5) 下線部⑤に関して，千葉県での生産が日本一の野菜の組み合わせとして正しいものを，次のア〜エの中から1つ選び，記号で答えよ。　　　　　　　　　　　　［　　　　　］

　　ア　らっかせい・トマト　　　イ　キャベツ・トマト

　　ウ　らっかせい・ねぎ　　　エ　キャベツ・ねぎ

(6) 下線部⑥に関して，右のグラフは，京浜工業地帯の中心である東京23区の製造品出荷額の割合を示したものである。グラフ中の□□□にあてはまる工業を次のア〜エの中から1つ選び，記号で答えよ。

　　　　　　　　　　　　　　［　　　　］

	金属製品		食料品	
30.6%	一般機械 11.9	7.4	6.8	6.4	その他 36.9

化学工業
（「東京の産業と雇用就業 2007」より作成）

　　ア　印刷関連　イ　自動車　ウ　衣料　エ　製鉄

(7) 右の地図中のAの半島名とBの河川名を答えよ。

　　　A［　　　　　　　　　］　B［　　　　　　　　］

(8) 次の3つの文すべてにあてはまる都市名を答えよ。また，その都市の場所を，右の地図中から1つ選び，記号で答えよ。

　　・江戸時代からの絹織物の産地　　都市［　　　　　　　　　］

　　・21の大学がある学園都市　　　　場所［　　　　　　　　］

　　・中央自動車道と圏央道が交わっている

(9) 2018年7月に，日本最高気温を記録した関東地方の都市名を答えよ。また，その都市の場所を地図中より選び，記号で答えよ。

　　　　都市［　　　　　　　　　］　場所［　　　　　　　］

解答の方針

175 (6)東京は，政治や経済，文化の中心となっており，情報が集中する。

⑽ 関東地方にある，政令指定都市を1つ答えよ。 [   ]

⑾ 関東地方などの都心部では，ビルの冷房などから出される空気やアスファルトなどが太陽からの
　熱を吸収することが原因で，気温が上昇してしまう現象が問題となっているが，このような現象を
　何というか，書け。 [   ]

⑿ 関東地方などで問題となっている，ドーナツ化現象を説明せよ。
　[   ]

---

176 ▶ 次の文章を読んで，あとの問いに答えなさい。 （神奈川・法政大二高）

　東京都と神奈川県の都県境を流れる多摩川は，首都圏にありながら川辺に野草や野鳥が多く見られ
る自然豊かな河川である。山梨県と埼玉県の県境に位置する笠取山を水源とし，山中を流れて①奥多
摩湖に注ぐ。青梅からは多摩丘陵と武蔵野台地を流れ，東京都調布市付近からは都県境を流れ，低地
となる。東京都稲城市や川崎市多摩区では「多摩川梨」として知られる②日本なしが生産されている。
多摩川下流域は現在では企業用地や宅地として利用されているが，江戸時代には③灌漑用水路が整備
され，米の生産地として江戸の生活を支えていた。東京湾に注ぐ河口付近には，東京国際空港（羽田
空港）があり，東京湾の湾岸には④京浜工業地帯の工場群が広がっている。多摩川河口付近の東京都大
田区や神奈川県川崎市には，日本のモノづくりを支える中小企業が多く集まっている。しかし，⑤近
年では倒産する企業が増えている。

難 ⑴ 下線部①と同じようにしてできた湖を，次のア～エの中から1つ選び，記号で答えよ。[   ]
　ア 洞爺湖　　　イ 相模湖　　　ウ 中禅寺湖　　　エ 摩周湖

⑵ 下線部②について，右のグラフは日本なしの都道府県別生産量割合で
　ある。（ A ）にあてはまる都道府県名を答えよ。 [   ]

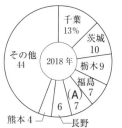

千葉 13%
茨城 10
栃木 9
福島 7
（A）7
長野 6
熊本 4
その他 44
2018年
（「日本国勢図会 2020/21年版」より作成）

難 ⑶ 下線部③について，多摩川の用水路として間違っているものを，次の
　ア～エの中から1つ選び，記号で答えよ。 [   ]
　ア 二ヶ領用水　　　イ 見沼代用水　　　ウ 玉川上水　　　エ 大丸用水

⑷ 下線部④の京浜工業地帯について述べた文として誤っているものを，
　次のア～エの中から1つ選び，記号で答えよ。 [   ]
　ア 多くの人や情報が集まるため，印刷関連業がさかんである。
　イ 遠浅の湾を埋め立てることによって土地を確保し重工業が発達した。
　ウ アジア太平洋戦争では，空襲によって壊滅的な打撃を受けた。
　エ 鉄鋼一貫操業を開始した官営製鉄所が発達の中心となった。

⑸ 下線部⑤の背景には，生産コストを下げるために工場を海外移転していることがあげられる。生
　産拠点の海外移転などで国内の製造業の力がおとろえていくことを何というか，書け。
　[   ]

解答の方針

175 ⑽ 東京特別区は政令指定都市ではない。
　　⑿ 中央が空洞で，その周辺がふくらんでいる形状にたとえた表現である。

176 ⑵（ A ）は，かつて都道府県別生産量が第1位であった。二十世紀梨の産地として有名。

177 次の問いに答えなさい。

(東京・明星高改)

(1) 右の表中のa〜dは，
関東地方の7都県を下の
ア〜エのいずれかの数値
が高いものから順に並べ
たものである。このうち
bとdにあたるものを，

	第1位	第2位	第3位	第4位	第5位	第6位	第7位
a	C	埼玉	A	B	栃木	群馬	東京
b	A	B	栃木	群馬	埼玉	C	東京
c	東京	埼玉	C	B	群馬	A	栃木
d	群馬	A	栃木	B	埼玉	C	東京

(総務省統計局資料などによる)

次のア〜エの中から1つずつ選び，記号で答えよ。なお，表中のアル
ファベットは地図中のものと同じである。　b [　　] d [　　]

ア　人口増加率(2018〜19年)　　イ　65歳以上人口の割合(2018年)

ウ　農業産出額(2018年)　　エ　製造品出荷額(2017年)

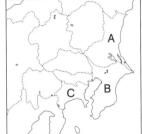

(2) 日本三大名園の偕楽園がある県を，地図中のA〜Cの中から1つ選び，
記号で答えよ。　　　　　　　　　　　　　　　[　　]

(3) 関東地方は交通網が非常に発達している地域であるが，関東地方の
交通について述べた文として誤っているものを，次のア〜オの中から2つ選び，記号で答えよ。

[　　] [　　]

ア　1世帯あたり自動車保有台数が最も少ない都道府県は，鉄道交通が非常に発達している東京都
である。

イ　日本の貿易港のなかで2番目に輸出額が多いのは成田空港であり，金額では電子部品が最大の
輸出品目となっている。

ウ　日本の貿易港のなかで最も輸入額が多いのは成田空港であり，金額では魚介類が最大の輸入品
目となっている。

エ　日本の航空路線のなかで最も旅客数が多い路線は，羽田空港と新千歳空港を結ぶ路線である。

オ　定期的に旅客便が運航されている関東地方の空港は，羽田空港と成田空港の2つだけである。

(4) 東京都について，次の①，②の問いに答えよ。

① 東京都の人口は，全国の人口の約何％を占めているか。最も適切なものを，次のア〜エの中か
ら1つ選び，記号で答えよ。　　　　　　　　　　　　　　[　　]

ア　約5%　　イ　約10%　　ウ　約15%　　エ　約20%

② 東京都で見られる都市問題について述べた文として正しいものを，次のア〜エの中から1つ選び，
記号で答えよ。　　　　　　　　　　　　　　　　　　　　[　　]

ア　都心部には工場が集中していることで廃熱がたまり，郊外よりも気温が上昇するヒートアイ
ランド現象がみられる。

イ　ヒートアイランド現象を緩和させるため，エアコンの利用が推進されている。

ウ　リサイクルが進んだことで，ゴミの埋立地や処分場の確保の問題は解消された。

エ　交通網の整備が進められているが，特に通勤・通学時にはいまなお慢性的な混雑や渋滞がみ
られる。

解答の方針

177 (4)①東京都の人口は，約1,380万人(2018年)である。

20 東北地方

標 準 問 題 ———————————————————— 解答 別冊 p.41

178 [東北地方の漁業と農業]

ある学級の社会科の授業で「東北地方の特色を産業に注目して考える」というテーマで班に分かれて課題を設定し追究する学習をした。次の問いに答えなさい。

(広島県)

(1) A班では，東北地方の漁業について調べ，右の地図を見つけた。地図中の●は，東北地方で水揚げ量の多い港を示している。A班では，この地図を基に「東北地方の太平洋側で漁業がさかんなのはなぜだろう。」という課題を設定し，追究した。次の①，②に答えよ。

水揚げ量の
多い港
(年間 2.5 万 t
以上)

0　　100km

① A班で調べると，太平洋側に位置する三陸海岸の沖は豊かな漁場であり，暖流と寒流がぶつかる潮目(潮境)となっていることが分かった。三陸海岸の沖を流れる寒流を何というか，書け。

[　　　　　　　　]

② A班で調べると，地図中のX・Yの県では，リアス海岸の地形を利用して，かきやわかめの養殖がさかんに行われていることが分かった。X・Yにあたる県を，次のア〜カのうちからそれぞれ選び，記号で答えよ。　　　X[　　　] Y[　　　]

ア　青森県　　イ　秋田県　　ウ　岩手県　　エ　福島県　　オ　宮城県　　カ　山形県

(2) B班では，次のグラフⅠをもとに，東北地方の農業のうち稲作に着目して話し合った。右の太郎さんたちの会話はそのときのものである。あとの①，②に答えよ。

グラフⅠ
米の生産量の地方別割合

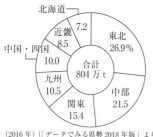

北海道
近畿 8.5
中国・四国 10.0
九州 10.5
関東 15.4
合計 804 万 t
東北 26.9%
中部 21.5
7.2

(2016 年)(「データでみる県勢 2018 年版」より作成)

太郎さん：米の生産量の割合は，東北地方が最も高いね。
次郎さん：そうだね。東北地方の米の生産量は日本全体の4分の1を超えているから，東北地方の農業は稲作が中心だね。
花子さん：そうかな。グラフⅠから，a東北地方では稲作がさかんなことは分かるけれど，b東北地方の農業が稲作が中心かどうかを確かめるためには，ほかの資料が必要だと思うよ。

① 下線部aについて，B班では，「東北地方では，稲作についてどのような工夫が行われているのだろう。」という課題を設定し，稲作に関する工夫について調べた。次のア〜エのうち，東北地方で行われている稲作に関する工夫として適切なものをすべて選び，記号を書け。　　　　　　　　　　　　　　[　　　　　　　]

ア　二期作を行っている。　　　　　　イ　銘柄米を開発し栽培している。
ウ　寒さに強い品種を開発し栽培している。　　エ　抑制栽培を行っている。

② 下線部bについて，どのような資料が必要だと考えられるか。具体的に1つ書け。

[　　　　　　　　　　　　　　　　　　　　　　　　　　　　　]

重要 179 [東北地方の自然と農業・漁業]

次の問いに答えなさい。

Kさんの発表原稿の一部

> 東北地方は，中央部を奥羽山脈が南北に続き，火山地形も見られる。太平洋に面した三陸海岸は，海岸線に特徴があります。東北地方の農産物は，山形のさくらんぼや青森のりんごが有名ですが，農業産出額で見ると，米が高い割合を占めており，果実の割合は畜産物の割合のほぼ半分である。

(1) 下線部に関して，次の文は，Kさんが三陸海岸の海岸線を説明するために追加した原稿である。文中の ┌ A ┐, ┌ B ┐ にあてはまるものの組み合わせとして最も適するものを，あとのア〜エの中から1つ選び，記号で答えよ。　　　[　　　]

> 三陸海岸の南部の海岸線は，┌ A ┐ いる。このような海岸では ┌ B ┐ の際に津波による被害が大きくなる危険がある。実際に三陸海岸沖で周期的に発生する巨大な ┌ B ┐ による津波は，甚大な被害をもたらしている。

ア　A：せまくて深い湾が複雑に入り組んで　　B：地震

イ　A：せまくて深い湾が複雑に入り組んで　　B：台風

ウ　A：砂浜がなめらかに続いて　　B：台風

エ　A：砂浜がなめらかに続いて　　B：地震

(2) 次の文は，Kさんが三陸海岸から福島県にかけての沖が好漁場となっていることに注目し，その説明をするために追加した原稿である。┌ C ┐ にあてはまる文を，あとの①，②の条件を満たして書け。

> 三陸海岸から福島県にかけての沖を中心とした日本近海は，暖流である ┌ C ┐ いる。そのため，潮目（潮境）が形成されて栄養分が豊富になり，魚のエサとなる小さな生き物が増え，多くの魚が集まる世界でも有数の好漁場となっている。

① 「暖流である」という語句に続けて書き，文末の「いる。」という語句につながるよう16字以内で書くこと。

② 「寒流」，「黒潮」，「親潮」の3語を，すべて用いること。

[暖流である　　　　　　　　　　　　　　いる。]

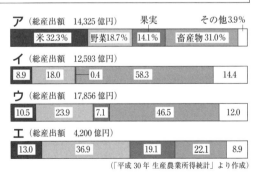

ア（総産出額 14,325億円）　　　　　　果実　　　その他3.9%
米32.3%　　野菜18.7%　14.1%　畜産物31.0%

イ（総産出額 12,593億円）
8.9　18.0　0.4　58.3　14.4

ウ（総産出額 17,856億円）
10.5　23.9　7.1　46.5　12.0

エ（総産出額 4,200億円）
13.0　36.9　19.1　22.1　8.9

（「平成30年 生産農業所得統計」より作成）

(3) 右上のグラフは，北海道，東北，四国，九州（沖縄県を除く）の2018年の農業総産出額とその内訳を表したものである。東北地方を示したものを，グラフのア〜エの中から1つ選び，記号で答えよ。　　　[　　　]

重要 180 ▷ [東北地方の自然と産業]

友子さんは，山形県や，東北地方にあるほかの県について調べて，東北地方の自然や農業，工業についてまとめた。次の表のX～Zは，そのときまとめたものの一部である。表と地図を見て，あとの問いに答えなさい。

X	自然について	山脈や山地が南北方向につらなり，多くの火山や温泉，河川などがあり，四季の変化がはっきりしている。
Y	農業について	平野や盆地などの地形を利用して，稲作や，さくらんぼ，ぶどう，りんごなどの果樹栽培がさかんである。
Z	工業について	各地の伝統工業に加え，電子部品や電子機器をつくる工場が多く進出するなど，新たな工業も発達してきている。

(1) 友子さんは，山形県の位置を，緯線と経線が引かれている地図で確認した。山形県内にある緯線と経線の交点として正しいものを，次のア～エの中から1つ選び，記号で答えよ。 [　　]

　ア　北緯36度の緯線と東経140度の経線の交点

　イ　北緯36度の緯線と東経142度の経線の交点

　ウ　北緯38度の緯線と東経140度の経線の交点

　エ　北緯38度の緯線と東経142度の経線の交点

(2) 表のXに関連して，次の①，②の問いに答えよ。

　① 山形県とD県の県境，B県とE県の県境は，いずれも同じ山脈にそって引かれている。その山脈の名称を書け。 [　　　　山脈]

　② 資料Ⅰから，最上川と利根川とでは，平均流量の多い時期が異なることがわかる。最上川の平均流量の多い時期が，資料Ⅰのグラフのようになるのはなぜか，その理由を書け。

　[　　　　　　　　　　　　　　　　　　　　　　　　　　　　　]

資料Ⅰ

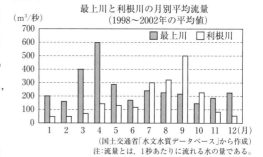

最上川と利根川の月別平均流量
（1998～2002年の平均値）

（国土交通省「水文水質データベース」から作成）
注：流量とは，1秒あたりに流れる水の量である。

(3) 表のYに関連して，次の**資料Ⅱ**のア～エは，それぞれ，米，さくらんぼ，ぶどう，りんごのいずれかである。さくらんぼとぶどうにあたるものを，**資料Ⅱ**のア～エの中から1つずつ選び，記号で答えよ。

資料Ⅱ　山形県とA～E県の米や主な果実の収穫量(t)(2018年)

	山形県	A県	B県	C県	D県	E県	全国計
ア	404,400	263,400	491,100	364,100	371,400	273,100	7,780,000
イ	36,100	402,900	23,000	25,700	2,730	47,300	756,100
ウ	16,100	4,490	1,940	2,640	－	3,250	174,700
エ	14,200	－	413	－	－	－	18,100

（農林水産省「農林水産統計データ」から作成）

さくらんぼ[　　] ぶどう[　　]

(4) 表のZに関連して，各県の工業の特色について調べるために必要な資料として最も適切なものを，次のア～エの中から1つ選び，記号で答えよ。 [　　]

　ア　県民所得の総額　　　　イ　業種別の県内製造品出荷額

　ウ　県内卸売業の商品販売額　　エ　工芸作物の県内産出額

ガイド (2)②最上川が流れる山形県は**日本海側の気候**である。

最高水準問題
解答 別冊 p.42

181 次の文章A～Fは，東北地方の各県の特徴を書いたものである。それぞれの県庁所在地名を答えなさい。
(大阪信愛女学院高改)

A 八郎潟は，かつて琵琶湖に次いで日本で2番目に大きな湖であった。しかし，戦後の干拓により湖面の4分の3が陸地になった。また，この県の杉は全国的に有名で，その杉林は日本三大美林の1つに数えられる。

B この県の農業の特徴は，農業産出額の約半分を畜産が占めていることである。乳用牛の頭数や肉用若鶏の羽数は全国第3位である。そして，小岩井農場の乳製品は全国的によく知られている。面積では東北で最も広く，県の東部はリアス海岸の三陸海岸である。

C 本州最北端のこの県の生産量全国第1位は，りんごのほかに，にんにく，ながいも，ごぼうがあげられる。また，漁業では八戸港が全国有数の水揚げ量をほこる。

D この県の県庁所在地は，東北で一番人口が多く，唯一プロの野球チームがある。漁業もさかんで，かきの養殖も有名である。

E この県を流れる最上川は松尾芭蕉の俳句でも有名で，その河口の酒田は江戸時代から港町として有名である。農業生産量ではさくらんぼが全国第1位で，すいかやぶどうの生産もさかんである。また，天童市は日本の将棋の駒の95%以上を生産している。

F 猪苗代湖は日本で四番目に大きく，標高が514mと高く，いち早く水力発電所がつくられた。農業生産量はももが全国第2位と多い。また，この県は東北で一番南に位置している。

A [　　　　　市] B [　　　　　市] C [　　　　　市]
D [　　　　　市] E [　　　　　市] F [　　　　　市]

182 右の地図を見て，次の問いに答えなさい。
(國學院大栃木高)

(1) 北緯40度の緯線として正しいものを，地図中のⅠ～Ⅳから1つ選び，記号で答えよ。 [　　　]

(2) 次の説明文にあてはまる県を，地図中のA～Dから1つ選び，記号で答えよ。 [　　　]

> 　東京から北に約300kmの距離にあり，蔵王，鳥海，飯豊，朝日という山々に囲まれ，南から連なる米沢，新庄などの各盆地と山々から流れる河川によって稲作もさかんに行われている。伝統工芸としては天童市の将棋駒などが有名である。江戸時代，松尾芭蕉は『奥の細道』の全行程156日のほぼ3分の1をこの県で過ごした。「五月雨をあつめてはやし最上川」や「行末は誰が肌ふれむ紅の花」などの句もこの県で詠まれたものである。

Ⅰ
Ⅱ
Ⅲ
Ⅳ

B A
C
D

解答の方針

181 岩手県と宮城県は，県名と県庁所在地名が異なるので注意する。

182 (1) 北緯40度の緯線は秋田県大潟村（おおがた）を通っている。

(3)　右の表にあてはまる**X**，**Y**，**Z**の東北地方の県名と作物の正しい組み合わせを，次のア～エの中から１つ選び，記号で答えよ。　　　　　　　　　　[　　　]

ア　**X**　岩手，**Y**　青森，**Z**　ぶどう

イ　**X**　青森，**Y**　福島，**Z**　なし

ウ　**X**　宮城，**Y**　青森，**Z**　もも

エ　**X**　岩手，**Y**　宮城，**Z**　ぶどう

	肉用牛飼育頭数（2019年）	りんご（2018年）	**Z**（2018年）
1位	北海道	**Y**	山　梨
2位	鹿児島	長　野	長　野
3位	宮　崎	岩　手	山　形
4位	熊　本	山　形	岡　山
5位	**X**	福　島	福　岡

（「日本国勢図会 2020/21年版」より作成）

難 **183** Ｙさんは夏休みの自由研究で，東北地方の各県について調べた。次の図１，東北地方６県の説明，表を見て，次ページの問いに答えなさい。　　　　　　　　　　　　　　　（千葉・県立千葉高）

図１

1　この県では夏に竿灯まつりが行われ，冬になまはげという民俗行事があります。きりたんぽ鍋やしょっつる鍋などの郷土料理や，曲げわっぱなどの工芸品があります。

2　この県には南部鉄器などの工芸品があり，わんこそばなども有名です。また県の南部には中尊寺を中心とした文化遺産があり，2011年に世界遺産に登録されました。

3　この県では夏にねぶた祭が行われます。また，三内丸山遺跡や南西部には世界遺産の山地もあります。この県の六ヶ所村には全国の原子力発電所から出る使用済み核燃料を再処理する施設が建設されました。

4　この県では春に上杉まつり，夏に花笠まつりが行われ，芋煮などの郷土料理があります。また，将棋の駒の生産で知られる都市もあります。

5　この県では東北地方の夏祭りの先がけとなる相馬野馬追という祭りがあります。また，西部の都市での伝統的な漆器の生産やこづゆという郷土料理があります。

6　この県では夏に七夕まつりが盛大に行われ，日本三景の１つの観光地があります。また，こけし人形が伝統工芸品として知られています。

表

	漁獲量（ｔ）2017年	製造品出荷額（億円）2017年	米産出額（億円）2017年	果実産出額（億円）2017年	畜産産出額（億円）2017年	人口密度（人／km²）2018年
ア	54,187	51,571	747	250	495	135
イ	6,467	13,898	1,007	69	366	84
ウ	4,941	29,215	850	705	367	117
エ	250,369	44,953	771	24	777	318
オ	186,916	19,361	513	790	915	131
カ	114,326	25,432	561	99	1,670	81

（「データでみる県勢 2020年版」より作成）

(1) 表は東北地方の6県について，漁業・工業・農業などの統計をまとめたものである。図1のD県とE県を説明した文章として最も適当なものを，東北地方6県の説明の1〜6から1つずつ選び，番号で答えよ。また，その県の統計を，表のア〜カの中から1つずつ選び，記号で答えよ。

D県：説明[　]，表[　]　　E県：説明[　]，表[　]

(2) 右の気温と降水量のグラフ（気温は折れ線グラフ，降水量は棒グラフ）①〜③は図1のB・D・Eの3つの県の県庁所在地a〜cのものである。それぞれどの都市のものか。組み合わせとして正しいものを，次のア〜カの中から1つ選び，記号で答えよ。

[　]

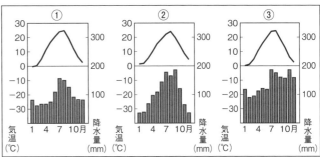

（「理科年表 令和2年」より作成）

ア ① a，② b，③ c 　イ ① a，② c，③ b 　ウ ① b，② a，③ c
エ ① b，② c，③ a 　オ ① c，② a，③ b 　カ ① c，② b，③ a

(3) 図1のC県中部からE県北部にかけての海岸はリアス海岸になっており，宮古・大船渡・気仙沼などの漁港がある。リアス海岸が「天然の良港」として利用される理由を20字以内（句読点を含む）で書け。

[　]

難 184 図1は，東北地方の主な半導体工場の分布を示し，図2は，東北地方の高速道路網を示している。図1の半導体工場は，高速道路沿いに分布しているが，その理由を「輸送」の語を用いて書きなさい。

（茨城県）

図1　おもな半導体工場の分布

（「データでみる県勢 2020年版」より作成）

図2　高速道路網

（NEXCO東日本資料より作成）

[　]

解答の方針

184 半導体は軽量で高価な製品のため，トラックや航空機による輸送に適している。

21 北海道地方

標 準 問 題 ───────────────────────── 解答 別冊 p.42

重要 185 [北海道の自然と観光]

真一さんへ北海道の友人から，次のはがきが送られてきた。あとの問いに答えなさい。

> P市の雪まつりに行きました。たくさんの雪像がありました。P市やその周辺は雪の降る日が年間の約3分の1あり，雪像はその雪で造られています。a大勢の観光客でにぎわっていて，その中には外国の人もいました。

資料1 最深積雪の平年値
※平年値：1971〜2000年の年平均

はがき文中のP市

■ 150cm以上
▨ 100〜150
▧ 50〜100
▨ 20〜50
▨ 20cm未満
□ 資料なし

（気象庁資料より作成）

(1) 真一さんは，北海道に興味をもち資料1を作った。これについて，次の①，②の問いに答えよ。

① Pにあてはまる道庁所在地名を書け。

　　　　　　　　　　　　[　　　　　　　　]

② 資料1を読み取り，考えられることを書いた。次の文中の あ には適切な海洋名を，い には適切な語句を，それぞれ漢字で書け。

　　北海道の積雪が あ 側に多いのは，冬に北西から吹く い 風の影響を受けているからだと考えられる。　　　　　あ[　　　　　　　]　い[　　　　　　]

(2) 真一さんは，下線部aについて調べ，資料2〜4を用意した。また，資料2〜4から読み取れることを下のように書いた。文中の A 〜 C にあてはまる適切なものを，それぞれア〜ウから1つずつ選び，記号で答えよ。　　A[　　　]　B[　　　]　C[　　　]

資料2 北海道を訪れた観光客数

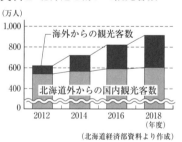

（北海道経済部資料より作成）

資料3 海外から北海道を訪れ宿泊した人の国・地域

（北海道経済部資料より作成）

資料4 海外から日本を訪れ宿泊した人の国・地域

（日本政府観光局ホームページより作成）

・北海道を訪れた海外からの観光客数を見ると，2018年度は2012年度の，約 A 〔ア 2倍　イ 3倍　ウ 4倍〕となっている。また，2019年に海外から北海道を訪れ宿泊した人は，同年に海外から日本を訪れ宿泊した人のうちの約 B 〔ア 24分の1　イ 12分の1　ウ 6分の1〕である。

・海外から日本を訪れ宿泊した人は，韓国や台湾など C 〔ア 東　イ 西　ウ 東南〕アジアの国・地域だけで70%となっている。

186 [北海道の自然と人口]

北海道の池田町に住むＡさん，Ｂさんが授業で発表を行った。次の問いに答えなさい。

(1) Ａさんの発表の中の(①)，(②)にあてはまることばの組み合わせとして最も適当なものを，あとのア～エの中から１つ選び，記号で答えよ。なお，文中の２か所の(①)には同じ言葉があてはまる。　　　　　　　[　　　]

【Ａさんの発表】

　私たちの住む北海道の池田町は，右の略地図に示したように(①)川が流れる(①)平野にあり，この平野の西側には(②)が南北につらなっています。

ア　①　十勝，②　日高山脈

イ　①　十勝，②　北見山地

ウ　①　石狩，②　日高山脈

エ　①　石狩，②　北見山地

(2) Ｂさんの発表の中の(③)，(④)にあてはまる言葉と数字の組み合わせとして最も適当なものを，あとのア～エの中から１つ選び，記号で答えよ。　[　　　]

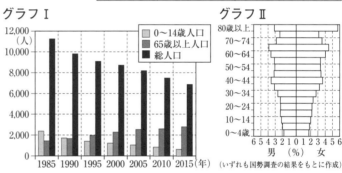

【Ｂさんの発表】

　グラフⅠは，北海道の池田町の1985年から2015年までの５年ごとの人口動態を示しています。この間，池田町では(③)がすすんだことを読み取ることができます。また，グラフⅡは池田町の(④)年の年齢別人口構成を表しています。

ア　③　核家族化，④　1985　　　イ　③　核家族化，④　2015

ウ　③　少子高齢化，④　1985　　エ　③　少子高齢化，④　2015

重要　187 [北海道の畜産]

右のグラフは，北海道における肉用牛の，飼育頭数と飼育農家の戸数の推移を示している。グラフから，北海道における肉用牛の飼育農家の経営規模が，どのように変化していることが読み取れるか，書きなさい。

[

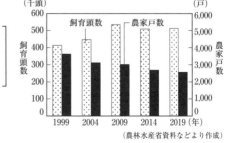

最高水準問題 ———————————————————————— 解答 別冊 p.43

188 ▶ 右の地図を見て，次の問いに答えなさい。

(大阪・四天王寺高)

(1) かつて多くの炭鉱があった夕張山地として適当な場所を，地図中のア～エの中から1つ選び，記号で答えよ。 　[　　　]

(2) (1)の夕張山地と同様に多くの炭鉱があった筑豊地方が位置する都道府県名を答えよ。
　[　　　　　]

(3) Aの半島は，2005年に世界遺産に登録された。世界遺産の審査・登録を行う国際機関の名称をカタカナ4文字の略称で答えよ。
　[　　　　　　　]

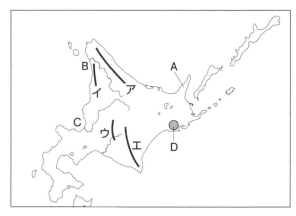

(4) B川やC川ではさけ類の稚魚を放流している。このように人工ふ化した魚を放流し，のちに自然界で成魚となってから捕獲する漁業を何というか，答えよ。 　[　　　　　　　]

(5) Dの地域には広大な天然の湿地帯が広がっており，動植物の保護地域である。このような水鳥などが生息する貴重な湿地を保護するために，1971年に結ばれた条約名を答えよ。
　[　　　　　　　　　]

189 ▶ 右の図は，北海道の主な鉄道路線図である。これを見て，次の問いに答えなさい。

(栃木・作新学院高)

難 (1) 右の図に関する説明として誤っているものを，ア～エの中から1つ選び，記号で答えよ。
　[　　　]

ア 宗谷岬に近い稚内駅は，日本最北端の駅である。

イ 津軽海峡の海底には青函トンネルがあり，鉄道で結ばれている。

ウ 日高山脈の南端にある襟裳岬まで，鉄道は延長されていない。

エ 世界遺産に登録された知床半島には，観光客誘致のために鉄道が敷かれている。

(2) 網走駅は，かになどの海産物が豊富な駅弁で人気がある。このかになどの好漁場となっている北海道の北東に広がる海洋を何というか書け。
　[　　　　　　　]

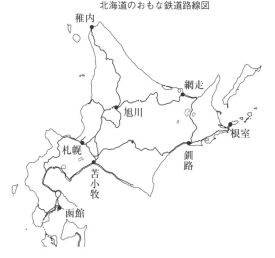

北海道のおもな鉄道路線図

解答の方針

188 (2)筑豊地方にあった炭田は，石炭を八幡製鉄所(現在の九州製鉄所八幡地区)に供給していた。

189 (1)襟裳岬は太平洋に突き出ている。知床半島は北方領土に近いところに位置している。

190 右の地図を見て，次の問いに答えなさい。 （広島・近畿大附東広島高）

(1) 右の地図に示された島々のうち，国後島は
どれか。地図のA〜Dから1つ選び，記号で
答えよ。　　　　　　　　　　［　　　］

(2) 次の文章は，北海道のある農業地域を説明
したものである。この地域にあてはまる場所
を，地図のX〜Zから1つ選び，記号で答えよ。
また，その地形名を答えよ。

記号［　　　］　地形名［　　　　　　　　　］

> 河川が運んだ土砂で形成された中央部の低地は，泥炭地で土地がやせていたが，排水や客土
> などにより，現在は北海道一の水田地帯となっている。

191 右の地図を見て，あとの問いに答えなさい。 （京都・立命館宇治高）

(1) 2008年7月に洞爺湖サミットが行われた場所を，地図
中のa〜dの中から1つ選び，記号で答えよ。［　　　］

(難)(2) 地図中のa〜dは洞爺湖を含む北海道の有名な湖を示
している。洞爺湖を説明した文として正しいものを，次
のア〜エの中から1つ選び，記号で答えよ。　［　　　］

ア　透明度が世界一といわれている。

イ　国の特別天然記念物であるマリモが生息する。

ウ　典型的なカルデラ湖であり，活火山である有珠山の
近くにある。

エ　網走国定公園の中にあり，日本で三番目の大きさで
ある。

(3) 右の統計は，北海道に
関係したものである。こ
の統計は何を示すものか。
正しい組み合わせのもの
を次ページの**＜選択群
あ＞**から選んで記号で答
えよ。また，（　X　）に
は同一の県名が入るが，

その県名を次ページの**＜選択群い＞**から選んで記号で答えよ。

〈A〉		〈B〉		〈C〉		〈D〉	
順位	都道府県名	順位	都道府県名	順位	都道府県名	順位	都道府県名
1	北海道	1	（X）	1	鹿児島	1	北海道
2	岩手	2	北海道	2	宮崎	2	山梨
3	福島	3	秋田	3	北海道	3	東京
4	長野	4	山形	4	群馬	4	茨城
5	（X）	5	宮城	5	千葉	5	宮城
6	秋田	6	福島	6	茨城	6	愛知

（「日本国勢図会 2020/21年版」などより作成）

　　　　　　　　＜選択群あ＞［　　　］　＜選択群い＞［　　　］

解答の方針

190 (1)日本の北端は**択捉島**である。**国後島**は択捉島の南西にある。

<選択群あ> ア 〈A〉人口10万人あたりのコンビニ数 〈B〉面積 〈C〉米の生産量 〈D〉養豚数

イ 〈A〉養豚数 〈B〉人口10万人あたりのコンビニ数 〈C〉面積 〈D〉米の生産量

ウ 〈A〉米の生産量 〈B〉養豚数 〈C〉人口10万人あたりのコンビニ数 〈D〉面積

エ 〈A〉面積 〈B〉米の生産量 〈C〉養豚数 〈D〉人口10万人あたりのコンビニ数

オ 〈A〉米の生産量 〈B〉面積 〈C〉人口10万人あたりのコンビニ数 〈D〉養豚数

<選択群い> ア 青森 イ 栃木 ウ 新潟 エ 富山 オ 静岡

192 次の文章は裕子さんの旅行記の一部である。これを読んで，あとの問いに答えなさい。

（愛知高）

　　朝，中部国際空港を出発した私たちは，昼前に新千歳空港に到着した。蒸し暑い名古屋と比べて，①北海道の気候は寒いくらいだった。あわただしく観光バスに乗り込んだ。

　　2日目は，登別温泉を出発し，最初に有珠山の噴火口を見学した。「2000年3月に噴火した際は，噴火の予測ができ，住民が事前に避難できた。」とガイドさんが説明してくれたが，火山灰におおわれた町や隆起して曲がった道路を見ると，②自然災害の恐ろしさを痛感した。

　　3日目は小樽市街での班別自由行動だった。食べることが大好きな私たちのグループは，テレビでも紹介される程の人気のすし屋に直行した。店内のケースには，③新鮮な食材がたくさん並べられていた。名古屋ではなかなか食べられないものばかりだった。

　　移動中のバスの車窓をとおして見える④広大な畑は，とても印象的だった。大学生になったら北海道一周の旅に挑戦してみたいな，と思った。

(1) 下線部①について，札幌の気温と降水量を示したグラフを右のア〜エの中から1つ選び，記号で答えよ。

[　　　]

気温（℃）・降水量（mm）グラフ ア・イ・ウ・エ

（「理科年表 令和2年」などより作成）

(2) 下線部②について，近年，自治体によっては災害時を想定して，災害の規模・被害予想・避難経路などを示した地図を作成しているところがある。このような地図を何とよぶか，答えよ。　　　[　　　　　　]

難(3) 下線部③について，北海道の漁獲量は全国トップである。北海道での漁獲量が全国第1・2位のものはどれか。次のア〜オの中から2つ選び，記号で答えよ。　　　[　　　][　　　]

ア さけ　　イ かつお　　ウ まぐろ　　エ かき　　オ えび

(4) 下線部④について，農業もさかんな北海道の中で，じゃがいもやてんさいなど畑作が中心となっているのはどこか。次のア〜エの中から1つ選び，記号で答えよ。　　　[　　　]

ア 根釧台地　　イ 十勝平野　　ウ 石狩平野　　エ 釧路湿原

解答の方針

192 (3)アは川で生まれ，低水温の海域で成長する。イ，ウは暖流にのって回遊する。

1 日本各地について，次の問いに答えなさい。

（東京学芸大附高）（各4点，計28点）

(1) 日本の最西端である沖縄県与那国島と東京（都庁）の距離として最も近いものを，次のア～エの中から1つ選び，記号で答えよ。

　ア　1,000km　　イ　2,000km　　ウ　3,000km　　エ　4,000km

(2) 北海道最北部にある宗谷岬と東京（都庁）の緯度の差として最も近いものを，次のア～エの中から1つ選び，記号で答えよ。

　ア　5度　　イ　10度　　ウ　15度　　エ　20度

(3) 日本の最東端の南鳥島は最西端の与那国島よりも，1年を通して日の出時刻がどのくらい早いか，最も適切なものを，次のア～エの中から1つ選び，記号で答えよ。

　ア　1時間　　イ　1時間30分　　ウ　2時間　　エ　2時間30分

(4) 日本の最南端の沖ノ鳥島のようすを述べたものとして最も適切なものを，次のア～エの中から1つ選び，記号で答えよ。

　ア　無人島となっており，波の侵食から守るため消波ブロックやコンクリートで島の周辺が保護されている。

　イ　一般の住民はいないが，自衛隊や気象庁の施設があり，それらの職員が常に滞在している。

　ウ　約2,000人の住民がおり，さとうきびの栽培や馬の放牧，漁業などを行っている。

　エ　約500人の住民がおり，世界自然遺産に指定されたことから観光業がさかんである。

(5) 次の図は，利根川，信濃川，木曽川の流路の断面を示したものである。図のあ～うにあてはまる河川の組み合わせを，右のア～カの中から1つ選び，記号で答えよ。

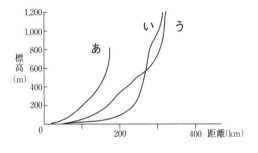

	あ	い	う
ア	利根川	信濃川	木曽川
イ	利根川	木曽川	信濃川
ウ	信濃川	利根川	木曽川
エ	信濃川	木曽川	利根川
オ	木曽川	利根川	信濃川
カ	木曽川	信濃川	利根川

(6) 次の図のか～くは，日本アルプスとよばれている赤石山脈，木曽山脈，飛驒山脈のいずれかを示している。それぞれにあてはまる山脈の組み合わせを，右のア～カの中から1つ選び，記号で答えよ。

	か	き	く
ア	赤石山脈	木曽山脈	飛驒山脈
イ	赤石山脈	飛驒山脈	木曽山脈
ウ	木曽山脈	赤石山脈	飛驒山脈
エ	木曽山脈	飛驒山脈	赤石山脈
オ	飛驒山脈	赤石山脈	木曽山脈
カ	飛驒山脈	木曽山脈	赤石山脈

(7) 次の3つの図は，鳥取市，高松市，高知市のいずれかの雨温図である。さ～すにあてはまる都市の組み合わせを，右の**ア**～**カ**の中から1つ選び，記号で答えよ。

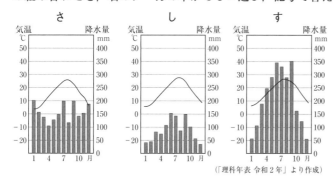

	さ	し	す
ア	鳥取市	高松市	高知市
イ	鳥取市	高知市	高松市
ウ	高松市	鳥取市	高知市
エ	高松市	高知市	鳥取市
オ	高知市	鳥取市	高松市
カ	高知市	高松市	鳥取市

（「理科年表 令和2年」より作成）

(1)		(2)		(3)		(4)		(5)	
(6)		(7)							

---

2 次の文を読んで，あとの問いに答えなさい。

（大阪・青雲高）(各5点，計50点)

日本の人口は約1億2,600万人で，人口密度は1平方キロメートルあたり約 ① 人となり，②世界でも有数の人口の多い国である。日本では③人口の大部分は盆地や平野に分布し，なかでも東京・大阪・名古屋を中心とする④三大都市圏や，札幌・福岡など⑤第2次産業や第3次産業が集まる大都市に⑥地方の農村地域などから人口が移動した。

(1) ① に最も適する数字を，次の中から1つ選んで記号で答えよ。

　　ア 310　　**イ** 333　　**ウ** 366　　**エ** 394

(2) 下線部②に関して，右の表はアジアで人口が多い国の名前と総人口，首都名を表したものである。このうち，CとDの国名およびaとbの首都名をそれぞれ答えよ。

(3) 下線部③に関して，盆地や平野と，その中に位置する都市の組み合わせとして誤っているものを次から1つ選び，記号で答えよ。

　　ア 北上盆地・盛岡市　　**イ** 十勝平野・帯広市
　　ウ 庄内平野・山形市　　**エ** 讃岐平野・高松市

(4) 下線部④に関して，右の表は三大都市圏における，都庁や市役所を中心とした半径50kmの範囲にある地域を，中心から10kmごとに分けたときの人口構成比を示したものである。E・F・Gは三大都市圏のいずれかである。E・F・Gの正しい組み合わせを次の**ア**～**カ**の中から1つ選び，記号で答えよ。

国名	総人口（億人）	首都名
A	14.1	a
B	13.4	b
C	2.6	c
D	2.0	d

（「データブック オブ・ザ・ワールド 2018年版」より作成）

	E	F	G
	構成比 （％）	構成比 （％）	構成比 （％）
0～10km	24.9	11.9	25.8
10～20km	25.7	28.2	23.6
20～30km	19.7	23.7	16.6
30～40km	23.7	21.7	18.6
40～50km	6.1	14.6	15.3
計	100.0	100.0	100.0

（「日本国勢図会 2018/19年版」より作成）

ア	E－東京	F－大阪	G－名古屋	イ	E－東京	F－名古屋	G－大阪
ウ	E－大阪	F－東京	G－名古屋	エ	E－大阪	F－名古屋	G－東京
オ	E－名古屋	F－東京	G－大阪	カ	E－名古屋	F－大阪	G－東京

(5)　下線部⑤に関して，右の表は東京都，静岡県，愛知県，熊本県，沖縄県における産業別人口構成を表したものである。表中のア～オは，この都県のいずれかである。次の①，②にあてはまるものを，表中のア～オの中からそれぞれ選び，記号で答えよ。

	第 1 次産業 （％）	第 2 次産業 （％）	第 3 次産業 （％）
ア	5.4	16.0	78.6
イ	2.3	35.0	62.7
ウ	0.4	18.1	81.5
エ	11.0	21.7	67.3
オ	4.7	32.9	62.4

（「データブック　オブ・ザ・ワールド 2018 年版」より作成）

①　愛知県　　②　熊本県

(6)　下線部⑥に関して，大都市以外の出身者が大都市圏に移住し，その後，出身地またはその近くに住居を移して生活するようになることを何というか，答えよ。

(1)							
(2)	C		D		a		b
(3)		(4)		(5) ①		②	(6)

3　次の地形図は，平成 7 年発行「弘前」の地形図である。あとの問いに答えなさい。

（奈良・西大和学園高）（各 4 点，計 12 点）

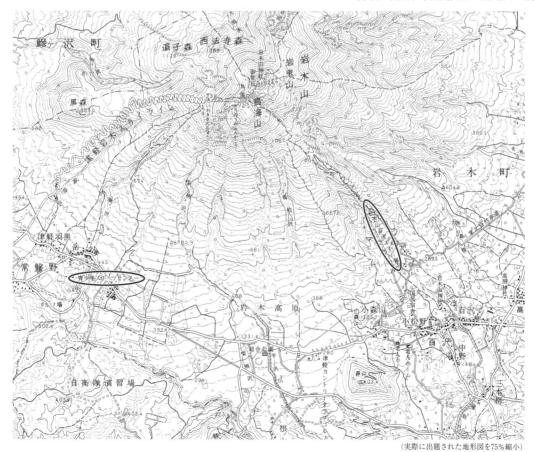

（実際に出題された地形図を75％縮小）

(1) 火山の火口には，「津軽岩木スカイライン」と「岩木山リフト」を利用して訪れることができる。岩木山リフトの「いわきさんちょう」駅と「とりのうみふんかこう」駅の平均勾配を求めよ。なお，地形図中の 2 駅間の距離は 1cm であり，解答には，分母を 100 とした時の分子の値を記すこと。

(2) 地形図中にはいくつか「老人ホーム」と文字で表現されている箇所があるが，現在老人ホームは，地図記号で表現されている。老人ホームを表す地図記号を記せ。

(3) 地形図から読み取ることができることとして誤っているものを，次のア～エの中から 1 つ選び，記号で答えよ。

ア　山頂へのアクセスの際利用する「津軽岩木スカイライン」は，有料道路である。

イ　「柴柄沢」や「毒蛇沢」は，山肌を流れる水による侵食で形成されたと考えられる。

ウ　標高 400m より低い土地は，広く果樹園として利用されている。

エ　岩木山のふもとには温泉やゴルフ場が見られ，観光業がさかえていると考えられる。

(1)		(2)		(3)	

---

4 次の地形図を見て，あとの問いに答えなさい。

（京都・大谷高）(各 5 点，計 10 点)

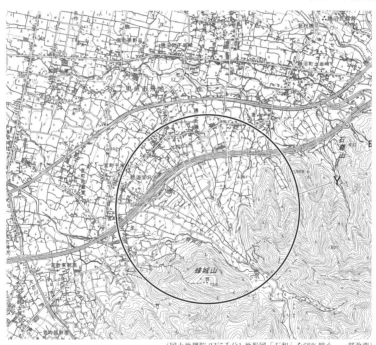

（国土地理院 2万5千分1 地形図「石和」を68％縮小，一部改変）

(1) 地形図中 Y の範囲には，川が山間部から平野や盆地に出たところに土砂がたまってつくられる扇形の地形が見られる。これを何というか，答えよ。

(2) 地形図の範囲を含む都道府県では，ある農作物の生産量が全国第 1 位である。この農作物にあてはまるものを，次のア～エの中から 1 つ選び，記号で答えよ。

ア　メロン　　イ　なし　　ウ　りんご　　エ　ぶどう

(1)	①		②	

1 次の表を見て，あとの問いに答えなさい。

(東福岡高) (各5点，計35点)

表Ⅰ

都道府県	昼夜間人口比率※ (2015) (%)	産業別人口構成 (2017) (%)		
		第1次産業	第2次産業	第3次産業
東京	117.8	0.5	15.8	83.7
千葉	89.7	2.8	19.6	77.6
A	99.9	10.4	21.1	68.6
B	100.0	4.0	15.4	80.7
C	99.8	2.7	33.9	63.4
D	101.4	2.1	32.7	65.3

※昼夜間人口比率とは，昼間の人口÷夜間の人口×100　(「データブック オブ・ザ・ワールド 2020」などより作成)

(1) 表Ⅰ中の昼夜間人口比率を見ると東京に比べて千葉は低くなっている。この理由を考え，千葉と同じように昼夜間人口比率が低いものを，次のア～エの中から1つ選び，記号で答えよ。

　ア　宮城　　イ　大阪　　ウ　奈良　　エ　京都

(2) 表Ⅰ中のA～Dは，次ページの**略地図Ⅰ**中の①～④のいずれかである。A～Dに適するものを①～④から選び，それぞれ記号で答えよ。

(3) 右の図Ⅰは，日本の発電方式別発電量の推移を示したものである。図Ⅰ中のX～Zは，それぞれ火力，水力，原子力のいずれかの発電を示している。水力発電を表しているのはどれか，X～Zの中から1つ選び，記号で答えよ。

図Ⅰ　日本の発電電力料

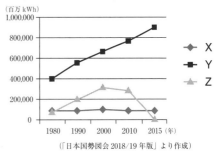

(「日本国勢図会 2018/19 年版」より作成)

(4) 次の1～4の雨温図はそれぞれ次ページの**略地図Ⅰ**上のあ～えのいずれかの都市のものである。いとうの都市の雨温図として正しい組み合わせを，次ページのア～エの中から1つ選び，記号で答えよ。

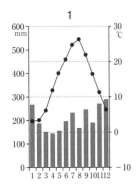

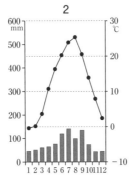

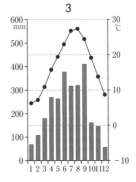

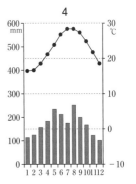

略地図Ⅰ

	いーう
ア	1－4
イ	2－3
ウ	2－4
エ	1－3

(1)		(2) A		B		C		D		(3)		(4)	

2 次の問いに答えなさい。

（佐賀・弘学館高改）（各 5 点，計 20 点）

⑴　次の表は，日本とオーストラリアの主な貿易品目を示したものである。これを見てあとの問いに答えよ。なお〔 E 〕は日本の総輸出額に占める割合が最も大きい工業製品，〔 F 〕の原料は，日本の総輸入額に占める割合が最も大きな資源，〔 G 〕はオーストラリアから主に輸入される〔 H 〕・〔 J 〕を燃料または原料として生産される製品である。

オーストラリアへの輸出		オーストラリアからの輸入	
〔 E 〕	44.7%	〔 H 〕	36.7%
〔 F 〕	14.4%	〔 I 〕	27.9%
機械類	13.0%	〔 J 〕	12.8%
タイヤ類	2.9%	肉　類	4.8%
〔 E 〕部品	2.2%	銅　鉱	2.7%
〔 G 〕	1.2%	アルミニウム	2.1%
合計	1 兆 7,956 億円	合計	4 兆 3,650 億円

（2017 年）　　　　　　　　　　（「日本国勢図会 2018/19 年版」より作成）

　次の図は，表中の〔 E 〕〜〔 G 〕のいずれかの工場の分布を示している。〔 E 〕・〔 G 〕の製品がそれぞれ何かを答えよ。

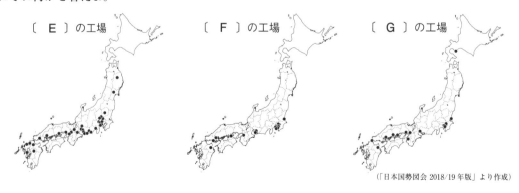

〔 E 〕の工場　　　　〔 F 〕の工場　　　　〔 G 〕の工場

（「日本国勢図会 2018/19 年版」より作成）

⑵　次のア～エは，米，小麦，肉牛，乳牛のいずれかについて，日本における生産量または飼育頭数の上位の都道府県を示したものである。これらに関連して，あとの①・②に答えよ。

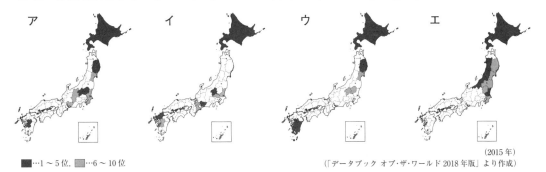

ア　イ　ウ　エ

■…1～5位，　■…6～10位

(2015年)

（「データブック オブ・ザ・ワールド 2018 年版」より作成）

①　次の地図K・Lは，中国における米または小麦の主要生産地を示したものである。Lが示す作物の日本の主産地を示したものを，先のア～エの中から1つ選び，記号で書け。

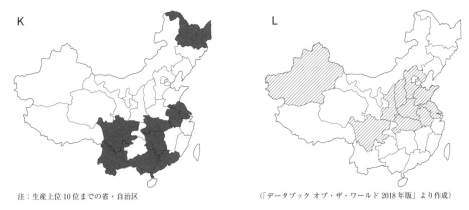

K　L

注：生産上位 10 位までの省・自治区

（「データブック オブ・ザ・ワールド 2018 年版」より作成）

②　次の地図のM・Nは，オーストラリアにおける肉牛または乳牛の主な飼育地を示したものである。Nの地域で飼育されている牛の日本の主な飼育地を示したものを，先のア～エの中から1つ選び，記号で書け。

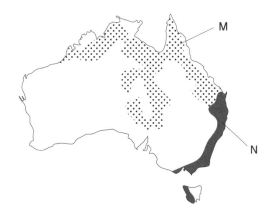

M

N

(1)	E		G		(2)	①		②	

3 下の図A〜Fは，それぞれ日本の都道府県の形を表している（縮尺は同じではない）。これらの図を参考にして，あとの問いに答えなさい。　（大阪・浪速高）((1)各5点(完答)，(2)〜(6)各4点，計45点)

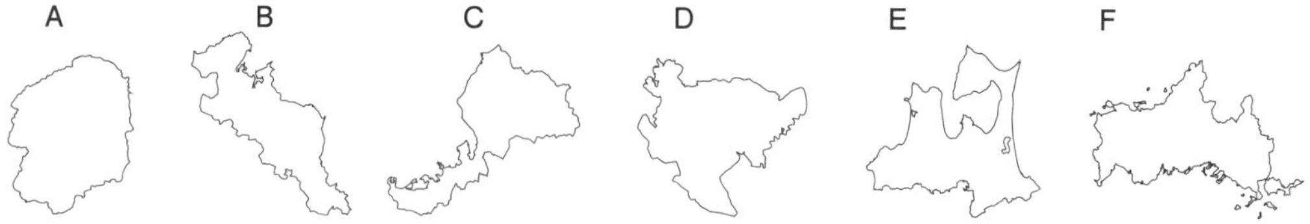

A　　　　　　B　　　　　　C　　　　　　D　　　　　　E　　　　　　F

(1) 次の説明文①〜⑤にあてはまる都道府県名を答え，その形をA〜Fの中からそれぞれ1つずつ選び，記号で答えよ。

　① 乳牛の飼育頭数は全国2位で，ほかにいちごの生産が有名である。西部には世界遺産の日光東照宮がある。

　② 南部では重化学工業がさかんである。県内には日清戦争の講和条約が結ばれた場所があり，歴史的にも重要な役割を果たしてきた。

　③ りんごの生産がたいへん有名で，生産量は全国1位である。毎年8月に行われるねぶた祭では，全国から多くの観光客を集めている。

　④ 1,000年以上にわたって都が置かれ，貴族の文化が受け継がれてきた。国宝・重要文化財(建造物)の指定件数は全国1位(2018年)である。

　⑤ 日本最大の干潟をもつ有明海があり，日本一の養殖のりの産地として知られている。南部に広がる筑紫平野では稲作がさかんである。

(2) Aの県庁所在地を漢字で答えよ。

(3) Bの伝統工芸品として適当なものを次のア〜エの中から1つ選び，記号で答えよ。

　　ア　輪島塗　　　イ　南部鉄器　　　ウ　小千谷ちぢみ　　　エ　西陣織

(4) Cの大飯や高浜におかれている発電所として適当なものを次のア〜エの中から1つ選び，記号で答えよ。

　　ア　水力発電所　　　イ　火力発電所　　　ウ　原子力発電所　　　エ　風力発電所

(5) Dと接している県として適当なものを次のア〜エの中から1つ選び，記号で答えよ。

　　ア　長崎県　　　イ　広島県　　　ウ　兵庫県　　　エ　山梨県

(6) 世界遺産の自然遺産として登録されている白神山地がある都道府県を，図のA〜Fの中から1つ選び，記号で答えよ。

(1)	① 県名		記号		② 県名		記号
	③ 県名		記号		④ 県名		記号
	⑤ 県名		記号				
(2)		(3)		(4)		(5)	(6)

---

1 次の日本各地に位置する「海峡」周辺の地図を見て，あとの問いに答えなさい。

(京都・東山高)((1)〜(4)各6点，(1)は完答，(5)10点(完答)，計34点)

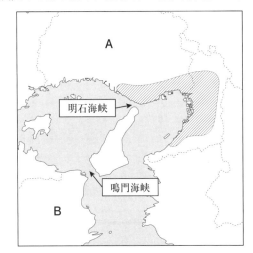

(1) 明石海峡と鳴門海峡には，それぞれつり橋がかけられ，神戸淡路鳴門自動車道が開通している。これによって陸路で直接移動が可能となったAとBの県名を答えよ。

(2) 大隅海峡の南端に位置するC島とD島について説明する2つの短文を読んで，a・bとも正しければア，aのみ正しければイ，bのみ正しければウ，a・bとも誤っていればエで答えよ。

　　a：C島はユネスコの世界自然遺産に登録されている。

　　b：D島にはJAXAの宇宙センター(ロケット発射場)がある。

(3) 津軽海峡の北側に位置するE市についての説明として正しいものを次のア〜エの中から1つ選び，記号で答えよ。

　　ア　埋め立ての工業用地が整備され，石油化学コンビナートが立地している。

　　イ　北洋漁業の基地港として知られ，観光都市としても発展している。

　　ウ　城下町として繁栄し，現在も加賀友禅などの伝統工業がさかんである。

　　エ　古くから陶磁器の町として栄え，日本一窯業がさかんな都市である。

(4) 本州から鉄道で関門海峡を渡り，博多駅で「九州新幹線」に乗車するとF山地を貫くトンネルを通過する。このF山地の名称として正しいものを次のア〜エの中から1つ選び，記号で答えよ。

　　ア　紀伊山地　　　イ　出羽山地　　　ウ　北見山地　　　エ　筑紫山地

(5) 次のグラフは，日本の三大工業地帯の工業出荷額割合を示している。このうち，地図中に斜線で示した工業地帯のグラフとして正しいものを次のア〜ウの中から1つ選び，その工業地帯名とともに答えよ。

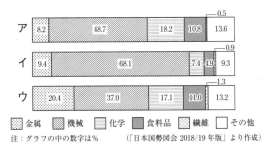

注：グラフの中の数字は%　　(「日本国勢図会 2018/19年版」より作成)

(1)	A		県	B		県	(2)		(3)		(4)	
(5)	記号				工業地帯							

2 次の問いに答えなさい。

（福岡・西南学院高）（各6点，計24点）

(1) 図1を見て，あとの①〜③の問いに答えよ。

図1

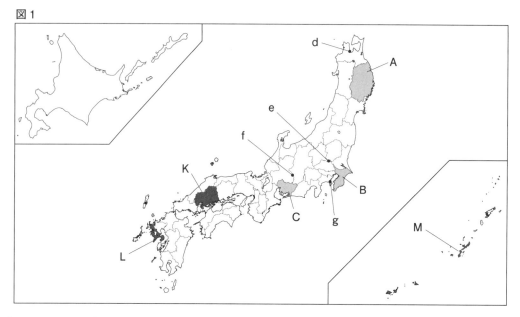

① 次のグラフ⑧〜⑨は，図1中の県A〜Cの総面積に占める地形別面積の割合を示したものである。図中の⑧〜⑨にあてはまる県の組み合わせをあとのア〜カの中から1つ選び，記号で答えよ。

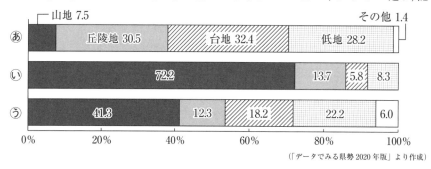

（「データでみる県勢2020年版」より作成）

	ア	イ	ウ	エ	オ	カ
⑧	A	A	B	B	C	C
⑩	B	C	A	C	A	B
⑨	C	B	C	A	B	A

② 次の文のア〜エは，図1中のd〜gの市や町について述べたものである。図1中のfについて述べたものをア〜カの中から1つ選び，記号で答えよ。

ア 日本を代表する貿易港として発展し，中国から来た人々が暮らす日本有数の中華街がある。

イ 旧中山道の宿場町の歴史的な町並みが保存されており，観光客を集めている。

ウ 毎年夏になると「ねぶた祭」が開かれ，多くの観光客でにぎわっている。

エ ブラジルやペルーなどから来た人々が多く，日本語学級を設けた小中学校が見られる。

③　次の**表Ⅰ**は，**図1**中の県K〜Mの人口の推移を示したものであり，**表Ⅱ**はこれらの県の年齢
　別人口の割合を示したものである。各表中の**あ**〜**う**は県K〜Mのいずれかである。表中の**あ**〜**う**
　にあてはまる県の正しい組み合わせをあとの**ア**〜**カ**の中から1つ選び，記号で答えよ。

表Ⅰ　　　　　　　　　　　　　　　（千人）

	1980 年	1990 年	2000 年	2010 年	2016 年
あ	1,591	1,563	1,517	1,427	1,367
い	1,107	1,222	1,318	1,393	1,439
う	2,739	2,850	2,879	2,861	2,837

表Ⅱ　　　　　　　　　　　　（％）

	0 〜 14 歳	15 〜 64 歳	65 歳以上
あ	12.8	56.7	30.5
い	17.2	62.4	20.4
う	13.1	58.7	28.2

（「データでみる県勢 2020 年版」より作成）

	ア	イ	ウ	エ	オ	カ
あ	K	K	L	L	M	M
い	L	M	K	M	K	L
う	M	L	M	K	L	K

⑵　次の図は，日本におけるエネルギー源別の発電量の全体に占める割合の推移を示したものである。
　図中の**あ**〜**う**は LNG（液化天然ガス），原子力，石油のいずれかである。**あ**〜**う**にあてはまるもの
　の正しい組み合わせをあとの**ア**〜**カ**の中から1つ選び，記号で答えよ。

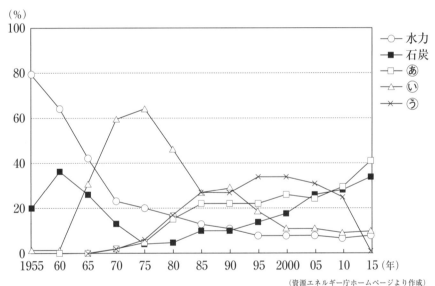

（資源エネルギー庁ホームページより作成）

	ア	イ	ウ	エ	オ	カ
LNG	**あ**	**あ**	**い**	**い**	**う**	**う**
原子力	**い**	**う**	**あ**	**う**	**あ**	**い**
石油	**う**	**い**	**う**	**あ**	**い**	**あ**

(1)	①		②		③		(2)	

3 次の問いに答えなさい。

（大阪・清風高）（各7点，計42点）

(1) 次のA～Cの図は，旭川・札幌・釧路のいずれかの月別の平均気温と降水量を表したものである。
   3つの都市とA～Cの組み合わせとして正しいものを，あとのア～カの中から1つ選び，記号で答
   えよ。

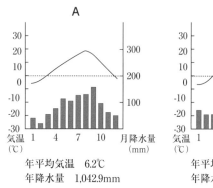
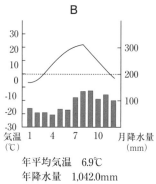
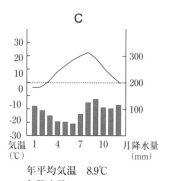

「理科年表 令和2年」より作成

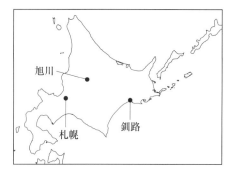

	ア	イ	ウ	エ	オ	カ
旭川	A	A	B	B	C	C
札幌	B	C	A	C	A	B
釧路	C	B	C	A	B	A

(2) 東北地方では，各地に受け継がれる伝統行事が多く見られるが，秋田市で開催される伝統行事を，
   次のア～エの中から1つ選び，記号で答えよ。
   ア　竿燈まつり　　　イ　祇園祭　　　ウ　博多どんたく　　　エ　阿波おどり

(3) 次の図は，ぶどうとももの収穫量の割合を都道府県別に表したものである。図中のAにあてはま
   る県を，右の略地図中のア～エの中から1つ選び，記号で答えよ。

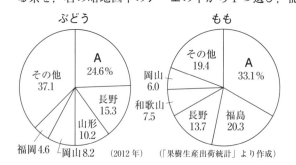

⑷　中国・四国地方の県について述べた文として適当なものを，次のア〜エの中から 1 つ選び，記号で答えよ。

　ア　鳥取県では，季節風の影響で雨や雪が多く，山沿いを中心に雪が積もる。

　イ　広島県には，世界自然遺産である原爆ドームや厳島神社がある。

　ウ　高知県では，なすやピーマンなどの抑制栽培がさかんである。

　エ　徳島県は，日本の石油化学工業の中心である。

⑸　次の図は，2010 年と 2012 年の日本の総発電量と発電方法の内訳を表したもので，図中の A 〜 C は水力・火力・原子力のいずれかである。A 〜 C の発電方法の組み合わせとして正しいものを，あとのア〜カの中から 1 つ選び，記号で答えよ。

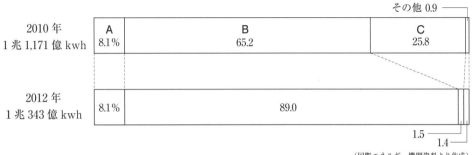

（国際エネルギー機関資料より作成）

	A	B	C
ア	水力	火力	原子力
イ	水力	原子力	火力
ウ	火力	水力	原子力
エ	火力	原子力	水力
オ	原子力	水力	火力
カ	原子力	火力	水力

⑹　太平洋ベルトを構成する工業地域として適当でないものを，次のア〜エの中から 1 つ選び，記号で答えよ。

　ア　東海工業地域　　　イ　北陸工業地域　　　ウ　瀬戸内工業地域　　　エ　京葉工業地域

⑴		⑵		⑶		⑷	
⑸		⑹					

□ 編集協力　有限会社藤井社会科デザイン事務所　株式会社翔文社　前川裕美
□ デザイン　CONNECT
□ 図版作成　有限会社藤井社会科デザイン事務所　有限会社デザインスタジオエキス.
□ 写真提供　国土交通省　東京都水道局　ペイレスイメージズ 2／PIXTA

＊編集上の都合により，一部の問題で図版や写真，統計を差し替えていますが，問題の内容やねらいを変更するものではありません。

シグマベスト
最高水準問題集
中学地理

本書の内容を無断で複写（コピー）・複製・転載することを禁じます。また，私的使用であっても，第三者に依頼して電子的に複製すること（スキャンやデジタル化等）は，著作権法上，認められていません。

編　者　文英堂編集部
発行者　益井英郎
印刷所　中村印刷株式会社
発行所　株式会社文英堂
　　　　〒601-8121　京都市南区上鳥羽大物町28
　　　　〒162-0832　東京都新宿区岩戸町17
　　　　（代表）03-3269-4231

●落丁・乱丁はおとりかえします。

最高水準
問題集

中学地理

解答と解説

文英堂

1編　世界と日本の姿

1 世界の姿

001 (1) ア
(2) エ

解説 (1) 緯度においても経度においても，地球1周の4分の1にあたる90度が緯線や経線により6等分されている。90÷6＝15より，緯線も経線も15度間隔で引かれている。
(2) 日本は北緯と東経で表される位置にある。アは北緯と西経で表される地域である。

002 (1) オセアニア州
(2) 南緯40度，東経160度
(3) エ

解説 (1) 地図Ⅰの右上にユーラシア大陸，中央下にアフリカ大陸，左上に北アメリカ大陸，左下に南アメリカ大陸が位置している。オーストラリア大陸がないので，答えはオセアニア州である。
(2) 地図Ⅱでは，緯線と経線が20度ごとに引かれている。A地点は，南半球にあるので南緯40度であり，また，東経140度付近に位置する東京より1本右の経線上にあるから，東経160度である。

⑦得点アップ

▶緯線と経線
①特別な緯線と経線
・赤道…緯度0度の緯線。
・本初子午線…経度0度の経線。
②緯線…赤道と平行な線。度数は，90度まで。北半球で北緯，南半球で南緯をつけて表示。
③経線…北極と南極を結んだ線。度数は，180度まで。本初子午線から東側で東経，西側で西経をつけて表示。

003 (1) ① オーストラリア大陸
② b→a→d→c
(2) ① イ　② ウ

解説 (1) ①すべての陸地が赤道より北にあるのはユーラシア，北アメリカ大陸，赤道をはさんで南

北両方にあるのはアフリカ，南アメリカ大陸である。
②日にちは，経度180度にほぼ沿うように設定された日付変更線より西回りで改められていく。したがって，新年は，b→a→d→cの順に迎える。
(2) ①イは世界一大きな島であるグリーンランド。アはアフリカ大陸，エは南アメリカ大陸。地図Ⅰ・Ⅱとも，陸地の面積や形が正しく表されないので，見た目にまどわされないようにすること。
②地図Ⅱは，中心からの距離と方位を正しく表した地図である。中心から見た方位は，上が北，右が東，下が南，左が西をさす。東京から見てブエノスアイレスは右にあるので，東にあたる。

004 (1) A
(2) ウ

解説 (1) 地球は西から東へ回っている。北極から見たときは，左回り（反時計回り）になる。
(2) 経度15度で1時間の時差が生じる。16時間の時差の場合，経度差は，15×16＝240より，240度。西回りではかるので，240−135＝105より，西経105度の経線を選ぶ。経線は15度間隔なので，105÷15＝7より，本初子午線から7本目のウである。

005 (1) カ
(2) 南アメリカ大陸，アフリカ大陸

解説 (1) 経線が全部で6本引かれているので，経線は，360÷6＝60より，60度ごとに引かれている。Aは，イギリスを通る本初子午線（経度0度）から見て，西側の1本目だから，西経60度の経線である。
(2) 地図Ⅰの中央下側の大陸と，地図Ⅱの左上の大陸は，どちらも南アメリカ大陸である。また，地図Ⅰの右側の大陸と，地図Ⅱの右上の大陸は，どちらもアフリカ大陸である。

006 オ→イ→エ

解説 ダッカが位置する大陸はユーラシア大陸である。インド洋をはさんでアフリカ大陸がある。左端まで移動すると，今度は，右端から東京に向かって移動する。途中，南アメリカ大陸を通過する。

007 (1) イ
(2) B
(3) ウ

解説 (1) 陸地は地球表面全体の約3割を占めている。海洋と陸地の広さを比で表すと，7：3となる。
(2) 本初子午線は，経線の基準となる経度0度の経線(子午線)で，イギリスの首都ロンドンの旧グリニッジ天文台を通る。
(3) アフリカ大陸を赤道と本初子午線が通るが，その交差する点は大陸上にはない。

008 (1) 14 時間
(2) 2月10日午後4時
(3) 3月9日午前7時

解説 (1) 日本とカイロの標準時子午線の経度差が135－30＝105 より，105度だから，時差は，105÷15＝7 より，7時間である。飛行機が成田国際空港を出発した時刻の2月17日午後4時は，カイロでは7時間前の2月17日午前9時である。飛行機は，現地時間の2月17日午後11時に着くので，14時間飛行したことになる。
(2) モスクワは，日本より西側にある。日にちは，日付変更線から西回りで改められていくので，日本の標準時の方が5時間早い。したがって，飛行機が成田国際空港を出発したときのモスクワの時刻は，2月10日午前11時－5時間＝2月10日午前6時である。飛行機はこの10時間後に到着するので，到着する時刻は，2月10日午前6時＋10時間＝2月10日午後4時である。
(3) 経度15度で1時間の時差が生じる。日本とロサンゼルスの経度差が，135＋120＝255(度)だから，時差は，255÷15＝17 より，17時間である。航空機が関西国際空港を出発したときのロサンゼルスの時刻は，3月9日午後2時15分－17時間＝3月8日午後9時15分である。航空機はこの9時間45分後に到着するので，到着する時刻は，3月8日午後9時15分＋9時間45分＝3月9日午前7時である。

009 ア

解説 問題の図ではそう見えないが，緯線は実際には同じ間隔差(角度差)で引かれている。①と②の経線は，長さが異なるように見えるが，どちらも

緯線2本分の長さであり，実際の距離は同じである。

010 (1) ウ
(2) D
(3) ① ウ ② ア

解説 (1) 問題の地図は，正距方位図法とよばれる描き方の世界地図で，中心からの距離と方位が正しく表される。中心から離れている都市ほど，実際の距離も遠い都市である。
(2) オセアニア州は，オーストラリア，ニュージーランド，南太平洋の島々で構成される州である。
(3) 赤道は，緯度0度の緯線である。赤道が通る主な国は覚えておくこと。ブラジル，インドネシア，ケニアなどである。

011 ウ

解説 正距方位図法は，中心からの距離と方位が正しく表される地図であるが，中心以外の2地点間の距離と方位は正しく表されるとは限らない。

⤴ **得点アップ**

▶主な図法の特徴と利用
①メルカトル図法…緯線と経線が垂直に交わる。航海用の海図に利用。
②正距方位図法…中心からの距離と方位を正しく表す。航空図に利用。
③モルワイデ図法…面積が正しい正積図法。人口や気候帯などの分布図に利用。

012 (1) 大西洋
(2) う
(3) 記号…C 国名…エジプト

解説 (1) 北アメリカ大陸・南アメリカ大陸とユーラシア大陸のヨーロッパ，アフリカ大陸の間にあるXの大洋は大西洋。「ヨーロッパから見て西にある大洋」という意味である。
(2) 東経80度の経線は，イギリスのロンドン郊外のグリニッジを通る0度の経線(本初子午線)と，兵庫県明石市を通る東経135度の経線(日本の標準時子午線)の中間，やや日本寄りにあるので，インドを通るうの経線である。

(3) 太陽暦がつくり出されたのは，ナイル川流域に栄えた古代エジプト文明。ナイル川はCのエジプトを南北に流れる大河である。

---

013 (1) A…環太平洋造山帯
　　　B…アルプス・ヒマラヤ造山帯
　(2) イ

解説 (1) 新期造山帯には，環太平洋造山帯とアルプス・ヒマラヤ造山帯がある。環太平洋造山帯は，太平洋を取りまくように分布し，日本列島，ロッキー山脈，アンデス山脈などがふくまれる。また，アルプス・ヒマラヤ造山帯は，ユーラシア大陸の南側のふち近くに沿うようにのびる。
(2) 新期造山帯に位置する地域では，造山活動に伴う地震や火山の噴火が起こりやすい。イのウェリントンはニュージーランドの首都。

---

014 (1) 1月20日午後2時
　(2) 2月10日午後5時

解説 (1) 経度15度で1時間の時差が生じる。経度差が，135−15＝120度であるから，ドイツと日本の時差は，120÷15＝8より，8時間である。日本の方が標準時が進んでいるので，1月20日午前6時より8時間進んだ時刻は，1月20日午後2時である。
(2) 経度15度で1時間の時差が生じる。日本とサンフランシスコの経度差が，135＋120＝255度だから，時差は，255÷15＝17より，17時間。飛行機がサンフランシスコの空港に到着するときの日本の時刻は，2月10日午前9時30分＋17時間＝2月11日午前2時30分である。飛行機はこの9時間30分前に出発するので，出発する時刻は，2月11日午前2時30分−9時間30分＝2月10日午後5時である。

---

015 (1) C　　(2) ア
　(3) ジャカルタ

解説 (1) Aはイタリア，Bはインド，Cはニュージーランド，Dはインドネシア，Eはアメリカ合衆国である。日にちは，日付変更線から西回りで改められていくので，日付変更線のすぐ西側に位置するニュージーランドが最も早く新年を迎える。
(2) 人口は多い順に，インド→アメリカ合衆国→イ

ンドネシアとなる。

---

016 ウ

解説 アなら中国が広くなり，イならアメリカが狭くなるはずである。ウとエで迷うが，中国の面積が広いので，ウが正解となる。

---

2 日本の姿

---

017 (1) ウ
　(2) 3月15日午前11時20分

解説 (1) 日本は，経度0度の本初子午線より東側にあるので，東経で表す。
(2) 経度15度で1時間の時差が生じる。日本とロンドンの経度差が135度だから，時差は，135÷15＝9より，9時間である。航空機が関西国際空港に到着したときのロンドンの時刻は，9時間遅い3月16日午前0時40分である。航空機はこの13時間20分前に出発したので，出発したときのロンドン時刻は，3月15日午前11時20分である。

---

018 (1) 語句…ユーラシア　記号…ウ
　(2)

解説 (2) 日本の標準時子午線は，東経135度の経線で，兵庫県の明石市などを通る。

---

019 (1) 領空
　(2) エ
　(3) 例 経済水域内の水産資源や鉱産資源を自国のものとする権利。

解説 (1) 領土，領海(日本は12海里以内)，領空(領土と領海の上空)は，その国の主権のおよぶ範囲。

(2) 国連海洋法条約により，経済水域は干潮時の海岸線から200海里以内とされた。

(3) 経済水域は，沿岸国が水産資源や鉱産資源を利用することができる水域で，他国がかってにこれらの資源をとることはできない。

020 (1) ウ
(2) 例 島の周囲に広がる経済水域を守るため。
(3) ア

解説 (1) 日本の北端は北海道に属する択捉島，東端は東京都に属する南鳥島，南端は東京都に属する沖ノ鳥島，西端は沖縄県に属する与那国島。

(2) 沖ノ鳥島は，満潮時には岩礁がわずかに海面に出るだけで，水没の危機にある。水没してしまうと，領土がなくなり，周辺の経済水域を失う。

(3) 日本の西端と東端の経度差は約30度である。15度で1時間の時差が生じるので，30度では2時間の時差が生じる。東の方が早く日の出を迎えるので，東端の日の出は，約2時間前である。

021 (1) フォッサマグナ
(2) 記号…ア　県名…富山県

解説 (1) フォッサマグナは，新潟県糸魚川市（A）と静岡県静岡市（B）を結ぶ，糸魚川－静岡構造線を西側のふちとする地質上の大きな溝。

(2) ウの山梨県も中部地方にあるが，県庁所在地は甲府市である。

022 (1) 東北地方[北海道地方]
(2) 番号…2　記号…シ
番号…4　記号…ウ

解説 (1) aは関東地方，bは九州地方，cは中部地方，dは中国・四国地方である。

(2) 愛媛県の県庁所在地は松山市，神奈川県の県庁所在地は横浜市である。

023 ウ

解説 (1) アは関東地方の茨城県，イは中部地方の福井県，ウは東北地方の福島県，エは九州地方の鹿児島県である。

024 (1) A
(2) ウ

解説 (1) 海に面している都府県の数は，Aの関東地方は4県，Bの中部地方は6県，Cの近畿地方は5府県，Dの中国地方は5県である。

(2) 海に面していない県は，栃木県，群馬県，埼玉県，山梨県，長野県，岐阜県，滋賀県，奈良県。

025 (1) 記号…C　県庁所在地名…盛岡(市)
(2) 県名…香川(県)　都市名…高松(市)
(3) ウ
(4) ① エ　② オ　③ ケ

解説 (1) Aは青森県，Bは秋田県，Cは盛岡市が県庁所在地の岩手県，Dは山形県，Eは福島県。

(3) 北から順にあげると，bの盛岡市→aの新潟市→cの名古屋市→dの鹿児島市となる。

(4) ①石川県の「石川」の字と県の形をデザイン化したもの。
②静岡県の形と富士山をデザイン化したもの。
③鹿児島県の形をデザイン化したもの。中央の円は桜島にあたる。

026 (1) ク
(2) 135
(3) エ
(4) 38
(5) イ

解説 (1)・(3) 日本は，経度では東経122～154度の範囲にあり，緯度では北緯20～46度の範囲にある。

(2) 日本の標準時子午線は兵庫県明石市などを通る東経135度である。

027 (1) 3 (つ)
(2) 広島県，島根県

解説 (1) 「福」がつく都道府県は，福島県，福井県，福岡県の3県である。

(2) 「島」がつく都道府県は，福島県，島根県，広島県，徳島県，鹿児島県の5県である。島根県と広島県は南北で接している。

028 Ⅰ…D, E
Ⅱ…A, H

解説 Ⅰ. 北海道や東北地方，九州地方も日本海と太平洋に面しているが，内陸の県はない。
Ⅱ. 九州地方の県は，福岡県，佐賀県，長崎県，熊本県，大分県，宮崎県，鹿児島県，沖縄県である。「山」または「川」の字を含む県はない。

029 新潟県，山梨県

解説 新潟県は東北地方と，山梨県は関東地方といっしょになっている。

030 (1) C
(2) ウ

解説 (1) 県の位置を東から順番にあげると，秋田県→埼玉県→三重県となるので，Cである。
(2) 7県の中で最も北に位置するのは秋田県である。アの点の秋田市のすぐ北が北緯40度と東経140度の交わる点となっていることから判断する。

031 (1) エ
(2) オ

解説 (1) ア. 南鳥島→沖ノ鳥島が正しい。イ. 200km→200海里が正しい。また，経済水域での船舶の航行は自由である。ウ. 領土の上空→領土と領海の上空が正しい。
(2) 兵庫県の明石市は東経135度だから，その対蹠点にあたる経度は西経45度。明石市の緯度はおよそ北緯35度だから，対蹠点にあたる緯度は，およそ南緯35度となる。

032 A…ケ B…キ C…ウ
D…コ E…イ F…ク

解説 (1) A. エゾ(蝦夷)は，北海道を指す言葉として使われていた。B. 長崎県に雲仙岳がある。C. 香川県の小豆島はオリーブの産地として有名である。D. サクランボは，山形県が全国の約4分の3の生産量をあげている。E. 沖縄には，かつて琉球王国が成立していた。F. 新潟県の佐渡島はトキの生息地として有名である。

2編 世界のさまざまな地域

3 世界各地の人々の生活と環境

033 (1) イ (2) ウ

解説 (1) 小麦は，ヨーロッパや北アメリカ，中国北部など，世界の各地で栽培されている。フランスは世界第5位(2018年)の生産量を上げている。
(2) アはいね，イは小麦，ウはとうもろこし，エはタロいもである。

034 (1) ウ (2) エ

解説 (1) 年中気温が高く，降水量も多いので，熱帯の高温多湿に対応したウの住居が正解。
(2) 遊牧は，一定地域に定住せずに，水や牧草を求め移動して，羊ややぎなどの家畜を飼う牧畜である。遊牧生活での住居は，木材や皮革，フェルトなどでつくる，組み立て式の簡易なものが多い。

得点アップ

▶遊牧民の移動式住居
①モンゴル周辺…ゲル(中国でパオ)という。木の骨組みに家畜の毛でつくった布(フェルト)をはる組み立て式。
②アラビア半島のベドウィン…支柱でフェルトの布を支える。開放的。

035 (1) イスラム教
(2) ア

解説 (1) イスラム教は，7世紀にムハンマド(マホメット)が開いた宗教で，西アジアや中央アジア，北アフリカに多く分布している。東南アジアでは，インドネシア，マレーシア，ブルネイで信仰する人々が多い。
(2) ウ. ヒンドゥー教は主にインドで信仰されている宗教である。エ. 仏教を信仰する人は約5億人と推定され，世界の人口の約7％にあたる。

得点アップ

▶世界の宗教
①キリスト教…ヨーロッパの文化のもととなっ

た。大きく，カトリック(旧教)，プロテスタント(新教)，正教会(ロシア正教，ギリシャ正教など)に分かれる。

②イスラム教…中央アジアから西アジア，北アフリカなどに広まる。スンナ派，シーア派などがある。1日に5回の礼拝や，ラマダン(ラマダーン)月の昼間の断食などのきまりがある。聖典は『コーラン』。

③仏教…インドのシャカがおこす。東南アジア，東アジアなどに広がる。東南アジアの上座部仏教，中国から日本にかけての大乗仏教，チベット仏教などがある。

④ヒンドゥー教…主にインドで信仰。さまざまな神をまつる。牛を神聖な動物と考え，牛肉は食べない。聖なる川のガンジス川で沐浴する。

---

036 (1) 例エネルギーを得る方法として，環境にやさしい風力発電を重視しているから。
(2) イ

解説 (1) 資料の施設は風力発電の風車である。風力発電は，風の運動エネルギーで風車を回し，発電機を回転させて電力を得る発電方式である。石油や石炭などの地下資源を使わないため，排気ガスなどもなく，環境にやさしい発電である。
(2) 工場の煤煙や自動車の排気ガスに含まれる窒素酸化物や硫黄酸化物が雨の酸性度を高める。工業の発達したヨーロッパ中・北部やアメリカ合衆国北部などで被害が大きい。

037 (1) A…う B…え C…か D…あ
(2) ① ゲル[パオ]
② 例家畜を連れ，草と水を求めて移動する生活をしている。
(3) 例湿気をやわらげる。[洪水による被害を防ぐ。]
(4) 例湿地帯が多く，寒い時期の農耕などに断熱効果の高い木製の靴が欠かせないから。

解説 (1) Aはゲル，Bは高床住居，Cはポンチョ，Dはオランダの民族衣装で，木靴をはいている。

(2) ゲルは，モンゴル周辺に住む遊牧民の，フェルトでおおわれたテント式の住居である。この周辺は大きな川がなく，降水量も少なく，人々は水と草を求めて移動生活をして遊牧を営んできた。
(3) 熱帯の地域で，降水量や湿気の多い地方では，水害から身を守ったり湿気を防いだりするため，住居の床を高くする場合が多い。
(4) 現在のような形をした木靴は，中世の後半から，ヨーロッパ各地でつくられた。今でも，ベネルクス諸国，特にオランダで使われている。

⑦得点アップ
▶**主な民族衣装**
①チマ，チョゴリ…朝鮮半島の女性の民族衣装。チマは長いスカート。チョゴリは短い上衣。
②サロン…インドネシアなど。スカートのような衣服。ジャワ更紗という美しい染布。
③サリー…インドの女性の衣装。幅1m，長さ6〜10mほどの1枚の布を体に巻きつける。
④チャドル…イランなど。宗教上の理由から，黒い布で頭から全身をおおう。
⑤キルト…イギリスのスコットランドにおける男性のスカートのような衣装。タータンチェックという色とデザインが有名。
⑥アノラック…北極のイヌイットの防寒具。アザラシなどの毛皮でできており，フードもついている。
⑦ポンチョ…アンデス山中に住むインディオの衣装。立っているときはマントになり，すわれば防寒用の毛布になる。

---

038 (1) ウ
(2) イ

解説 (1) ペルー周辺から広まったと考えられている作物は，じゃがいものほか，かぼちゃ，とうもろこし，菜豆(いんげんまめ)などである。
(2) 広大な国土を持ち，風土や産物が異なる中国では，地方ごとに特徴のある料理が見られる。

⑦得点アップ
▶**さまざまな中国料理**
①北京料理…塩味のきいた肉料理が中心である。油の多い揚げ物や炒め物が多い。宮廷料理と

して発達した料理で，北京ダックが有名。

②上海（シャンハイ）料理…魚介類を食材とした煮込み料理が中心。米や麺（めん）の料理も多い。フヨウハイや上海ガニが有名。

③四川（スーチョワン）料理…唐辛子（とうがらし）を多用したからい味の料理が多い。ザーサイ，マーボー豆腐，担々（たんたん）麺などが知られている。

④広東（コワントン）料理…新鮮な食材を生かした，あっさりした味の料理が多い。日本をはじめ，海外の中華料理店の多くが広東料理店である。

---

039 A…エ
B…イ

解説 キリスト教は，紀元前後のころ，イエス・キリストによって開かれた教えである。16世紀の宗教改革によりプロテスタントが誕生し，それまでの教派をカトリックとよぶようになる。

---

040 (1) 酸性雨
(2) 偏西（へんせい）風

解説 (1) 酸性雨は，工場の煤煙（ばいえん）や自動車の排気ガスに含まれる物質によって酸性の度合いが強くなった雨である。

(2) ヨーロッパでは，偏西風により，酸性の大気が風下に運ばれ，被害地域が広がっていく。酸性雨により，森林が枯れたり，湖や沼の魚が死滅したり，コンクリートや大理石の建物の表面がとけたりする被害が出ている。

---

041 例 壁が厚く，窓が小さい。乾燥地帯で夜冷えこむため，保温効果を上げる必要があるから。(40字)

解説 西アジアや北アフリカなどの1年じゅう乾燥した地域では，住居を造る樹木がなく，土を固めてつくった日干しレンガの家が見られる。

---

042 (1) X…イギリス　Y…ヒンドゥー
(2) ア　(3) イ
(4) ポルトガル語
(5) エ　(6) ウ

解説 (1) Y．ヒンドゥー教はインドの国民の8

割以上が信仰している宗教である。

(2) 焼畑（やきはた）農業は，山林や原野の草木を焼きはらい，その灰を肥料に農作物を栽培する自給的な農業である。今日でも東南アジアの島々，アフリカ中部，南米アマゾン川流域などの熱帯雨林地域，またはそれにつらなるサバナ地域などに多く見られる。

(3) アルジェリアはフランスから独立した。

(4) 中南アメリカでは，ブラジルだけがポルトガルの植民地となっていた。

(5) カーバ神殿は，イスラム教の最も重要な神殿で，サウジアラビアのメッカにある。

(6) イスラム教は，東南アジアでは，インドネシア，マレーシア，ブルネイで信仰する人々が多い。

---

4 アジア

043 (1) イ
(2) エ
(3) 二期作
(4) オ

解説 (1) 資料Aは中国・インド・日本などのアジア地域なので，赤道以北，本初子午線以東のイの範囲。

(2) 中国で青森県より高緯度の地域は北緯40度以北の東北部と華北の一部。東北部では乾燥に強い小麦やとうもろこしが主に栽培されている。

(3) 中国の南部や東南アジアなど降水量が多い亜熱帯・熱帯地域では，年中高温の気候と豊富な水を生かして1年に2回稲を栽培する二期作を行っている。

(4) インドで多く飼育されているXは，ヒンドゥー教で神聖な動物とされる牛。中国で多く飼育され，インドでは少ないYは豚。インドには豚肉を食べないイスラム教徒も多い。Zは羊。

---

044 (1) シャンハイ[上海]
(2) 例 ①の都市より②の都市の標高が高いから。

解説 (1) シャンハイは，世界最大規模の巨大な総合商業都市で，プートン地区には国際金融センター，自由貿易区などが建設されている。

(2) ②のラサは，チベット高原の標高が3,600mほ

どの高地にある都市である。

---

045 ア

解説 広い国土を持つ中国では，地域の気候にあった農業が営まれている。

⑦ 得点アップ

▶**中国の農業地域**
①東北…冷帯の気候。大豆，こうりゃんをはじめ，小麦，とうもろこし，あわなどを栽培。
②華北…黄河流域で，華北平原が広がる。冷帯から温帯に移り変わる地域。黄土地帯は，世界的な畑作地帯。小麦をはじめ，とうもろこし，大豆，綿花などを栽培。
③華中…長江流域にあたり，下流には広大な平野が広がる。世界最大の稲作地帯。茶，くわ，綿花なども栽培。
④華南…亜熱帯性の気候。米の二期作が行われ，茶，さとうきびのほか，熱帯作物の天然ゴムや油ヤシなども栽培される。
⑤西部…大陸内陸部のため，雨が少ない。羊ややぎ，馬などの遊牧のほか，オアシスでは小麦や綿花が栽培される。

---

046 (1) ウ
(2) 例この地域で羊などの放牧[遊牧]が行われているのは，年間を通じて降水量が少ないから。

解説 (1) 以前は，鉱産資源の産地と結びついて工業が発達したが，近年は，開放政策により，中南部の臨海地域に経済特区や経済技術開発区が設けられ，外国の企業を誘致して工業が発展している。
(2) 草原が広がり，羊などの家畜が写っていること，降水量の少なさに着目する。

---

047 ウ

解説 ウ．2019 年の日本における中国からの機械類の輸入額は，$18.5 \times 0.47 = 8.695$ より，約 8.7 兆円で，1993 年の日本における輸入総額の 26.8 兆円よりも少ない。

---

048 ウ

解説 赤道は，インドネシアを通る。フィリピンはその北にある。

---

049 エ

解説 東南アジアのインドシナ半島に位置する，象の顔と鼻のような形の国土のC国はタイ。タイと隣国のマレーシアは 1980 年代以降，工業化が急速に進展し，2018 年には 1980 年と比較して，機械類などの工業製品の輸出がさかんになったことが読み取れる。

---

050 (1) イ
(2) 小麦…例栽培期間のすべてにおいて降水量が少ない。
米…例栽培期間のはじめから中ごろにかけて降水量が多い。

解説 (1) ア．コロンブスを支援したのはスペインである。ウ．ASEAN（東南アジア諸国連合）は，東南アジア10か国で組織されている地域協力機構。インドは加盟していない。
(2) 小麦は，米よりも冷涼で降水量の少ない地域で栽培される。

---

051 ① ヨーロッパ ② 石油[原油]
③ イスラム ④ イスラエル

解説 ① ヨーロッパから見て近い東洋を近東といい，遠い地域を極東とよんだ。日本や中国などの東アジア周辺が極東である。
② ペルシア湾沿岸は油田地帯である。
③ サウジアラビアのメッカに生まれたムハンマド（マホメット）がイスラム教をおこした。

---

052 (1) 国名…タイ 記号…E
(2) 国名…マレーシア 記号…C
(3) 国名…ロシア 記号…K
(4) 国名…中国 記号…J
(5) 国名…韓国 記号…G

解説 各国の自然や位置，人口，宗教，産業の特徴を考える。Aはキリスト教信者の多いフィリピン，Bは世界一島の数が多いインドネシア，Dはアンコールワットで知られるカンボジア，Fは旧国名がビルマのミャンマー，Hは内陸国のモンゴル，

Ｉは日本と国交がない北朝鮮である。

---

053 (1) 漢[漢民](族)　　(2) キ
　　　(3) ⓐ オ　ⓑ ア

解説 (1)　中国には，言葉や宗教が違うさまざまな民族が住んでいる。人口が最も多いのは漢族(漢民族)で，9割以上を占める。漢族のほか，チョワン族や回族，ウイグル族，モンゴル族，チベット族など55の少数民族が居住している。
(2)　中国の行政区は，23省(台湾を含む)・5自治区・4直轄市・2特別行政区に分けられる。Ｂは内モンゴル自治区，Ｄは広西チョワン族自治区である。
(3)　イは四川盆地が誤り，ウは石炭より石油が多い，エは天山山脈が誤り，カはリャマやアルパカが誤りである。

---

054 (1) イ→エ
　　　(2) 名称…経済特区　記号…ウ
　　　(3) 生産責任制

解説 (1)　アは，Ｘ地域が増加したので人口。イは，沿海部の工業地域を含むＸ地域が急増したのでカラーテレビ。ウは，工業用地の増えたＸ地域の占める割合が減少したので米。エは，かんがい設備の整った内陸のＺ地域が増加したので綿花。
(2)　経済特区は，中国政府が，海外の技術と外貨を得る目的で外国企業の誘致を進めた地区のこと。
(3)　かつて行われていた共同経営の人民公社による農業では，生産意欲がわかず，生産量も伸びなやんでいたため，販売の自由を認めることで生産の向上をはかった。生産責任制は，政府と契約した農産物を政府に納めた残りは，自由に売ることができるしくみである。そのため，収入が1万元をこえる裕福な農家も現れ，「万元戸」とよばれた。現在では，収入が1億元を超える「億元戸」も存在する。

⤴得点アップ

▶中国の経済特区
①経済特区とは…道路・通信・水道などを整備し，税金を安くするなどして外国企業が進出しやすい条件を整え，外国企業の誘致を進めた地区。
②指定地区…アモイ，スワトウ，シェンチェン，

チューハイ，ハイナン省の沿海部5地区。

---

055 (1) ① 長江[揚子江]　② イ
　　　(2) ゴビ砂漠
　　　(3) Ｓ　　(4) イ
　　　(5) ① エ　② シャンハイ[上海]

解説 (1)　②サンシヤダムは，長江中流域に建造された大型重力式コンクリートダムである。1993年に着工し，2009年に完成した。洪水の抑制や電力の供給，水運の改善などを目的としている。2,250万kWの発電が可能な世界最大の水力発電ダムである。
(2)　ゴビ砂漠は，中国とモンゴルの国境付近に広がっている。
(3)　乾燥帯で，タクラマカン砂漠などがある。
(4)　Ｘは，ペキン周辺で，北京料理が見られる。アは四川料理，ウは上海料理，エは広東料理である。
(5)　①(a)はハルビン。冬寒い冷帯気候なのでウ。(b)はシャンハイで(c)はホンコン。どちらもモンスーンの影響を受け，夏の降水量が多いが，年中暖かい(c)がイ。よって(b)はエ。(d)はラサ。夏冷涼で降水量が少ない高山気候なのでア。
　　②総合的な商工業都市として発展している。プートン地区の開発が進んでいる。

---

056 (1) ア
　　　(2) ヒンドゥー
　　　(3) エ
　　　(4) ① 例 ホーペイ省は小麦の生産がさかんで，コワントン省は米の生産がさかんである。
　　　　　② 例 コワンチョウはペキンと比較して，1年を通して，気温が高く降水量が多い。

解説 (1)　世界で最も高い山は標高8,848mのエベレスト山(チョモランマ，サガルマータ)で，中国とネパールの国境に連なるヒマラヤ山脈にあるので，正解はア。
(2)　インドでは国民の約80％がヒンドゥー教を信仰している。
(3)　タイは近年，工業化が急速に進んでいるので，輸出品目の1位が機械類，2位が自動車と，日本

と同じエ。なお，アは中国，イはインド，ウはインドネシアである。

(4) 中国では，華北では降水量が少ないので，小麦の生産がさかん。華中・華南では降水量が多いので，米の生産がさかんである。

---

057 (1) ① ウ　② モンスーン　(2) エ

解説 (1) ①アはサイザル麻。イは，オーストラリアやニュージーランドから羊毛。エは，高温多湿な地域で栽培されるジュート（黄麻）。

② 綿花栽培には，生育期に高温多雨，収穫期は乾燥する気候が適している。南アジアでは，夏にインド洋から湿った風が，冬にヒマラヤ山脈から乾いた風が吹くので，綿花栽培に適している。

(2) ＩＴ，情報技術を意味する英語 Information Technology の略で，インターネットを中心とする情報技術の革新により，用語として一般化した。ＩＴの製造ラインでは，精密さが要求されるため，ＩＴ関連機器は機械（ロボット）による生産が中心で，エの「数多くの労働力」は必須条件ではない。

---

058 (1) Ｘ…アッラー
　　　　Ｙ…ムハンマド［マホメット］
　　(2) イ

解説 (1) Ａはサウジアラビアの国旗である。アッラーはイスラム教の唯一神。

(2) Ｂはイスラエルの国旗である。イスラエルは，ユダヤ民族により，第二次世界大戦後の1948年に建国された。

---

5 ヨーロッパ

059 (1) 北緯70度，東経10度　(2) イ
　　(3) ① 温帯　② 差が大きい　(4) Ａ
　　(5) ソビエト連邦［ソ連］　(6) ウ

解説 (1) ヨーロッパは高緯度に位置している。秋田県を通る北緯40度の緯線は，ヨーロッパ南部のイタリアやスペイン，ポルトガルを通っている。また，経度0度の本初子午線は，イギリスの首都ロンドンの旧グリニッジ天文台を通る。

(2) 明石市は，東経135度に位置している。ｃ地点

は経度0度のロンドンより西にあるので，経度の差は135度より大きくなる。

(3) ①パリは西岸海洋性気候に，東京は温暖湿潤気候に属する。
　　②東京の降水量の差が大きいのは季節風の影響。

(4) ポーランドやチェコなど，東欧諸国があとから加盟した。

(5) 正式な国名は，ソビエト社会主義共和国連邦であった。

(6) ロシア連邦のシベリアには広大なタイガが見られる。

得点アップ

▶世界の植生
①熱帯雨林…熱帯の樹木の生いしげる森林。アマゾン川流域のセルバが代表的。
②マングローブ…熱帯や亜熱帯の海岸や海水の浸入する河口に生える常緑の低木・高木の森林。
③サバナ…まばらな樹木とたけの高い草原からなる熱帯草原。
④ステップ…主に乾燥帯のたけの短い草原。家畜の飼育が行われる。
⑤温帯の草原…北アメリカ大陸のプレーリー，南アメリカ大陸のラプラタ川下流のパンパ（アルゼンチン）など。ただし，パンパには，乾燥帯のステップ草原もある。
⑥タイガ…冷帯の針葉樹林帯。シベリアやカナダなど。
⑦ツンドラ…寒帯の湿原。夏に地表の氷が解け，こけ類などが生える。

---

060 (1) 本初子午線　(2) ウ
　　(3) 記号…Ｂ　国名…フランス
　　(4) 例 年間を通じて流量が多く，川の傾斜がゆるやかであるため。

解説 (1) 経度の基準となる経度0度の経線を本初子午線という。イギリスの首都ロンドンの旧グリニッジ天文台を経度0度とした。

(2) アはアトラス山脈，イはピレネー山脈，エはカルパティア山脈である。

(3) 人口と人口密度がわかっているとき，面積は，（人口）÷（人口密度）で求められる。

(4) ライン川は，国際河川で，ヨーロッパの水運の

大動脈となっている。ルール工業地域も，ライン川の水運が基盤の1つとなっている。

061 アルプス・ヒマラヤ(造山帯)

解説 アルプス・ヒマラヤ造山帯は，ユーラシア大陸の南側のふち近くに沿うようにのび，アルプス山脈やヒマラヤ山脈などがある。新期造山帯には太平洋をとりまくように分布する環太平洋造山帯もある。

062 (1) ユーロ

(2) 例EUに加盟した時期が早い国は1人あたりのGNIが高く，遅い国は1人あたりのGNIが低い。

(3) ウ

解説 (1) ユーロは，EU(ヨーロッパ連合)の通貨統合にともない1999年から導入された共通通貨で，2002年に紙幣・硬貨が一般に流通した。デンマークやスウェーデンのように導入していない加盟国もある。

(2) 1967年に加入した国(当時はEC)は，いずれも30,000ドル以上と高い水準になっていて，2004年以降に加盟した多くの国は，15,000ドル未満と低い水準になっている。

(3) EUは，従来，農業市場の安定をはかって保護政策をとってきたが，この政策は，過剰生産を引き起こし，農業補助金がEUの財政を圧迫するようになった。また，EU加盟国が東方に拡大したことで，農業支出が増えたことも問題となっている。なお，イギリスは2016年にEUからの離脱を決め，2020年1月に離脱した。

⚡得点アップ

▶EU(ヨーロッパ連合)の基本的な政策

①市場統合…ECの時代から進める。

・域内の関税自主権をなくし，商品(物やサービス)の移動を自由とし，域外の国には共通関税をかける。

・域内での預金や投資，借り入れ(資本＝金の移動)，出かせぎや就職(労働力＝人の移動)は，自由にする。

・域内での農業を守るため，域外からの輸入農産物に高い税金をかけ，輸出農産物には奨励金を払う。

②通貨統合…1999年に単一通貨の「ユーロ」が導入された。2002年からはその紙幣や硬貨が流通した。デンマークやスウェーデンなどは導入していない。

③政治的な統合…外交政策を共通にするなど，共通の安全保障政策をつくることをめざしている。また，欧州憲法の制定もめざしているが発効にはいたっていない。

063 ウ

解説 酸性雨の被害は，工業の発達したヨーロッパ中・北部やアメリカ合衆国北部などに見られる。ヨーロッパでは，偏西風により，酸性の大気が風下に運ばれ，被害地域が東側に広がっている。

064 (1) ウ

(2) ① ポルダー　② 風車

解説 (1) アはニュージーランド，イはマレーシア，エはオランダである。

(2) オランダの海面よりも低い干拓地のポルダーでは，かつて，風車を排水の動力に利用していた。現在，風車は観光用に残されている。

065 (1) X…暖流[北大西洋海流]

　　　Y…偏西風

(2) ① A

② 例気温が高く，降水量が少ない。

解説 (1) 暖流の北大西洋海流の上を吹く偏西風が，暖められた大気を大西洋沿岸の地域に運びこむため，特に冬の気候は，高緯度のわりには温和になる。1月の気温は，北緯45度の稚内は−4.7度であるが，北緯51度のロンドンは5.8度である。

(2) いずれの都市も温帯に属するが，ローマは夏に乾燥する地中海性気候である。Bはロンドンで，夏涼しい西岸海洋性気候，Cは東京で，夏降水量が多い温暖湿潤気候である。

⇗ 得点アップ

▶ヨーロッパの位置と気候

①位置…日本よりかなり高緯度にある。秋田県を通る北緯40度の緯線は、ヨーロッパ南部のギリシャやイタリア、スペイン、ポルトガルを通る。

②気候…パリやロンドンの冬の平均気温は、東京より少し低いくらいである。これは、沖合を暖流(北大西洋海流)が流れ、その上の暖かい大気を、偏西風が大陸のほうまで運ぶからである。

---

066 ⟩ 例 夏が高温なので、強い日ざしを反射させ[太陽の光を反射させ]、室内を涼しくするため。

解説 ギリシャは、地中海性気候に属し、夏の降水量が少なく、日照時間が長い。

---

067 ⟩ (1) アルプス山脈
　　　(2) ウ
　　　(3) エ
　　　(4) a…産業(革命)　b…北海(油田)
　　　(5) エ

解説 (1) アルプス山脈は、スイスやオーストリア、イタリアなどの国境付近を走っている。アルプス山脈の最高峰はモンブラン(4,810m)で、氷河地形が見られ、観光客も多い。

(2) 地図中のXは、北緯40度の緯線で、東北地方の秋田県や岩手県を通る。

(3) ヨーロッパの民族分布は、地中海沿岸などの南部にラテン系民族が、中北部にゲルマン系民族が、東部にスラブ系民族が多い。

(4) アはイギリスである。北海(ほっかい)に面したイギリスやノルウェーは油田開発を行っていて、両国とも石油輸出国となっている。パイプラインで結ばれた沿岸部には臨海工業地域が発達してきている。

(5) 混合農業は、穀物や飼料作物の栽培と家畜の飼育を組み合わせた農業である。

⇗ 得点アップ

▶ヨーロッパの農牧業

①混合農業…穀物(小麦など)、飼料作物(てんさいなど)を栽培し、牛、豚などを飼育、販売を主目的とする。

②地中海式農業…夏に高温で乾燥する地中海性気候の地域では、乾燥に強い樹木作物(オリーブ、ぶどう)などを栽培するのが特徴。雨が降る冬に小麦を栽培。

③酪農…乳牛を飼い、バターやチーズなどの乳製品を生産。デンマークやオランダなど。

④園芸農業…大都市の近郊で、野菜や草花を栽培。オランダのチューリップが有名。

---

068 ⟩ (1) フィヨルド
　　　(2) セルビア
　　　(3) ア…北大西洋
　　　　　イ…スカンディナビア
　　　　　ウ…永世
　　　　　エ…アテネ
　　　　　オ…ローマ
　　　(4) イ　　(5) ア　　(6) ア

解説 (1) リアス海岸と混同しやすいので注意。どちらも侵食された谷に海水が入りこんでできた海岸地形であるが、フィヨルドは氷河によって侵食されたものである。比較的丸みを帯びた地形となっていて、氷河による侵食を示す。水による侵食では鋭くけずられる。

(3) 地図のaはアイスランド、bはスウェーデン、cはスイス、dはギリシャ、eはバチカン市国。

(4) 本初子午線は、経度0度の経線で、イギリスのほか、フランス、スペイン、アルジェリア、マリ、ガーナなどを通る。

(5) デンマークは、従来のクローネを使用している。

(6) EUの旗は、長方形の青地に、円環状に配置された12個の金色の星で構成される。

---

069 ⟩ (1) 1 記号…イ
　　　　　首都名…アムステルダム
　　　　2 記号…ア　首都名…ベルリン
　　　　3 記号…ウ　首都名…ワルシャワ
　　　　4 記号…カ　首都名…マドリード
　　　(2) C
　　　(3) 3

(4) 3
(5) ア
(6) イ
(7) 4

解説 (2) 日本は，緯度では北緯 20 ～ 46 度の範囲
にある。Aの緯線は北緯 65 度，Bの緯線は北緯
55 度，Cの緯線は北緯 45 度，Dの緯線は北緯 35
度である。

(3) ヨーロッパの民族の分布は，南部にラテン系が，
中北部にゲルマン系が，東部にスラブ系が多い。

(4) 1のオランダ，2のドイツ，4のスペインは発
足時 1993 年の加盟国である。3のポーランドは
2004 年に加盟している。

(5) ユーロは，EU で用いられている共通通貨で，
27 か国中 20 か国で採用されている(2024 年 9 月
現在)。EU 加盟国以外でも，バチカンやモナコ
などのように，ユーロを採用している国もある。

(6) 4のスペインは地中海に面し，地中海式農業が
さかんである。夏に乾燥し，冬はやや雨が多いた
め，乾燥に強いオリーブやぶどうなどの果樹栽培
が行われ，冬には小麦が栽培される。

(7) 6月～ 9月の夏の時期に降水量が少なく，冬の
時期に雨がやや多いことに着目する。地中海性気
候の特徴が表れている。

---

070 (1) エ
(2) ウ
(3) ア
(4) エ
(5) ア

解説 (1) ア．EC が発足した 1967 年の加盟国は，
ベルギー，西ドイツ，フランス，イタリア，ルク
センブルク，オランダの 6 か国であった。イ．
ゲルマン系の国の多くは，プロテスタントの信者
が多い。ウ．4か国中最大のドイツの人口は約8,400
万人(2019 年)で，日本の人口約 1 億 2,600 万人よ
り少ない。

(2) ア．バルト海は，北海の誤り。イ．オランダは
ユーロを導入している。導入していないのは，ス
ウェーデンやデンマークなどである。エ．EU 最
大の農業国はフランスである。

(3) ア．ルール工業地域を流れるのはライン川。オ．
パークアンドライドとは，自動車を最寄り(もよ)の駅等

の駐車場にとめて，バスや電車などの公共交通機
関を使って都心部に行くというもの。

(4) ア．イタリアは，温帯の 1 つである地中海性気
候に属する。イ．北部の方が工業や商業が発達し
ている。ウ．デンマークなどがあてはまる。デン
マークは，ポドソルとよばれる酸性度があって養
分のとぼしい土壌におおわれている。そのため，
肥料を使って集約的な農業が営まれている。

(5) イはアメリカ合衆国，ウはオーストラリア，エ
はギリシャ。

---

071 (1) X…EEC　Y…イギリス
(2) オランダ
(3) ブリュッセル
(4) ユーロ
(5) ウ

解説 (1) EU は，1958 年結成の EEC(ヨーロッパ
経済共同体)→ 1967 年発足の EC(ヨーロッパ共
同体)を母体として，1993 年に発足した。

(2) ベネルクスは，ベルギー，オランダ(ネーデル
ランド)，ルクセンブルクの 3 国の頭文字を組み
合わせたよび名である。

(3) EU の本部は，ベルギーの首都のブリュッセル
におかれている。

(4) EU では，スウェーデンなど一部の国を除いて
共通通貨のユーロが導入されている。

(5) EU が進める加盟国間の経済統合により，加盟
国間で，次のようなことができるようになった。
①国境の通過が自由で，関税もない。②製品の規
格が同じなので，他国でもそのまま使える。③他
国の大学の授業を受けても卒業資格がとれる。④
銀行への預金が自由である。⑤仕事の資格が共通
で，他国でも働くことができる。

---

072 (1) ア
(2) ①イ　②ア　③オ　④ウ　⑤キ
(3) 1…ポルダー　2…産業　3…混合
　　 4…ルール
(4) ロッテルダム
(5) ラテン系(民族)

解説 (1) ドイツの面積は約 35.8 万 km²，フラン
スの面積は約 55.2 万 km²，イタリアの面積は約
30.2 万 km²，オランダの面積は約 4.2 万 km² であ

る。日本の面積は約 37.8 万 km² である。

(3) 1. ポルダーは干拓してできた低湿地で，オランダの国土の約 4 分の 1 を占める。ポルダーでは園芸農業や酪農が営まれ，バターやチーズの生産がさかんである。

2. 18 世紀中ごろからイギリスでは，ワットが改良した蒸気機関が動力として使われ，工場制機械工業がさかんになった。その結果，綿織物が大量生産されるようになり，産業革命が進行した。

3. 混合農業は，小麦などの穀物やとうもろこしなど飼料作物の栽培と家畜の飼育を組み合わせた農業である。

4. ルール工業地域は，地元で産出する石炭とライン川の水運を基盤として発展してきた。

(4) ユーロポートは，オランダのロッテルダム港の下流部にある EU の共同港である。

(5) 地中海沿岸国にはラテン系民族が，その北部にはゲルマン系民族が，東ヨーロッパにはスラブ系民族が多い。

⑦ 得点アップ

▶ヨーロッパの三大民族と宗教

①ラテン系民族…地中海沿岸のフランス，イタリア，スペイン，ポルトガルなど。キリスト教のカトリック(旧教)の信者が多い。

②ゲルマン系民族…ヨーロッパ西側の中北部のドイツ，オランダ，イギリス，ノルウェー，スウェーデンなど。キリスト教のプロテスタント(新教)の信者が多い。

③スラブ系民族…ヨーロッパ東部の，ロシア，ポーランド，チェコ，セルビア，ウクライナなど。キリスト教の正教会(ロシア正教，セルビア正教など)の信者が多い(ポーランド，チェコなどはカトリック)。

073 (1) ウ
(2) ウ
(3) カ

解説 (1) ロシアの国土の最南端は，黒海とカスピ海の間を東西に連なるカフカス山脈で，分水嶺がアゼルバイジャン・ジョージアとの国境になっている。最南端から東方向へ300km 移動するとカスピ海に到達する。

(2) イギリスの公用語の英語は，ドイツ語・オラン

ダ語・ノルウェー語などともにゲルマン系言語に分類される。ア. イギリスの国土のほとんどは温帯。イ. 国民の多数派はイギリス国教会。エ. イギリスは EU に加盟していた当時もユーロを導入したことはなく，通貨はポンドを使用している。

(3) 小麦・野菜・魚介類が最も多い X は，世界有数の小麦生産国・漁業国のロシア。果実が最も多い Y は，地中海式農業でぶどうの生産がさかんなフランス。すべてが最も少ない Z はイギリス。

6 アフリカ

074 (1) 本初子午線…ア　赤道…カ
(2) 東海岸…インド洋
西海岸…大西洋
(3) エ

解説 (1) アフリカには本初子午線も赤道も通っているが，その交会点は，ギニア湾上にある。

(3) アフリカには緯度や経度を基準とした国境線が見られる。国境線が，居住する民族の範囲に沿うように引かれたのではなく，緯線や経線に沿うように機械的に引かれたため，人々が土地を追われたり民族が分断されたりして，民族紛争の要因の1つになっている。

075 (1) イ
(2) ウ
(3) イ

解説 (1) 人口が一番多いアはアジア州，ウはヨーロッパ州，エはオセアニア州である。

(2) 人口が急激に増加することを人口爆発といい，アフリカなど発展途上国に多く見られる。

(3) アフリカ大陸の北部には，広大なサハラ砂漠が広がっていて，砂漠化の進行により，周辺の草原地帯が砂漠化しつつある。

076 ア

解説 写真 a は，ケニアとタンザニアの国境付近にあるキリマンジャロ山。b は北アメリカ大陸のロッキー山脈の写真。ナイロビは南半球の南緯1度に位置し，1 ～ 3 月頃に気温が高くなる。

077 (1) イ

(2) 例200m未満の低い土地と2,000m
以上の高い土地の割合が少ない。

解説 (1) 図より，南北の緯度差は約70度ある。
40000km×(70度÷360度)≒7778kmで，イ。

(2) アフリカ大陸はほぼ台地状の高原大陸で，標高
の高い山脈や平野が少ない。

078 (1) ア

(2) コーラン

解説 (1) 人口ピラミッドのアはエチオピア，イは
イギリス，ウはブラジル，エは日本である。アフ
リカには発展途上国が多く，人口ピラミッドは富
士山型が多い。

(2) イスラム教の聖典は『コーラン』で，ムハンマド
が神アッラーから下された啓示とされる内容が
記されている。114章から成り，内容は，神の唯
一性，ユダヤ教やキリスト教とも共通する天地創
造から〈最後の審判〉に至る人類史のほか，儀礼的
規範，徳目・礼儀・作法，婚姻・相続・売買・刑
罰などの法的規範まで多岐にわたっている。

⑦ 得点アップ

▶人口ピラミッドの型
①富士山型…富士山のような，上から下へなだ
らかに広がる山の形。発展途上国に多い。
②つりがね型…ずんどうの形。人口の増加が緩
やかになる。先進国に多い。
③つぼ型…下が細くなっている形。老年人口が
多く，少子化が進んでいて，人口減少が見ら
れる場合もある。先進国の一部に見られ，日
本もこの型。

079 (1) ア

(2) カカオ[カカオ豆]

解説 (1) 資料1の雨温図は降水量が年中ほとん
どないので，乾燥帯気候に属するアのカイロである。

(2) Iで示した国はコートジボワール。同じギニア
湾岸のガーナとともに，資料2のカカオの生産
がさかん。

080 (1) イスラム教

(2) 砂漠…サハラ砂漠

河川…ナイル川

(3) X…植民地　Y…難民

解説 (1) イスラム教は，西アジアや中央アジア，
北アフリカに多く分布している。

(3) 第二次世界大戦以前からの独立国は，エジプト，
エチオピア，リベリア，南アフリカ共和国の4か
国だけで，アフリカの大半はかつてはヨーロッパ
諸国の植民地であり，その境界は，緯線や経線に
沿うなど，機械的に引かれたところが多い。

081 (1)

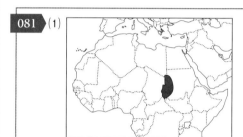

(2) サヘル

(3) 例人口爆発によって増えた人口をま
かなうための過放牧などにより，土
地が植生を失う。(39字)

解説 (1) ダルフールとはスーダンの西部地方，チ
ャドなどと国境を接する地帯の総称である。

(2)・(3) 「サヘル」は，縁，境界，岸辺などを意味
するアラビア語の「サーヒル」に由来する。サハ
ラ砂漠の南の縁にあたる草原地帯であるが，人口
が増加し，その食料を確保するため，過剰な焼畑
をしたり放牧をし過ぎたりして，草木の生えない
不毛な土地となるところが拡大している。

7 北アメリカ

082 (1) エ

(2) ヒスパニック

解説 (1) 西部には険しいロッキー山脈が，東部に
はなだらかなアパラチア山脈がある。

(2) ヒスパニックは，メキシコやカリブ海諸国など
からのスペイン語を母国語とする移住者で，アメ
リカ合衆国の南西部に多い。

⑦得点アップ

▶アメリカ合衆国の住民

①ヨーロッパ系白人…大多数を占める。イギリス系のプロテスタントのほか，イタリア系，アイルランド系など。

②アフリカ系黒人…かつては奴隷。差別に対し，公民権運動を展開した。

③ヒスパニック…スペイン語を話すラテンアメリカからの移住者。

④ネイティブアメリカン…インディアンなど。先住民。少数。

⑤アジア系移民…中国系，ベトナム系，韓国系，日系など。

---

083 (1) a

(2) サンベルト

解説 (1) ロッキー山脈は北アメリカ大陸の太平洋側に連なる険しい山脈なので，あてはまる都市はa。

(2) アメリカ合衆国で北緯37度付近から南の工業地帯をサンベルトという。北部に比べて安価な土地と労働力を生かし，先端技術産業などが発達した。

⑦得点アップ

▶アメリカ合衆国の鉱産資源の分布

①鉄鉱石…五大湖周辺に多い。スペリオル湖西岸にメサビ鉄山。

②石炭…アパラチア山脈周辺に多い。

③石油(原油)…メキシコ湾沿岸などに多い。ヒューストンなどで石油化学工業がさかん。

---

084 (1) エ

(2) センターピボット(方式)

(3) 例小麦を広大な土地で生産し，大型の機械を使い大量に収穫している。また，国内の生産量の約半分を輸出し，世界の輸出量の約7分の1を占めている。

解説 (1) アメリカ合衆国では，その土地の条件にもっとも適した作物を選び栽培する適地適作の農業が行われている。aの地域の北側が春小麦地帯，

南側が冬小麦地帯となっている。bはとうもろこし地帯で，近年，大豆の栽培が行われるなど，多角化が見られる。

(2) センターピボット方式は，地下水をくみ上げる井戸を中心に，散水装置のついた約400mのアームを回転させ，円形にかんがいする農法で，アメリカ合衆国のカンザス州やコロラド州など，西部の乾燥した地域に見られる。しかし，過剰な地下水のくみ上げが問題となっている。

---

085 例鉄道の占める割合は日本より高く，水運の占める割合は日本より低い。

解説 鉄道による貨物輸送は，アメリカの広い国土に適しているが，水運による貨物輸送は，内陸ではあまり適さず，その割合は低くなる。

---

086 (1) 太平洋，大西洋

(2) 例工業の燃料・原材料や食料を輸入し，工業製品を輸出している。

解説 (1) 西部は太平洋に，東部は大西洋に面している。

(2) 日本のカナダとの貿易は，加工貿易の形となっている。

---

087 エ

解説 3か国間の輸出額の合計は2018年が12,804億ドル，1990年が2,263億ドルで，5倍を超えている。日本の3か国への輸出額の合計は2018年が1,609億ドル，1990年が1,030億ドルで，2018年の方が多い。なおNAFTAは，2020年7月に米国・メキシコ・カナダ協定(USMCA)に変わった。

---

088 (1) 10(時間)

(2) ハブ(空港)

(3) ウ

(4) モータリゼーション

(5) ウ

(6) ウ

(7) ア

(8) シリコンバレー

(9) サラダボウル

(10) ア

解説▶ (1) 飛行機が成田国際空港を8月8日午後5時に飛び立ったとき，ロサンゼルスは16時間前だから，8月8日午前1時である。飛行機はロサンゼルスに8月8日午前11時に到着するので，10時間かかったことになる。

(2) ハブ空港は，航空路線において，拠点となる空港のことをいう。自転車の車輪軸受け（ハブ）と輻（スポーク）のように，放射状に航空路線が展開されている空港にあたる。

(3) 地中海性気候は，温帯気候の1つで，夏に乾燥する特徴をもつ。大阪は温帯で温暖湿潤気候。

(4) モータリゼーション（motorization）は，自動車が大衆に広く普及し，生活必需品化している現象のことである。

(5) チリ，ペルーが上位に位置することに着目。

(6) ウ．内陸ではなく沿岸部が正しい。サンベルトは，「太陽が輝く地帯」の意味である。これに対し，五大湖周辺など北部の工業地域はスノーベルトとよばれる。

(7) 写真は，アメリカ合衆国で見られるセンターピボットとよばれる灌漑施設（方法）である。

(8) アメリカ合衆国のサンフランシスコの南東にある，電子工業の研究所や関連企業が集まっている地区のことである。電子部品の半導体にシリコンをつかうことから，シリコンバレーとよばれている。日本の九州地方は，半導体工場が多く立地していることからシリコンアイランドとよばれる。

(9) いろいろな野菜を混ぜてボウルに入れた野菜サラダのように，1つの国の中にさまざまな民族が入り交じっている様子を表す。各民族がもつ独自の文化を保ちつつ，異文化と共存している社会。

(10) アはメキシコに近い南部の州で多いのでヒスパニック。イは黒人，ウはアジア系である。綿花の栽培や収穫は，かつて黒人奴隷を労働力としたため，綿花地帯には今でも黒人が多く分布する。

⑦ 得点アップ
▶アメリカ合衆国のサンベルト
①サンベルトとは…北緯37度以南の比較的温暖な地域。広い土地，豊かな資源や労働力を利用し，1970年代から工業化が進む。
②主な都市…南部のヒューストン，ダラス，太平洋側のロサンゼルス，サンノゼなど。
③さかんな工業…航空機・宇宙産業，電子工業，石油化学工業など。

---

089 (1) 自動車（工業）
(2) ① ロサンゼルス　② ⑤
(3) ① ② アグリビジネス
(4) ⑦
(5) ① ニューヨーク
② 例 氷河の流れに乗って運ばれてきた。

解説▶ (1) デトロイトと周辺地域には，アメリカを代表する自動車メーカー，ゼネラルモーターズ（GM），フォード，クライスラーの本社と数多くの工場が立地している。

(2) ロサンゼルスはサンベルトに位置する，アメリカ第2の人口を持つ商工業都市。ハリウッドを中心とした映画産業も有名である。

(3) ①シカゴは，イリノイ州北東部，ミシガン湖岸に位置する都市で，人口は，ニューヨーク，ロサンゼルスに次ぐ。五大湖水運の重要な港市で，陸上交通の要地でもある。後背地は豊かな農業・酪農地帯となっていて，小麦，とうもろこし，家畜の取り引きがさかんである。食肉加工業も有名である。
②アグリビジネスは，農産物加工，貯蔵，流通，農業機具，肥料製造などを全て含めた農業関係，食品関係の産業のことである。

(5) ②1万年ほど前に終了した最後の氷河期には，北アメリカ大陸では，カナダとアメリカ合衆国の北部が氷河でおおわれた。

じめ各地に日本人移民が渡ったため，日系人が多い。

8 南アメリカ

090 (1) ウ

(2) ウ

(3)

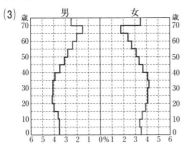

(4) エ

(5) 記号…イ

理由…例赤道付近にあるため年間を通した気温の変化が少なく，また高地にあるため平均気温は高くないから。

解説 (1) 「45D 5 N」の「45」は，45 ページを意味し，「D 5」は縦のDの範囲と横の 5 の範囲の交わる枠で，「N」は，その枠内の北を意味する。

(2) X と Y は同じ経度上にあり，緯度で 60 度離れている。60 度は，地球 1 周(360 度)の 6 分の 1 である。地球 1 周は約 40,000km だから，60 度分では，約 6,666km である。

(3) 人口ピラミッドは，国や地域の人口を，男女別・年齢別に表したグラフである。

(4) エ．ペルーとベネズエラでは，人口が同じくらいだが，漁獲量の差が約 25 倍あるので正しい。

(5) 赤道に近い地域では気温の年較差が小さいことが特徴である。気温は，高度が高くなるほど低くなる特徴がある。

⑦ 得点アップ

▶南アメリカの国々

①ラテンアメリカ…メキシコ以南の地域では，ブラジルがポルトガルの植民地，そのほかの大部分がスペインの植民地であった。このため，ラテン系の文化が広がっている。

②住民…先住民はインディオ。白人とインディオの混血であるメスチソが多数の国もある。

③日本との関係…明治時代以降，ブラジルをは

091 (1) 6 月 10 日 7 時　　(2) ウ

(3) 例 (1970 年に比べ 2017 年には,) 輸出額が大きく増加しており，主な輸出品が農産物関連から鉱工業製品に変化している。

解説 (1) リオデジャネイロとの時差は，(135＋45)÷15＝12 より，12 時間である。西経の地域は，東経の地域より時刻が遅いので，リオデジャネイロは，日本の 12 時間前の時刻となる。

(2) 日本の面積は約 38 万 km² だから，851÷38＝22.3…より，約 22 倍である。

(3) 1970年の輸出品上位には工業製品はなかったが，2017 年には第 3 位の機械類が工業製品で，第 4 位に原油が加わっている。

092 (1) B

(2) アンデス山脈

(3) イ

解説 (1) 赤道は，ブラジル北部のアマゾン川河口付近やエクアドルなどを通る。

(2) アンデス山脈は，環太平洋造山帯に位置する山脈で，南アメリカ大陸西部にある。

⑦ 得点アップ

▶エルニーニョ現象

①エルニーニョ現象とは…南アメリカ大陸の西岸ペルー沖の海域には，ふだんは深層から昇ってくる栄養分に富む冷たい海水によって満たされている。ところが数年に一度，貿易風の弱まりによって赤道方面から温かい海水が流れこみ，水温が 3 〜 4 度上昇することがある。この現象を，エルニーニョという。

②影響…いったん，この現象が起こると，半年から 1 年半も続くので，沿岸の気候に影響することはもとより，海中のプランクトンを死なせてしまうために，この海域の主要な水産資源であるかたくちいわし(アンチョビー)の漁獲量が激減するなど，その影響は大きい。

③気象との関連…全地球的な異常気象と関連があるともいわれている。大気の流れを変え，世界各地に異常な高温や低温，あるいは多雨や少雨などの異常気象を引き起こし，経済活動にも大きな影響をおよぼす。

④語源と由来…エルニーニョは，スペイン語で，神の子(キリスト)をさす。この現象がクリスマスの頃に始まることが多いことに由来している。

---

093 (1) ウ

(2) イ，カ

解説 (1) 赤道は，南アメリカ大陸では略地図中のＩで示されたブラジルの北部のアマゾン川流域を通っている。南アメリカの国々は 19 世紀までスペインの植民地だった国が多いので，主にスペイン語が使われる国が多いが，ブラジルはポルトガルの植民地だったので，主にポルトガル語が使われる。

(2) イ．資料 2 を見ると，1970 年のブラジルの輸出品は 35.9％がコーヒーというモノカルチャー経済だったが，2018 年には機械類・鉄鋼・自動車が主要輸出品に加わり，重工業が発展したことがわかる。カ．1970 年の輸出入総額は 55 億ドル，2017 年の輸出入総額は 3,755 億ドルで，約 68 倍になった。2017 年は輸入総額より輸出総額の方が 601 億ドル多い貿易黒字になっている。

---

094 Ｘ…モノカルチャー

環境問題…例 農地拡大のための熱帯林の伐採(14 字)

解説 モノカルチャー経済は，発展途上国に見られる，特定の農産物や鉱産資源に依存する経済である。「モノ」は，「単一の」や「単独の」を意味する。

---

9 オセアニア

095 (1) 例 複数の標準時を設ける

(2) ウ　(3) 温帯

(4) 例 収穫期が 11 月から 1 月なので，他の主要生産国で収穫できない時期に輸出することができる。

(5) 例 主な貿易相手が，ヨーロッパ州からアジア州に変わった。

解説 (1) 同様に，東西に広いロシア連邦には 11 の標準時がある。

(2) 後半に，「オーストラリアは日本との時差が少ない。」とあることに着目する。時差が少ないのは，ほぼ同じ経度に位置していることを意味する。

(3) Ａは熱帯，Ｃは乾燥帯である。オーストラリアに冷帯や寒帯は分布しない。

(5) 輸出入相手国の第 1 位が，ヨーロッパ州のイギリスからアジア州の中国に変わっていることが象徴的である。

---

096 (1) イ

(2) キリスト教

(3) イ

(4) 記号…え

理由…例 年降水量が 1,000mm 程度で，高緯度ほど気温が低いから。

(5) ① エ，カ

② 例 標高が高いため。

解説 (1) 日本の面積は約 38 万 km² だから，38×0.7＝26.6 より，約 27 万 km² である。

(3) 南島のサザンアルプス山脈の西側で降水量が多い。一般的に，山脈の風上(風が吹いてくる方向)側では降水量は多くなるので，イが正解。

(4) 年降水量を見ると，いは 1,000mm 未満なのでＣ，うは 2,000mm 以上なのでＢ。南半球では，一般に，南ほど気温が低くなる。よって，残るあとえでは，えがウェリントンとなる。

(5) ①ニュージーランドは温帯の西岸海洋性気候。オーストラリアでは南東部のエとカが同じ気候区。

②Ａのパプアニューギニアの内陸部は標高が高

いため，熱帯ではなく西岸海洋性気候である。

⑦得点アップ

▶南半球の雨温図

①北半球と季節が逆…6～8月が冬で，12～2月が夏→雨温図で折れ線グラフで表される気温は，中央がへこむ凹型になる。

②地中海性気候に注意…地中海性気候は，夏に乾燥し，冬に雨が降る。南半球の場合は，12～2月に乾燥する点に要注意。

---

097 (1) エ
　　　(2) ア
　　　(3) 3つ

解説 (1)　南太平洋には，標高の低い島国が多く，国土が水没する危機にさらされている。アは国際連盟，ウは非常任理事国が正しい。

(2)　イ. 偏西風ではなく貿易風が正しい。ウ. ハリケーンはカリブ海，サイクロンはアラビア海などで発生する。エ. エルニーニョ現象は南米のペルー沖で発生する。

(3)　どちらもプロテスタントが多い。オーストラリアは古期造山帯と安定大陸からなる。オーストラリアの輸出は，農産物よりも石炭や鉄鉱石などの鉱産物が多い。

---

098 (1) ウ
　　　(2) ① エ　② カ　③ セ　④ ア　⑤ ケ
　　　　　⑥ ク　⑦ コ　⑧ サ　⑨ ス
　　　(3) ⑦
　　　(4) ●…エ　○…イ
　　　(5) グレートバリアリーフ
　　　(6) あ ウ　い エ　う オ

解説 (1)　オーストラリアは内陸部ほど乾燥し，砂漠も広がっている。

(2)　①白豪主義は，オーストラリア社会を白人移民を中心に構成しようとする考え方である。19世紀半ば，金の鉱脈が発見されたことをきっかけに，大量の移民が入ってきたことに対し，非白人系の人々の移民を制限するため，白豪主義とよばれる白人優先の政策がとられた。しかし，第二次世界大戦後，アジア太平洋諸国との関係が深まる中で，1972年移民政策は大きく転換され，白豪主義は

廃止された。

③アボリジニは，オーストラリアの先住民の総称である。ヨーロッパ人との接触以前は，小集団に分かれ，弓矢，槍，ブーメランなどを用いて，採集狩猟生活を営んでいた。現在の人口は，オーストラリア全体の約3％となっている。

(3)　東経140度の経線は，日本では，秋田県や千葉県を通る。

(4)　オーストラリアでは，東部で石炭，西部で鉄鉱石が産出する。

(5)　グレートバリアリーフは，オーストラリア北東部の沖合のコーラル（珊瑚）海にある，全長約2,000kmを超える世界最大のさんご礁群である。

(6)　小麦や羊は，降水量の少ない地域。肉牛は，比較的降水量のある地域。さとうきびは，北部の熱帯や亜熱帯の地域で栽培される。

第1回 実力テスト

1 (1) エ
　　(2) ア，エ，カ
　　(3) ① 1月15日16時
　　　　　［1月15日午後4時］
　　　② ア，エ

解説 (1)　平均標高が最も高く，5,000m以上が約1％を占めるaはアジア。平野が少なく，200～1,000mの高原が多いbはアフリカ，2,000m以上の高地がないdはオーストラリア，残るcが南アメリカである。

(2)　アのスカンディナビア山脈，エのグレートディバイディング山脈，カのアパラチア山脈は，アルプス・ヒマラヤ造山帯，環太平洋造山帯には属さない。

(3)　①A地点は東経135度，B地点はロンドン郊外を通る0度の経線（標準時子午線）から15度間隔で西に8つ目の経線なので西経120度。よってA地点とB地点の経度差は255度で，15度で1時間の時差が生じるので，両地点間の時差は17時間。東にあるA地点の方が時間が早いので，B地点はA地点の17時間前の1月15日午後4時（16時）。

②ア. 地図2は角度が正しいメルカトル図法なので，2地点間は等角航路。エ. 地図3は正距方位図法なので，中心からの距離と方位は正しい。

2 (1) う
(2) イ
(3) ア
(4) A…イ　B…エ　C…遠洋(漁業)
　　D…排他的経済(水域)
(5) 地球温暖化
(6) エ

解説 (1)　うの地域には活動中の火山はなく，地震も少ない。

(2)　パースとブエノスアイレスは南半球の温帯なので気温が谷型のイかウだが，地中海性気候のパースは夏の降水量が少ないウで，ブエノスアイレスはイ。

(3)　南半球を北上するのは寒流，南下するのは暖流なので，イとエは誤り，ウも日本海流(黒潮)がニュージーランド沖からなので誤りで，正解はア。

(4)　A. 地図1中のXの北太平洋海域では主にカニやさけが漁獲される。B. Yの赤道付近の西太平洋海域では，まぐろ漁業がさかんだった。C. 長い場合は数か月かけて遠い漁場で行うのは遠洋漁業。D. 1970年代後半，多くの国々が沿岸から200海里(約370km)の排他的経済水域(EEZ)を設定した。

(5)　地球温暖化によって極地の氷などの融解が進んで海面が上昇し，太平洋のツバルなどの島国では国土の大半が水没する危機に瀕している。

(6)　エは「アトランタの現地時間は1月6日0時」が正しい。東京の方が東にあって時間が早いので，時差計算をしなくても誤りとわかる。

3 (1) 2月4日17時
(2) A…え　C…い
(3) NAFTA
(4) A，B，E
(5) E…あ　F…い
(6) エ

解説 (1)　ロサンゼルスはアメリカ西海岸に位置する地図中のA。経線が30度ごとに引かれているので，西経120度に位置する。成田は東経135度を標準時子午線にしているので，経度差は255度で，15度で1時間の時差が生じるので，255÷15＝17時間の時差。成田発2月5日0時5分から9時間55分後の日本時間は2月5日10時。成田

の方が東に位置して時間が進んでいるので，17時間戻したロサンゼルス到着時刻は2月4日17時である。

(2)　Aのロサンゼルスは夏に降水量が少なく乾燥する地中海性気候のえ。Cのランスは，冬は高緯度のわりに温暖で夏は比較的涼しい西岸海洋性気候のい。

(3)　1994年，アメリカ合衆国・カナダ・メキシコの間で北米自由貿易協定(NAFTA)が発効した。2020年7月には新NAFTAともよばれるUSMCA(米国・メキシコ・カナダ協定)と改めて発効した。

(4)　Aが属するアメリカ合衆国の人口は3億2,907万人，Bが属するメキシコの人口は1億2,758万人，Eが属する中国の人口は14億3,378万人(2019年)。

(5)　Eの南京が属する中国は，衣類が2位のあ。Fのシドニーが属するオーストラリアは，上位3品目とも天然資源のい。

(6)　中南米はスペインの植民地だった国が多いため，公用語はスペイン語の国が多いが，ブラジルはポルトガルの植民地だったので，公用語はポルトガル語。

第2回 実力テスト

1 (1) A…③　B…①　C…②
　　D…⑤　E…④　F…⑥
(2) 西岸，理由…例 暖流と偏西風の影響
(3) 例 高度が異なれば同じ位置でも気温や降水量に差が生じるから。
(4) 例 夏の季節風が海から吹くから。

解説 (1)　A〜C. 暖流の北大西洋海流の影響を最も受けやすいパリが冬でも温暖なA，最も受けにくいベルリンがCで，残るBがロンドン。D〜F. 冬でも温暖なEが福岡，1年を通して降水量が少ないFが長野，残るDが仙台。

(2)　ユーラシア大陸西岸の西ヨーロッパは冬でも比較的温暖だが，同緯度の東海岸にあたる極東ロシアは寒冷になる。その理由は暖流と偏西風の影響。

(3)　例えば赤道付近のカリマンタン島やニューギニア島でも，高度が高い地域は温帯である。

(4)　東アジア・東南アジア・南アジアでは，季節風(モンスーン)の影響で一般に夏の降水量が多い。

2 (1) え
(2) お
(3) え
(4) い

解説 (1) 東南アジアのインドシナ半島では，7月には南西からの季節風が吹き，多くの雨が降る。
(2) 米の生産量が最も多いが輸出は非常に少ないXは，人口が多くほとんどが国内で消費される中国。輸出量が最も多いYは世界有数の米輸出国のタイ。残るZがインドネシアである。
(3) 小麦が179など，3か国で食料自給率が最も高いZは「ヨーロッパの穀倉」と呼ばれるフランス。最も低いYはイギリスで，残るXがドイツ。
(4) 暖流と偏西風の影響を受ける西岸海洋性気候は冬でも比較的温暖で，夏は涼しく，降水量は年間を通して安定している。このような特徴の雨温図はい。

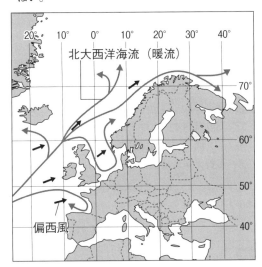

3 (1) ア
(2) 名称…アパラチア山脈　記号…ウ
(3) ① デトロイト　② H
(4) メキシコ

解説 (1) Aの地域（西海岸）は夏に乾燥し，冬は比較的降水量が多い地中海性気候である。
(2) アメリカ合衆国東部に連なるなだらかな山脈はアパラチア山脈。古生代後期の造山運動によって生まれた山脈で，同様の山脈には図2中のウのオーストラリアのグレートディバイディング山脈がある。

(3) ① アメリカ合衆国北東部，五大湖の近くにある●の都市はデトロイト。20世紀初めから半ばまで自動車工業都市として栄えたが，その後衰退した。② 5か国中，1990年は5位だが，2015年に1位のFは中国。1990年には1位だが，2015年にアメリカ合衆国に次いで3位のGは日本。生産台数を伸ばしているが，2015年には5か国中最下位のIが韓国で，残るHがドイツ。
(4) アメリカ合衆国はカナダ・メキシコと北米自由貿易協定（NAFTA）を結んでいるため（2020年7月にUSMCAと改めて発効），両国との貿易額が多い。

第3回 実力テスト

1 (1) カ
(2) (a) ジャワ(島)
　　 (b) タスマニア(島)
(3) インドネシア
(4) ア
(5) 聖地…ウルル[エアーズロック]
　　 先住民族…アボリジニ
(6) ア，ウ
(7) ア
(8) X…中国　A…羊毛　B…機械類

解説 (1) オーストラリア西部のAでは鉄鉱石，北部のBではボーキサイト，東部では石炭が多く採れる。
(2) (a)はインドネシアの首都ジャカルタがあるジャワ島。(b)のオーストラリア大陸の南東にある大きな島はタスマニア島。酪農や牧羊がさかん。
(3) (c)はグリーンランドに次ぐ世界で2番目に大きな島のニューギニア島。東部は独立国のパプアニューギニア，西部はインドネシア領である。
(4) 地点Yはパース。南半球の地中海性気候なので，雨温図は気温が谷型になり，北半球では冬の時期の夏に降水量が少なく乾燥するので，アである。
(5) オーストラリア中央部にあり，「地球のへそ」と言われるのはウルル（エアーズロック）。先住民族アボリジニの聖地で，2019年10月に登山が禁止された。
(6) グレートディバイディング山脈は古生代後期の造山運動によって生まれた山脈で，同様の山脈に

はロシアをヨーロッパとアジアのシベリアに分けるウラル山脈，アメリカ合衆国東部に連なるなだらかなアパラチア山脈などがある。

(7) トンガでは1980年代に日本からかぼちゃが持ち込まれ，日本向けの栽培がさかんになったが，モノカルチャーの弊害が生じている。

(8) X．2013年のオーストラリアの最大の貿易相手国は中国。資源や食料が大量に輸出されている。A．地下資源の開発が進んでいなかった1960年のオーストラリアの最大の輸出品は羊毛。B．1960年・2013年ともに，最大の輸入品は機械類。

2 (1) ① A…中国　B…メキシコ
　　　　C…タイ　D…フランス
　　　　E…ケニア
　　② プランテーション
　　③ ア…NAFTA　イ…TPP　ウ…EU
　　④ ア
(2) a…アルプス(山脈)
　　b…混合(農業)
(3) ① アフリカ(州)　② エ
(4) ① あ　② 地球温暖化
　　③ 持続可能(な開発)

解説 (1) ①A．2018年で40周年ということは1978年で，中国との間に日中平和友好条約が結ばれた年。B．北米自由貿易協定はアメリカ合衆国・カナダとメキシコの間で1994年に発効した。近年見直され，2020年7月にUSMCAと改めて発効した。C．世界有数の米輸出国で自動車生産の拠点にもなっているのはタイ。D．EU最大の農業国はフランス。E．紅茶やコーヒー，バラの栽培がさかんなのはケニア。

②熱帯地方で，主に欧米の資本によって特定の作物を輸出目的で大規模に栽培する農業を，プランテーションという。

③アの北米自由貿易協定は英語でNorth American Free Trade Agreementというので，略称はNAFTA。イの環太平洋戦略的経済連携協定は英語でTrans-Pacific Strategic Economic Partnership Agreementというので，略称はTPP。ウのヨーロッパ連合は英語でEuropean Unionというので，略称はEU。

④Eのケニアは赤道が通るが，標高が高い地域が多く，多くは年中温暖な温帯に属するのでア。

(2) (a)ヨーロッパで東西に連なり，農業などの特徴をその南北で分けているのはアルプス山脈。(b)アルプス山脈より北でさかんな，小麦などの穀類と家畜の飼育を組み合わせた農業は混合農業。

(3) ①六大州のうち他の5州は示されているので，残りのアフリカ(州)とわかる。

②総人口の約77.1億人とアジアの割合の59.7%が示されているので，77.1に0.6を乗じた近似値の(約)46億(人)が正解。

(4) ①文は「太平洋・島サミット」に参加した，水没の危機にある国の説明なので，あのツバル。

②海面上昇の原因は，地球温暖化によって極地の氷などの融解が進んだことである。

③将来の世代の享受できる利益を損なわない範囲で進める開発を「持続可能な開発」という。

3編　日本のさまざまな地域

10 身近な地域の調査

099 ア→エ→イ→ウ

解説 調査には，関連する図書や資料集などで調査する文献調査や，その土地に住んでいる人や関係者に話を聞く聞き取り調査，実際に土地を歩いて調べる野外調査(観察)などがある。

100 (1) ⊖
(2) ア

解説 (1) 地図記号は，実際の形を図案化したものが多い。かつて，郵便の業務を逓信省がおこなっていた。頭文字のテを図案化して郵便局を表すようになった。

(2) 茶畑は，∴で表す。

⑦ 得点アップ
▶主な地図記号　　＜土地利用＞
＜建物・施設＞　　‖…田
⊖…郵便局　　∨…畑
⊞…病院　　🌣…果樹園
⊓…神社　　∴…茶畑
卍…寺院　　Ｙ…桑畑
文…小中学校　　Ｑ…広葉樹林

☆…工場	⋀…針葉樹林
⛫…発電所・変電所	⼳…竹林
◎…市役所	<その他>
⌂…図書館	△…三角点
𝚰…博物館	⊡…水準点
⌂…老人ホーム	⌂…自然災害伝承碑

101 (1) 2,000（m）

(2) イ

(3) 例 Dの地域の傾斜の方がゆるやかである。

解説 (1) 等高線が 10m 間隔で引かれているので，縮尺は 2 万 5 千分の 1。実際の距離は，（地形図上の長さ）×（縮尺の分母）で計算する。8cm×25000＝200000cm＝2000m となる。

(2) 鉄道も道路も，トンネルとなっている。

(3) 等高線がならんでいるということは，その土地が傾斜地になっていることを示す。等高線の間隔が広ければ傾斜はゆるやかで，せまければ急である。

102 イ

解説 ア．寺院→神社が正しい。ウ．博物館→図書館が正しい。エ．つえが図案化されている。銀行→老人ホームが正しい。

103 (1) エ

(2) c…例 住宅地が新たに開発された
d…例 鉄道や道路が新たに整備された

(3) 2 万 5 千分の 1

解説 (1) 等高線が増えると起伏は大きく，等高線が減ると起伏は小さくなる。

(2) 変化の読み取り問題では，土地利用がどのように変わったかということと，新たにどんな建物や施設ができたかということがポイントになる。

(3) 地形図上の長さと実際の距離がわかっているとき，地形図の縮尺の分母は，（実際の距離）÷（地形図上の長さ）で計算する。このとき，長さの単位をそろえることに注意する。750000÷3＝25000となるので，縮尺は，2 万 5 千分の 1 である。

㋐ 得点アップ

▶**地形図の縮尺**

①縮尺とは…広い地域を地図上に表すには，実際の距離を一定の割合でちぢめる必要がある。この割合のことを，縮尺という。

②2 万 5 千分の 1…地形図の縮尺の 1 つ。250m を 1cm に縮小→地形図の 4cm が 1km。

③5 万分の 1…地形図の縮尺の 1 つ。500m を 1cm に縮小→地形図の 2cm が 1km。

104 (1) ウ (2) カ

(3) ア，ウ (4) 2.25（km²）

解説 (1) ウ．時間がたつと忘れたりするので，きちんとメモをとる。

(3) ア．古い地形図にも新しい地形図にも，店の数までは表されていない。ウ．その農園の生産量の推移はつかめるが，1 つの農園から県全体の生産量の推移をつかむことはできない。

(4) 実際の距離は，（地形図上の長さ）×（縮尺の分母）で求める。6cm×25000＝150000cm＝1.5km となる。実際の地域の面積は，1.5×1.5＝2.25 より，2.25km² となる。

105 (1) ウ

(2) 2 万 5 千分の 1

(3) D

(4) 住宅地…B　農地…C

解説 (1) 文は小・中学校である。高等学校は，⊗で表す。

(2) 地形図上の長さと実際の距離がわかっているとき，地形図の縮尺の分母は，（実際の距離）÷（地形図上の長さ）で計算する。このとき，長さの単位をそろえることに注意する。125000÷5＝25000となるので，縮尺は，2 万 5 千分の 1 である。

(3) 川は標高の高い方から低い方に流れる。標高の高低は，等高線や水準点，三角点から判断する。

(4) 都市周辺では，農地が住宅地や商業用地に変わったり，高速道路や鉄道が開通したり，道路の幅が広がったりする変化が見られる。商業用地は駅前に増え，住宅地は，駅からやや離れたところに増えるケースが多い。

⏎ 得点アップ

▶地形図で見る特徴的な地形

①扇状地…等高線は同心円状の扇形。中央部は，果樹園や桑畑などに利用。水無川となる場合がある。末端部は水田や集落が立地。

②三角州…河口付近に三角形のような形。土地が低くて平らなため，等高線はあまり見られない。水田に利用。

③河岸段丘…川岸に見られる階段状に高くなる土地。等高線が密なところ（がけ）と，まばらなところ（段丘面）が交互に現れる。

---

106 博物館

解説 地形図は，上が北，下が南，右が東，左が西を示す。従って，「東に進んだ」は，「右に進んだ」ということで，「北に進んだ」は，「上に進んだ」ということである。区役所は○で，水準点は・で表される。

---

107 ア

解説 写真の左側に山（昭和新山）が見え，ロープウェーも写っているので，アがあてはまる。

---

108 (1) 1 (km)
(2) 老人ホーム
(3) ア

解説 (1) 実際の距離は，（地図上の長さ）×（縮尺の分母）で計算する。4cm×25000＝100000cm＝1000m＝1kmとなる。

(2) 老人ホームは，建物と老人がよく使うつえを組み合わせた⌂で表す。

(3) ⅩとⅩの間に，周辺より標高が高い地点は2か所ある。等高線などから，北側の地点が南側の地点より高いので，アである。

---

11 日本の自然環境

109 (1) ① a…A：ウ，B：ケ
b…A：ア，B：カ
c…A：イ，B：ク
② X…エ　Y…ア
(2) ① エ　② ア

解説 (1) ②X．扇を開いた形に似ていることから，扇状地とよばれる。河川が山地から平地に出るところに，土砂が堆積してできた土地で，水はけがよく，桑畑や果樹園などに利用されている。Y．三角州は，河口付近に土砂が堆積してできた平地で，三角の形をしている場合が多いことから，三角州といわれる。

(2) Xは日本海側に位置する都市である。日本海側は，北西の季節風の影響で，冬は雪が降り，降水量が多めになる。

⏎ 得点アップ

▶日本の気候区分

①北海道の気候…冷帯の気候。冬が長く，寒さがきびしい。梅雨がなく降水量も少ない。

②太平洋側の気候…夏に雨が多く，冬は乾燥する。雨温図は山型。年間の降水量は南部で特に多い。中でも紀伊半島南部は，日本有数の多雨地域となっている。

③日本海側の気候…北西の季節風の影響で冬に雪が降る。雨温図の降水量はU字型。

④内陸（中央高地）の気候…夏と冬の気温の差が大きい。降水量は少なめ。

⑤瀬戸内の気候…年間を通じて雨が少ない。冬も温和。

⑥南西諸島の気候…冬でも気温が高い。年間を通じて雨が多い。亜熱帯の気候。

---

110 組み合わせ…ウ　経度…東経 135（度）

解説 図Ⅰは東北地方，図Ⅱは近畿地方から中部地方にかけて，図Ⅲは九州地方の地図である。越後山脈は，中部地方の新潟県と，関東地方の群馬県，東北地方の福島県との県境付近にのびる山脈である。種子島は屋久島の東どなりの島である。

⊅得点アップ

▶世界遺産条約

①目的…人類全体が共有すべき文化遺産・自然遺産を，世界遺産リストに登録し，その保護・保全をはかる。

②自然遺産登録地…白神山地，屋久島，知床，小笠原諸島，奄美大島・徳之島・沖縄島北部及び西表島(2024年現在)

③文化遺産登録地…法隆寺地域の仏教建造物，姫路城，古都京都の文化財，白川郷・五箇山の合掌造り集落，原爆ドーム，厳島神社，古都奈良の文化財，日光の社寺，琉球王国のグスク及び関連遺跡群，紀伊山地の霊場と参詣道，石見銀山遺跡とその文化的景観，平泉の文化遺産，富士山，富岡製糸場と絹産業遺産群，明治日本の産業革命遺産，ル・コルビュジエの建築作品(国立西洋美術館)，沖ノ島，長崎と天草地方の潜伏キリシタン関連遺産，百舌鳥・古市古墳群，北海道・北東北の縄文遺跡群，佐渡島(さど)の金山(2024年現在)

---

111 (1) イ

(2) 例季節風がさえぎられる

(3) エ

解説 (1) 夏のころ，東北地方の太平洋側に，寒流の親潮(千島海流)の上をやませとよばれる冷たい北東風が吹く。この風が長期間吹くと，気温が上がらず，東北地方の太平洋側を中心に，農作物の実りに影響をあたえる冷害がおこりやすくなる。

(2) 季節風は，中国山地や四国山地にぶつかって雨や雪を降らせるため，山を越えて瀬戸内海沿岸に吹きこむ季節風は乾いた風となり，瀬戸内海沿岸に雨の少ない気候をもたらす。

(3) 親潮(千島海流)は，東日本の太平洋岸を南に向かって流れる寒流である。

---

112 (1) ① イ ② 大陸棚

(2) ① イ ② エ

(3) 野島断層

(4) リアス海岸

(5) ウ

解説 (2) ①海嶺は，海底にある山脈状の高まりのことである。海洋プレートが他のプレートと衝突

し，沈み込む場所を海溝という。

(3) 野島断層は，淡路島北部にのびる活断層で，1995年1月17日にマグニチュード7.3の直下型の阪神・淡路大震災を引き起こした。

(4) リアス海岸は，山地に海水が入りこんでできた，出入りの複雑な地形の海岸である。

(5) 津波は，主に地震や海底火山の噴火などによっておきる連続した大きな波である。地震や火山の活動が活発な環太平洋地域で多数発生する。「ツナミ(Tsunami)」は国際的な科学用語として通用している。台風などによって起こる高潮とは異なる。

---

113 (1) X…エ Y…ウ Z…ア

(2) A…オ B…キ C…ウ D…エ
E…イ F…ク

(3) エ

解説 (1)・(3) 全国各地の富士と名のつく山のことを郷土富士という。多くは，その姿が富士山に似ているか，何らかの関係がある山，または，その地の代表的な山をさしていわれる。必ずしも富士山と同じ成層火山というわけではなく，火山でないものも存在する。

(2) Aは蝦夷富士(羊蹄山)，Bは津軽富士(岩木山)，Cは榛名富士(榛名山)，Dは近江富士(三上山)，Eは讃岐富士(飯野山)，Fは豊後富士(由布岳)。

---

114 1…サ

2…シ

3…エ

4…カ

5…イ

6…ア

解説 扇状地は上流に多く，堆積する土砂は粒が大きく，水はけがよい。三角州は河口にできるため，粒は細かく，水もちがよく，水田などに利用される。

---

115 (1) オ

(2) 例偏西風の影響を受けるため。

解説 (1) ハザードマップは，自然災害による被害を予測し，その被害範囲を地図化したものである。予測される災害の発生地点，被害の拡大範囲，被害程度，避難経路・場所などの情報が示されている。

(2) 中緯度地方を，年間を通して西から東に偏西風が吹いている。日本の上空も偏西風が吹いているため，日本の天気は，一般に西から東へと変わる。

12 日本の人口

116〉 府庁または県庁所在地…大津市
　　　記号…エ

解説 府庁または県庁所在地：図を見ると，近畿地方で65歳以上の人口の割合が最も少ないのは唯一24〜27%の滋賀県で，県庁所在地は大津市。記号：図を見ると，高知県は4府県の中で最も65歳以上の人口の割合が高いので，エとわかる。

117〉例 東京23区に周辺の地域から通勤・通学する人が多く，その中で鉄道を利用する人の割合が高いから。

解説 資料Ⅰを見ると，東京都の周辺の県や，23区以外の東京都からの通勤・通学者が多くいること，全国平均に比べて鉄道の利用率が高いことがわかる。

118〉 エ

解説 第1次産業は農業・林業・漁業，第2次産業は鉱業・製造業・建設業，第3次産業はそれ以外の商業・金融・保険業・情報通信業サービス業・公務などである。日本では第1次産業の割合は減少し，第3次産業の割合は増加している。

119〉(1) オ
　　　(2) 例 郊外からの通勤・通学による交通渋滞。
　　　(3) 例 市町村合併が行われたため，市町村数が減少し，人口規模の比較的大きい市町村の割合が増加した。

解説 (1) 人口密度は，（人口）÷（面積：単位はkm²）で計算する。宮崎県は，1080000÷7735＝139.6…となるので，十の位までのがい数にすると，一の位を四捨五入して，140人／km²になる。●は，140÷10＝14となるので，14個である。

(2) 大都市の中心部には，企業や商店，役所，学校などが多く，周辺から通勤・通学者や買い物客が集まる。

(3) 資料Ⅰから，2004年以降，市町村の数が急激に減少したことが読み取れる。資料Ⅱからは，人口の少ない市町村の割合が減少し，人口の多い市町村の割合が増加したことが読み取れる。

120〉(1) オ
　　　(2) エ

解説 (1) 発展途上国から先進国になるにつれ，年少者の占める割合が小さくなり，高齢者の占める割合が大きくなる。人口ピラミッドは，富士山型→つりがね型→つぼ型へと変わっていく傾向にある。

(2) 外国人の雇用については，不法滞在，言葉，治安の問題などから，慎重に行われている。

121〉(1) ア
　　　(2) 地方中枢都市〔広域中心都市〕
　　　(3) ウ
　　　(4) ドーナツ化現象

解説 (1) 東京，大阪，名古屋の三大都市50キロ圏の人口割合は，約47%（2019年）である。

(2) 各地方の政治・経済・文化の中心都市を地方中枢都市あるいは広域中心都市という。

(3) 人口密度は，（人口）÷（面積：単位はkm²）で計算する。日本の人口密度は，位を万にそろえて計算すると，12751÷38＝335.5…となるので，最も近いウを選ぶ。

(4) 中心部の人口が減少し，その周辺部の人口が増加するようすを，中が空どうで周辺がふくらんでいるドーナツの形に見立てて，ドーナツ化現象とよんでいる。近年，地価の下落により，中心部でも人口が増加している地区が見られるようになった。

122〉(1) ア
　　　(2) エ
　　　(3) エ

解説 (1) 左側の三角グラフの1950年の点の位置から，各次産業の目盛りの点線をたどって，占める割合を読み取る。第1次産業は50%，第2次産業は20%，第3次産業は30%の点線に近いと

ころにある。

(2) エ．第2次産業の割合は，右上がりの点線から読み取る。右下に位置するほど高い数値になる。中国が30%の点線近くで，最も高い数値である。

(3) 沖縄は他県から遠く海に囲まれているため，昼夜間の人口移動はきわめて少なく，昼夜間人口比率が100.0%のエだと判断する。

---

123 (1) ウ
    (2) エ
    (3) イ

解説 (1) ウ．転入者数－転出者数で求める社会増加数は，東京都が75,498人，千葉県が16,203人，埼玉県が14,923人，愛知県が4,839人，沖縄県が－1,112人となるので，東京都が最も多い。

(2) Eは，昼夜間人口比率が最も低く，流出人口が多いことに着目する。埼玉県は，東京都への昼間人口移動が多くなる。Aは東京都，Bは愛知県，Cは沖縄県，Dは千葉県があてはまる。

---

13 日本の資源・エネルギーと産業

124 (1) イ
    (2) 例 発電に使う原料の輸入がしやすいので，沿岸部（に立地している。）

解説 (1) アは水力発電がさかんなカナダ，ウは国内で石炭や石油がとれて火力発電がさかんな中国，エは原子力発電が中心となるフランスである。

(2) 火力発電は，石油や石炭，液化天然ガスなどを燃料とする。火力発電所は，燃料の輸入に依存する日本では，輸入に有利な港湾周辺の臨海部に建設されている。

---

125 (1) 太平洋ベルト
    (2) エ
    (3) ウ

解説 (1) 関東地方南部から九州地方北部にかけて，帯状に連なる工業のさかんな地域を，ベルトのように伸びていることから，太平洋ベルトという。

(2) IC（集積回路）は軽量で高価な製品であるから，航空機で輸送しても採算がとれるため，工場が地

方の空港周辺や高速道路沿いにも建設されている。アの石油化学やイの鉄鋼は，その原材料を海外からの輸入に依存しているので，臨海部に立地する。

(3) 日本は重化学工業が発達していて，なかでも自動車や電気製品，電子機器などの機械工業がさかんである。

ⓐ 得点アップ

▶**日本のIC（集積回路）の生産地**

①立地…ICは高価で軽量なため，航空機や高速道路での輸送が可能→空港や高速道路の周辺に工場が立地している。

②シリコンアイランド…1970年ごろから大分，熊本，宮崎などの空港周辺に，ICなどの電子部品工場が集中。九州はシリコンアイランドとよばれるようになった。

③シリコンロード…東北地方では1980年ごろから高速道路や空港の整備にともない，内陸部，特に東北自動車道沿いに，ICなどの電子部品工場が集中。東北地方はシリコンロードとよばれるようになった。

---

126 A…ⓘ   B…ⓤ   C…ⓐ   D…ⓔ

解説 Aはかき類の収穫量が多いのでⓘの広島県。B・Cはともにみかんの生産量が多いが，うめの生産量も多いCがⓐの和歌山県，うめの生産量の統計はないBがⓤの愛媛県。Dは肉用牛の飼育頭数が多いのでⓔの鹿児島県。

---

127 (1) 焼津(港)
    (2) 遠洋漁業

解説 (1) 焼津港は静岡県にある，水あげ量が日本有数の漁港である。古くから遠洋漁業の基地となっている。

(2) 遠洋漁業は，一般に200海里水域外および他国の沖合で大型の漁船による数か月，ときには1年以上にわたる航海によって行われる漁業である。漁業生産量は1977年の200海里規制以前は300万tを超えていたが，以降減少を続けており，近年は100万tに達していない。1973年に石油危機がおこり，原油の値段が大幅に上がったことや，1970年代後半以降，各国が200海里水域を設定して漁獲制限を行うようになったことなどが影響している。

128 (1) エ
(2) 例宮崎県は，福島県に比べ，冬でも温暖である。そのため，宮崎県では，ビニールハウスを暖める暖房費を抑えながら，冬にきゅうりを生産することができるから。

解説 (1) ア．日本の耕地 1ha あたりの農業生産額はフランスよりも多い。イ．農業従事者 1 人あたりの耕地面積は日本と中国はほぼ同じだが，耕地 1ha あたりの農業生産額は日本が中国を大きく上回っている。ウ．どちらもオーストラリアより多い。
(2) 図 1 から，冬はきゅうりの平均価格が高く，宮崎県が多く出荷していること，図 2 から，宮崎県は冬でも温暖で，ビニールハウスでの栽培で暖房費を比較的抑えることができることが読み取れる。

129 (1) ① 三陸(海岸)   ② 栽培(漁業)
③ 例暖流と寒流がぶつかる[大陸棚となっている](10 字[9 字])
④ イ
(2) A…オ   B…ア   C…ウ
(3) 第 1 次産業…ア
第 2 次産業…ウ，エ
第 3 次産業…イ，オ

解説 (1) ① 三陸海岸は，若狭湾や志摩半島の海岸などと同じようにリアス海岸となっていて，天然の良港が発達し，古くから漁業がさかんである。
② 栽培漁業は，人工ふ化させた稚魚を，ある程度成長させてから放流し，自然の海の中で成長したものをとる漁業である。
③ 暖流と寒流が接する潮目(潮境)には，プランクトンが多く，好漁場となる。
④ 折れ線グラフのアは沖合漁業，イは遠洋漁業，ウは沿岸漁業，エは海面養殖業である。
(3) 第 1 次産業は農業・林業・漁業，第 2 次産業は鉱業・製造業・建設業，第 3 次産業はそれ以外の商業・金融・保険業・情報通信業・サービス業など。

130 (1) 例燃料の輸入に有利な臨海部であること。
例工業がさかんな地域であること。
(2) 発電…地熱   記号…ウ

解説 (1) 火力発電は，石炭や石油，天然ガスを燃料とするが，そのほとんどを輸入している。
(2) 地熱発電は，地下の高温・高圧の水蒸気を利用して蒸気タービンを回転させて発電する方法で，地熱発電所は火山の近くに立地する。アは原子力発電所，イは水力発電所，エは風力発電所，オは火力発電所である。

131 (1) ア
(2) c…エ   e…イ   f…ア

解説 (1) あの北九州市があることに着目する。八幡製鉄所が 1901 年に操業を開始し，北九州工業地帯(地域)が発展する基盤となったことを考える。
(2) アは「印刷業」などから京浜工業地帯，イは「楽器・オートバイ」などから浜松市のある東海工業地域，ウは「全国で最も多くの工業出荷額をあげている」などから中京工業地帯，エは「近年中小企業の技術力を集めた人工衛星の開発」などから阪神工業地帯，オは「水運の便が良いことから石油化学工業や鉄鋼業がさかん」などから瀬戸内工業地域，カは「かつてさかんであった鉄鋼業」などから北九州工業地帯(地域)である。

🔼 得点アップ

▶日本の工業地帯・工業地域
①四大工業地帯…出荷額は，中京，阪神，京浜，北九州の順(2017 年)。近年，自動車などの機械工業のさかんな中京がのび，京浜の低下が目立つ。北九州工業地帯は，北九州工業地域ともよばれる。北九州が衰えたことにより，四大工業地帯は，三大工業地帯とよばれるようになった。
②その他の工業地域…北関東(関東内陸)，京葉工業地域は，京浜工業地帯の延長。内陸の北関東は機械工業が，臨海部の京葉は石油化学工業や鉄鋼業がさかん。新潟・石川・富山・福井県には北陸工業地域。

14 日本の貿易・交通・通信

132 (1) エ

(2) 例全国の空港に比べ，<u>アジア</u>の国や地域から訪れる人の割合が大きく，中でも国際線で結ばれた国や地域からの割合が大きい。(56字)

解説 (1) aは上位3品目ともに自動車関連なので，自動車工業が日本一さかんな愛知県にある名古屋港。cは上位3品目ともに航空輸送でも採算がとれる軽量で高価なものなので成田国際空港，dは上位3品目ともに化学工業と鉄鋼業の製品なので，これらがさかんな京葉工業地域にある千葉港。残りのbが博多港。

(2) 資料Ⅱから，全国の空港（平均値）に比べ，鹿児島空港は香港から，熊本空港は韓国からの入国者の割合が際立って多いこと，資料Ⅲから，両空港にはアジアの空港と結ばれていることが読み取れる。

133 (1) 記号…X

理由…例高価で小型（軽量）な製品の輸出が多いから。

(2) ① イ，オ

② X…加工　Y…アジア

解説 (1) 航空機では，軽量で高価なものや新鮮さが要求されるものを運ぶ。

(2) ①ア．2019年の自動車の輸出額は約120千億円なので，1960年の輸出総額より多い。ウ．2019年の輸入総額が1960年に比べて増加しているので，石油の輸入額は増えている。エ．機械類の輸入額は，1960年は約1千億円，2019年は約196千億円，輸出額は1960年は約2千億円，2019年は約283千億円で，いずれの年も輸出額の方が輸入額より多い。

②資源にとぼしい日本は，工業原料や燃料を輸入し，それを利用して工業製品に加工し，輸出して発展してきた。このような貿易を加工貿易という。

得点アップ

▶日本の主な貿易品

①戦前

【輸入品】綿花や羊毛などの繊維原料が第1位。

【輸出品】綿織物や衣類などの繊維製品が第1位。軽工業の繊維工業が中心であったことを反映。

②現在

【輸入品】機械類，原油が上位。工業製品の輸入は，東アジアや東南アジアが中心。

【輸出品】機械類，自動車が上位。大部分が重化学工業製品。

134 (1) 1…貿易摩擦　2…マスメディア

(2) 加工貿易

(3) 例相手国の生産量が減り，企業の倒産や失業者の増加などをまねく。

(4) 名称…世界貿易機関　略称…WTO

(5) インターネット　(6) ア

解説 (1) 2．マスコミュニケーションの媒体となる新聞やラジオ，テレビなどをマスメディアという。

(2) 資源のとぼしい日本は，加工貿易により発展してきた。近年は機械類の輸入が増え，この貿易の型が崩れてきている。

(3) 日本の工業製品が多数出回り，自国の工業製品を圧迫し，倒産に追いこまれる企業や，職を失う労働者も出てきたため，アメリカ合衆国では大きな社会問題となった。これに対し，日本は輸出の自主規制をしたり，農産物の輸入の自由化を進めたり，アメリカ合衆国に工場をつくって地元の人を雇ったりして対応してきた。

(4) 世界貿易機関（WTO）は，GATT を発展的に吸収して設立された国際機関で，世界貿易の自由化，貿易ルールの確立などを進める。

(5) インターネットは，世界中のコンピューターを結んだネットワークのことで，文字，音声，画像，映像などの情報をやりとりすることができる。最近では，インターネットで買い物をするネットショッピングや，銀行の預金残高を照会するなどのネットバンキングなどの利用が増えている。

(6) 電子部品や精密機器が上位にあるので空港である。輸出入第1位とあるから，関西国際空港ではなく成田国際空港である。

135 エ

解説 図1の A はしまなみ海道，B は瀬戸大橋，C は明石海峡大橋，D は大鳴門橋である。表1から，2000年と2016年を比べると，明石海峡大橋の通行台数は約427万台増加していること，表2を見ると，徳島県・兵庫県発着の乗合バス旅客輸送人員も94千人増加していることが読み取れる。

136 (1) ア
(2) C

解説 (1) 名古屋と神戸を結ぶ高速道路であるから，名神高速道路と名づけられた。
(2) 新大阪は大阪府，新神戸から相生までは兵庫県，岡山から新倉敷までは岡山県，福山から広島までは広島県，新岩国から新下関までは山口県，小倉から博多までは福岡県である。

137 (1) ウ
(2) 例 賃金が低い中国をはじめとしたアジア諸国で生産された機械類や衣類などの輸入が増加した。そのため，輸入先では北アメリカの割合が減少し，アジアの割合が大きく増えた。（79字）
(3) 例 日本とアメリカ合衆国の貿易では，日本の輸出が，輸入を大きく上回ったために貿易摩擦という問題が起き，アメリカ合衆国での自動車の現地生産が多くなり，輸出台数が減少した。

解説 (1) C は近年大幅な増加を示しており，「爆買い」とよばれた旅行客による家電製品などの大量購入が話題となった中国。博多－プサン間にフェリーの定期便があることなどから，次に多い A が韓国。
(2) 日本の企業が生産の拠点を，賃金の安い中国や東南アジアに移したことで，逆輸入する工業製品が増えた。
(3) 日本とアメリカ合衆国の間で起きた貿易の問題とは，日本のアメリカ合衆国への輸出額がアメリカ合衆国からの輸入額を大きく上回ったことで生じた貿易摩擦である。

15 九州地方

138 (1) ウ
(2) イ
(3) イ

解説 (1) 吉野川は四国地方の徳島県などを流れる河川である。筑紫山地は，福岡県，佐賀県にのびる山地である。筑紫平野は，福岡県南部から佐賀県南東部に広がる平野である。
(2) 阿蘇山は，日本最大級のカルデラで知られている火山で，熊本県北東部にある。
(3) 野菜の促成栽培は高知平野でもさかんである。

139 (1) ① 福岡(市) ② エ
(2) ① リアス海岸 ② 過疎地域
(3) ウ

解説 (1) ①博多港は，福岡空港とならび，九州地方の貿易や人の出入国の拠点となっている。
②志賀島は博多湾(福岡県)にある。アは熊本県，イは長崎県，ウは鹿児島県である。
(2) ①リアス海岸は，三陸海岸や若狭湾，志摩半島などにも見られる。
②過疎地域では，人口の減少が利用者の減少を引き起こし，鉄道やバス路線の廃止，医療施設の閉鎖などの問題が生じている。
(3) C県は野菜の促成栽培がさかんで，ピーマンの出荷量は全国一である。アは，牛肉の生産量が多いので，鹿児島県。イは，漁獲量が多いので，長崎県。エは筑紫平野で稲作がさかんな福岡県である。

140 (1) 例 台風などの強い風から家を守るため。
(2) A…福岡(県) B…長崎(県)
(3) 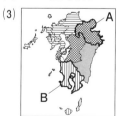 エ

解説 (1) 夏に台風がひんぱんに接近したり通過したりするため，家のつくりを低くし，家のまわりを石垣で囲い，屋根には重量のある瓦を敷きつめてしっくいで止めるなど，台風に備えている。

(2) 九州地方北部は，いちごの産地となっている。

(3) ア．木材生産額は，福岡県よりも佐賀県や長崎県の方が低い。イ．林業就業者割合は，佐賀県は大分県の約3分の1である。ウ．熊本県の森林面積は宮崎県の2分の1以上である。

141 (1) 黒潮[日本海流]
(2) エ
(3) 囫 地元のものを地元で消費することで，輸送する距離が短く，輸送のときに出る二酸化炭素の量を減らすことができ，環境によい。
(4) ウ

解説 (1) 黒潮(日本海流)は，日本列島沖の太平洋を北上する暖流で，宮崎県の沖合を流れている。

(2) アは野菜，イは漁業，ウは果実である。

(3) 外国から輸入したり，国内の他の地域から食料を運んだりすると，その輸送機関が排出する二酸化炭素の排出量が多くなる。地元で生産された食料を消費すると，その輸送距離は短くなり，二酸化炭素の排出量もおさえられる。

(4) シラス台地は，シラスとよばれる火山噴出物が積もってできた台地で，九州南部に広がっている。

142 (1) あ 名称…太宰府市　番号…①
(い) 名称…吉野ヶ里遺跡　番号…②
(2) あ 名称…筑後川　記号…B
(い) 名称…遠賀川　記号…A
(3) X…熊本(県)　Y…鹿児島(県)
Z…宮崎(県)

解説 (1) あ この役所は大宰府である。大宰府は九州地方の政治や外交・防衛にあたった役所である。
(い) 吉野ヶ里遺跡は，佐賀県で発掘された弥生時代の大規模な集落の遺跡である。

(3) X．米とみかんが最も多いので，熊本県。Y．肉用牛が最も多いので，鹿児島県。Z．鹿児島県の次に肉用牛が多いので，宮崎県。

143 (1) 尖閣諸島
(2) 促成栽培

解説 (1) 尖閣諸島は1895年に日本の領土であることが告示され，中国も異議を唱えなかったが，周辺に石油が埋蔵されている可能性が指摘され，1970年代から中国が領有権を主張するようになった。

(2) 宮崎平野や高知平野では，温暖な気候を生かしてビニールハウスで野菜の生長を早めて出荷する促成栽培がさかん。市場で品薄の時期に出荷するため高値で取り引きできる利点がある。

144 (1) プサン[釜山]
(2) エ
(3) ウ

解説 (1) ソウルに次ぐ大都市で，韓国最大の貿易港を持ち，工業都市として発展している。下関や福岡との間で，フェリーや高速船が運航されている。

(2) Yは鹿児島県である。桜島は南端ではなく，鹿児島湾(錦江湾)内にある。

(3) アは山形県の花笠まつり，イは徳島県の阿波踊り，ウは沖縄県のエイサー，エは京都府の祇園祭。

145 (1) ① ウ　② ウ　③ エ
(2) エ

解説 (1) ① ア．人口増減のマイナス領域に分布する市町村が多い。イ．「高齢化社会」と「高齢社会」の違いに気をつける。65歳以上の高齢者の総人口に占める割合が7%を超えた社会を高齢化社会，14%を超えた社会を高齢社会という。熊本県は，いずれの市町村も14%を超えている。なお，21%を超えると「超高齢社会」とよばれる。エ．郡部(町村)と市部が入り交じっている。
② 中国山地が走る島根県でも過疎化が深刻な問題となっている。
③ 人口が増加し，若い世帯も入ってくるのでエ。

(2) 津波は地震や火山の噴火などで発生し，高潮は台風や発達した低気圧が通過するときに起こる。

146 福岡県…カ　佐賀県…ア　大分県…オ

解説 イは熊本県，ウは鹿児島県，エは宮崎県。

16 中国・四国地方

147 ア，オ

解説 イ．山陰には新幹線は通っていない。ウ．冬に吹く季節風は，「北西の季節風」である。エ．中国地方の臨海工業地域は瀬戸内海沿岸に見られる。カ．日本海流も千島海流も太平洋側を流れる。

148 (1) 中国山地
(2) ウ
(3) ① E　② 500(m)　③ エ

解説 (1) 中国地方を東西に連なる山地は中国山地。
(2) 年間の降水量が少ないあは，瀬戸内の気候に属するDの岡山市。冬の降水量が多いいは，日本海側の気候に属するBの鳥取市。夏の降水量が多いうは，太平洋側の気候に属するFの高知市。
(3) ①「松山城跡」があるので松山市とわかる。地図ⅡのEの愛媛県の県庁所在地である。②実際の距離は「地形図上の長さ×縮尺の分母」で求められる。2cm×25000＝50000cm＝500m。③2万5千分の1の地形図では，50mごとに計曲線，10mごとに主曲線が引かれる。地点Nは50mの計曲線から3つ目の主曲線上にあるので，標高80mである。

149 (1) エ　　(2) イ

解説 (1) 太平洋側を暖流の黒潮(日本海流)と親潮(千島海流)が流れ，日本海側を暖流の対馬海流と寒流のリマン海流が流れる。
(2) Xの海岸沿いには鳥取砂丘が広がっている。讃岐平野は香川県である。香川県と岡山県をつなぐのは瀬戸大橋である。

150 (1) 松江(市)
(2) ウ
(3) エ

解説 (1) 石見銀山は，島根県大田市にある，戦国時代後期から江戸時代前期にかけて最盛期をむかえた日本最大の銀山(現在は閉山)である。当時，世界の銀の3割を産出したと推定されている。なお，シルエットのAは広島県，Bは岡山県，Cは島根県，Dは山口県，Eは鳥取県である。
(2) 広島県には地方中枢都市の広島市があり，中国地方の中核をなす。製造品出荷額も商品販売額も多いウと判断する。
(3) アは米とかに類が多いので兵庫県。イは米が最も多いので新潟県。ウは日本なしが最も多いので千葉県。エは日本なしとかに類が多いので鳥取県。

151 エ

解説 ア．夏の降水量が多い→太平洋側のA。イ．冬の気温が低い→D。ウ．冬の降水量が多い→日本海側のC。エ．温和で降水量が少ない→瀬戸内のB。

152 (1) ア
(2) 赤潮
(3) カルスト
(4) リアス海岸
(5) エ
(6) 促成栽培
(7) C，E
(8) C

解説 (1) 日本海側は，北西の季節風の影響で冬の降水量が多くなる。太平洋側は，南東の季節風の影響で夏の降水量が多くなる。その間の瀬戸内海沿岸は降水量が少なく，干害が発生することもある。
(2) 瀬戸内海では，夏，海水の温度が高くなると，海水が一面に赤くなったり，褐色になったりすることがある。この現象を赤潮といい，海水のよごれや栄養分が多くなることなどが原因で，ある種類のプランクトンが異常に発生して引き起こされる。
(3) カルストは，石灰岩などの水に溶けやすい岩石で構成された大地が，雨水や地表水，地下水などによって侵食されてできた地形である。地下には鍾乳洞などの地形が形成される。
(4) リアス海岸は，山地の谷に海水が入りこんでできた出入りの複雑な地形の海岸である。三陸海岸や志摩半島，若狭湾，長崎県西部の海岸などにも見られる。
(6) F県の高知平野では，冬の温和な気候を利用して，夏野菜のなすやピーマン，トマトなどを，冬

から春にかけて栽培し，早く出荷している。

(7) 瀬戸大橋でつながるルートを，児島－坂出ルー
トという。岡山県と香川県を結んでいる。

(8) 岡山県南が1964年に新産業都市に指定された。
この地域にある倉敷市水島地区には，石油化学
コンビナートや鉄鋼コンビナートが建設され，瀬戸
内工業地域を代表する工業地域となった。

---

153 (1) ① エ　② ウ　　(2) ア
　　　(3) 1…ビニールハウス[温室]
　　　　　 2…早める
　　　(4) ア　　(5) ア

解説 (1) ①高知県は，太平洋ベルトからはなれ，
また，主要な幹線道路もないため，工場の進出が
進んでおらず，製造品出荷額は少ない。

(2) ア．フォッサマグナは，地質構造上の大きな溝
のことで，その西縁は，本州の糸魚川(新潟県)か
ら諏訪湖(長野県)などをへて静岡へいたっている。

(3) これとは反対に，出荷時期を遅らす栽培方法を
抑制栽培という。

(4) 高知県は，海沿いに高知平野などのわずかな平
野が広がるだけで，多くの土地が山域にあり，森
林となっている。

⊅ 得点アップ

▶中国・四国地方の気候と農業

①山陰(日本海側)…冬に北西の季節風の影響で，
雪や雨が多い。鳥取砂丘で，かんがいによる
畑作→すいか，らっきょう，ながいもなど。
鳥取県のなし。

②瀬戸内…冬の季節風や夏の季節風が山地を越
えるとき，雪や雨を降らせるため，乾いた風
となって吹きこむ。年間を通して降水量が少
ない→しばしば干害が発生。愛媛県のみかん
は全国有数。岡山平野でぶどうやもも。讃岐
平野には香川用水。

③南四国(太平洋側)…夏に南東の季節風の影響
で降水量が多い。高知平野では，冬の温和な
気候を利用し，野菜の促成栽培がさかん。

---

154 (1) ① イ
　　　② 例 本州四国連絡橋の開通により，
　　　　　 大阪から徳島県と香川県への移動

手段としてその利用が増えたから。

(2) ① ア
　　② 例 本州四国連絡橋の開通により，
　　　 利便性が増したから。

(3) ア　　(4) ウ，オ

解説 (1) ①航空機は，遠い距離を結ぶ交通機関と
して有効である。

(2) ①年間における気温差が大きくなるのは内陸で
ある。香川県は瀬戸内海に面している。

(3) 青森市で行われるねぶた祭，秋田市で行われる
竿燈まつり，仙台市で行われる七夕まつり，山形
市で行われる花笠まつりが東北四大祭りである。

(4) ウ．日本では，どの県においても第1次産業人
口は他の産業別人口より低い。オ．昼間人口は，
1日の中での他県との人口移動があるときに増減
する。高知県は山域が多く，移動はそう容易では
ないので，昼間人口の値は低くないと考えられる。

---

17 近畿地方

---

155 (1) ① 琵琶湖
　　　② 例 家庭からの排水の流入が増え
　　　　　 たから。
　　　(2) エ
　　　(3) ① 大阪府　② ア

解説 (1) Ｘ県は滋賀県である。琵琶湖は，「京阪
神の水がめ」として，京阪神地方の生活用水，工
業用水，農業用水に利用されている。水質を守る
ため，滋賀県では，県の条例によってりんを含ん
だ合成洗剤の使用が禁止されている。

(2) Ｙ県は三重県である。東海にあたる地域は，静
岡県，愛知県，岐阜県(南部)，三重県である。

(3) ①Ｂは，府県庁所在地人口が多いことや農業生
産額が少ないことなどから，大阪府と判断する。
　　②表のＡは京都府，Ｂは大阪府，Ｃは兵庫県，
Ｄは奈良県である。また，イは兵庫県，ウは大阪
府，エは京都府である。

---

156 (1) ① エ　② 過疎地域
　　　(2) ① イ

② 生産者…例農産物に対する消費
　　者の信頼を得ることが
　　できる。
　　消費者…例農産物の生産過程が
　　確認でき，安心して購
　　入できる。
(3) ラムサール条約

解説 (1) ①断面図中央の標高が高い部分は，紀伊山地である。ウは紀伊山地を通っていない。アとイは，矢印の始まりが標高の低い大阪を通り，距離が短いので，断面図にはあてはまらない。
②過疎とは逆に，人口が特定の都市や地域に集中することを，過密という。

(2) ①Cは，和歌山県や愛媛県，静岡県が入っているので，みかん。Aは，山梨県や福島県が入っているので，もも。うめは，「紀州梅」で知られる和歌山県の特産品で，割合が最も高いDである。残ったBがかきである。

(3) ラムサール条約は1971年に結ばれたもので，水鳥の生息地として重要な湿地と，その動植物の保全を目的としている。

⊘ 得点アップ

▶ラムサール条約
①正式名称…特に水鳥の生息地として国際的に重要な湿地に関する条約
②目的…水鳥の生息する湿原を保護する。
③登録地…釧路湿原(北海道)，伊豆沼・内沼(宮城県)，尾瀬(群馬県など)，谷津干潟(千葉県)，佐潟(新潟県)，藤前干潟(愛知県)，琵琶湖(滋賀県)，宍道湖(島根県)，秋吉台地下水系(山口県)，屋久島永田浜(鹿児島県)，漫湖(沖縄県)など53か所(2021年現在)。

---

157 (1) 例出入りが多く複雑な海岸線である。
(2) ア
(3) 日本(海流)
(4) 記号…ⓘ　県名…三重(県)
(5) ウ

解説 (1) 地図中の区域は若狭湾。リアス海岸は，スペイン北西岸で，このような海岸を「リア」とよぶのにちなんだ名称。

---

(2) 経線は，南北にのびる線である。日本の北にロシア，南にオーストラリアがある。

(3) 日本列島沖の太平洋を南下する親潮(千島海流)と混同しないこと。

(4) bは湖沼・河川の面積が広いので滋賀県，cは海面漁業生産量がないので内陸の奈良県，dは工業製品出荷額が多いので兵庫県である。

(5) 日本の産業別人口の割合は，第1次産業＜第2次産業＜第3次産業となる。

---

158 (1) 大阪府，京都府
(2) ウ
(3) b

解説 (1) 昼間の人口が夜間の人口より多い場合，昼夜間人口比率は100より多くなる。昼間の人口と夜間の人口が同じである場合，昼夜間人口比率は100となる。この2つのいずれかにあてはまるのは，図の凡例から，大阪府と京都府である。

(2) ア. 人口密度が最も低いのは和歌山県で，製造品出荷額が最も少ないのは奈良県である。イ. 人口密度が最も低い和歌山県の昼夜間人口比率は95～100%未満。エ. 製造品出荷額が最も多いのはaで，昼夜間人口比率が最も低いのは奈良県である。

(3) 人口密度が最も高く，製造品出荷額が最も多いaは大阪府である。製造品出荷額が2番目に多いbは，大阪府とともに阪神工業地帯を形成する兵庫県である。中京工業地帯を形成する三重県はdで，残るcは京都府である。

---

159 (1) イ　　(2) エ

解説 (1) 豊岡は日本海側の気候，潮岬は太平洋側の気候，神戸は瀬戸内の気候である。

(2) 日本は，オーストラリアやサウジアラビアなどから資源を多く輸入している。

---

160 (1) ① ウ　② ウ
(2) イ
(3) X…神奈川県　Y…香川県
(4) イ
(5) ① 貿易摩擦　② 円高　③ 空洞化

解説 (1) ②日本列島の長さが約3,000kmあり，大阪は，そのほぼ中央に位置する。

(2) 大阪には，戦前から韓国・朝鮮系の人々が多く

住んでおり，最近は中国系が増えてきた。日本全体では，中国(27.3％)，韓国(15.1％)，ベトナム(14.6％)の順(2020年6月末)である。

(4) ア．大阪市とその周辺が上位→人口密度。イ．中小工場の多い東大阪市周辺が上位→金属製品工業の人口1万人あたり工場数。エ．大阪府南部が上位。→繊維産業の人口1万人あたり工場数。残るウが人口増加率。

(5) ②円高は円の価値が高まること。例えば，1ドル＝100円が1ドル＝90円になる状況のことである。この場合，海外に100ドルで輸出した商品は，1万円から9,000円となり，1,000円売り上げが減少する。よって円高は輸出産業には不利である。

---

161 (1) ⓐ 若狭(湾)　ⓘ 紀伊(山地)
　　　ⓤ 志摩(半島)
(2) エ
(3) エ
(4) ウ
(5) 3
(6) 記号…A
　　理由…例 舞鶴は日本海側に位置し，冬の降水量が多いため。

解説 (1) ⓐ福井県南西部は若狭国だったので若狭湾という。ⓘ和歌山県は紀伊国だったので，半島は紀伊半島，横断する山地は紀伊山地。ⓤ三重県の半島部は志摩国だったので志摩半島という。

(2) 志摩半島・若狭湾とともにリアス海岸。水深が深い天然の良港だが，山地で工業都市にはなりにくい。

(3) Dは奈良県。大阪市や京都市への通勤・通学者が多いため，昼夜間人口比率が最も低いエ。

(4) Bは京都府。表2で人口増加率が唯一プラスのアは住宅地の開発が進む滋賀県，最も減っているエは奈良県で，残るイ・ウのうち，製造品出荷額の多いイが兵庫県，残るウが京都府である。

(5) 三重県の津市，滋賀県の大津市，兵庫県の神戸市が県名と県庁所在地名が異なる。

(6) 日本海の沿岸に位置する京都府舞鶴市は日本海側の気候なので，冬の降水量が多いAと判断できる。

---

18 中部地方

162 (1) エ
(2) カ
(3)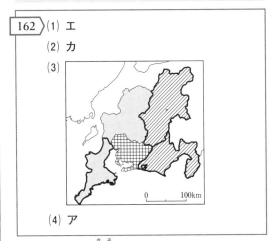
(4) ア

解説 (1) bの木曽山脈の西にaの木曽川が，東にcの天竜川がある。天竜川の東が，赤石山脈。

(2) 日本海側に位置する北陸地方は，冬の降水量が多くなる。内陸に位置する中央高地は，気温の年較差が大きく，年間降水量が少なめになる。

(3) A．輸送用機械器具出荷額が多いので静岡県。D．石油製品・石炭製品出荷額が多いので三重県。略地図より，岐阜県は常住人口が昼間人口を1万人以上上回っているのでC。残るBが長野県。

(4) 表中のCとDの流出人口は，Cが，2032－1953＝79(千人)で，Dが，1816－1785＝31(千人)だから，合計は110(千人)となる。愛知県に昼間に流入する人口は，7586－7483＝103(千人)である。愛知県に昼間流入する人口がC・Dから流出する人口に占める割合は，103(千人)÷110(千人)×100＝93.6…より，およそ94％となる。

---

163 イ

解説 一般に，大都市部ほど第3次産業の割合が高くなる。

---

164 (1) カ
(2) ア
(3) ① イ　② ウ

解説 (1) 1月でも比較的温暖で降水量が少ないAは太平洋側の気候の名古屋。冬に寒冷で，1月も8月も比較的降水量が少ないBは内陸の気候の松本。1月の降水量が多いCは日本海側の気候の福井。

(2) 多くが関東平野のため山地面積が最もせまく，近郊農業がさかんで野菜産出額が最も多いアが茨城県。

(3) ①「始めはゆるやか」なので等高線の間隔が広く，「途中から急な登り」なので等高線の間隔がせまくなる。これにあてはまるのは**イ**。
　　②2万5千分の1の地図では50mごとに計曲線，10mごとに主曲線が引かれる。計曲線上にある地点Yから3つ目の計曲線上に地点Xがあるので標高差は約150m。

165 〉(1) **イタイイタイ病**

(2) **ア**

(3) 例 **大型ショッピングセンターが出店する前の売上高の資料も入手しないと，出店の前と後での比較ができないから。**

解説 (1) 四大公害病は，富山県神通川流域で発生したイタイイタイ病，熊本県水俣湾周辺で発生した水俣病，新潟県阿賀野川流域で発生した新潟水俣病（第二水俣病），三重県四日市市で発生した四日市ぜんそくである。

(2) 富山県，新潟県，山形県は，図1では工業製品出荷額の合計が少ないAがあてはまる。また，富山県，新潟県，山形県はいずれも米の生産がさかんな県なので，図2では米の生産額の割合が大きいXがあてはまる。

(3) 大型ショッピングセンターの出店前後の商店街の売上高の変化を調べるためには，出店の前と後の売上高を比較する必要がある。

⑦得点アップ

▶中部地方とその周辺の公害病

①イタイイタイ病…富山県神通川下流で発生。骨が折れやすくなる。上流の鉱山から出たカドミウムによる中毒が原因。

②新潟水俣病…新潟県阿賀野川下流で，化学工場からでた有機水銀（メチル水銀）が魚などを通じて体内に入り，神経をおかされる。熊本県の水俣病と同様。

③四日市ぜんそく…三重県四日市市の石油化学コンビナートから出た，亜硫酸ガスなどで大気汚染がひどくなって，発生。ぜんそくなど，呼吸器系統の病気になる。

166 (1) **茶**

(2) **Ⅰ**

(3) **ウ**

(4) **ウ**

解説 (1) 牧ノ原は，静岡県の大井川下流に広がる台地で，茶の産地として有名である。

(2) A県は静岡県，B県は愛知県，C県は長野県，D県は新潟県である。米どころ新潟県の割合が最も高いⅠを選ぶ。

(3) いは鉄鋼や輸送用機械器具の出荷額が最も多いので，中京工業地帯に位置する愛知県のB県。あは，輸送用機器器具の出荷額が次に高いので，浜松市のある静岡県のA県。うは，情報通信機械器具の出荷額が最も多いので，諏訪盆地のある長野県のC県。残りのえが新潟県のD県。

(4) D県の新潟県は，日本海側に位置する。日本海側は，北西の季節風の影響で冬に降水量が多い。

167 (1) **ウ**

(2) **ア**

(3) 茶…**オ**　いちご…**エ**

(4) **エ**

(5) **ピアノ（製造業）**

解説 (1) 大井川は牧ノ原の東を流れる。三方原は天竜川と浜名湖の間に広がる台地。

(2) 近年，鹿児島県でうなぎの生産量が増えている。静岡県は第4位である。

(3) アは水わさび，イはセロリ，ウはメロン，カはマッシュルームである。

(4) アは三重県，イは広島県，ウは沖縄県である。

(5) 浜松市では楽器や自動二輪車の生産がさかん。

168 (1) ① **信濃川**　② **木曽山脈**
　　　③ **甲府盆地**　④ **伊豆半島**

(2) **C**

(3) **電気の交流周波数**

(4) **ア**

(5) **イ**

(6) **エ**

(7) **エ**

(8) **イ**

　　　(9) イ
　　　(10) リニアモーターカー

解説 (3) 電気の交流周波数は，西日本は60ヘルツで東日本は50ヘルツである。この違いが壁となって，相互の電力融通が簡単にはできないのが現状である。

(4) 米の都道府県別生産順位は，新潟県と北海道が1位・2位をきそっている。

(5) グラフのアは火力発電，イは原子力発電，ウは水力発電である。新潟県の柏崎市・刈羽村には原子力発電所がある。2007年の新潟県中越沖地震により火災が発生し，発電所の安全性が問題となった。また，2011年の東日本大震災により，原子力発電は大きく減少した。

(6) ウラン鉱の輸入先は主にカナダやオーストラリアなど。原油の輸入先はサウジアラビア，アラブ首長国連邦など西アジアが中心。石炭の輸入先はオーストラリアが約6割を占める。

(7) 新潟水俣病は，新潟県阿賀野川流域に上流の工場から流された有機水銀を原因として起こった。

(8) 日本の三大美林として，青森のヒバ，秋田のスギ，木曽のヒノキがあげられる。

(9) 長野県の諏訪盆地では，かつては養蚕がさかんで，製糸業が営まれていた。近年は，高速道路沿いに電子機器の工場ができている。

---

169 (1) オ
　　　(2) ア
　　　(3) イ

解説 (1) 日本アルプスは，北から飛驒山脈，木曽山脈，赤石山脈の3つの山脈のことで，3,000m級の山々が連なり，「日本の屋根」とよばれる。飛驒山脈と木曽山脈の間を木曽川が，木曽山脈と赤石山脈の間を天竜川が流れる。

(2) 北陸は米どころで，山梨県は果樹栽培がさかんである。また，大都市圏である愛知県では畑地での近郊農業や園芸農業がさかんである。

(3) 国内路線で最大の輸送量があるのは東京国際空港である。東京国際空港と中部国際空港は距離的に近く，また，中部国際空港と大阪国際空港も距離的に近いので，便がない。

---

19 関東地方

170 (1) エ
　　　(2) 例 長野県では，高冷地の気候を利用して，茨城県などと出荷時期をずらして栽培しているから。
　　　(3) 東京都…エ　C県…イ
　　　(4) ニュータウン
　　　(5) ウ

解説 (2) 長野県の標高の高い八ヶ岳山ろくなどでは，夏の涼しい気候を利用し，キャベツやレタス，はくさいなどの高原野菜をつくる農業がさかんである。これを高冷地農業という。

(3) 東京には情報産業が集中→印刷工業がさかん。C（千葉）県は臨海部で化学工業がさかん。

(4) ニュータウンは，大都市の郊外に計画的に造成された大規模な住宅地区である。京浜地区には多摩ニュータウンや港北ニュータウン，阪神地区には千里ニュータウンや泉北ニュータウン，西神ニュータウンなどがある。

(5) ア．東京都の面積は京都府よりせまい。イ．大阪府の方が大きく減少している。ウ．住宅地の面積は8.4×0.83，商業地の面積は8.4×0.13で求めることができる。エ．港区は，東京都全体と比べると第2次産業の人口の割合は低い。

---

171 (1) イ
　　　(2) ① 親潮[千島海流]，黒潮[日本海流]
　　　　　② 例 銚子市の沖合には，暖流と寒流という性質の違う2つの海流が出合う海域があるから。

解説 (1) アは耕地面積÷総面積で，イは農業就業人口÷総人口で，ウは耕地面積÷農家総数で，エは農業総産出額÷農業就業人口で求める。

(2) ①暖流の黒潮（日本海流）と，寒流の親潮（千島海流）が出合う。
　②暖流と寒流が接する海域のことを潮目（潮境）という。暖流と寒流が出合うところは，プランクトンが繁殖し，多くの魚が集まるので好漁場となる。

172 (1) ① エ　② 利根川

(2) ① エ

② b…田[水田]

c…例 10%しかない(7字)

③ イ，エ，オ

解説 (1) ①輸送園芸農業は，生産した野菜や草花を，トラックやフェリーを使い，遠く離れた消費地に輸送する農業である。近郊農業は，大都市近郊で，大都市向けの野菜や草花，畜産品などを栽培し，出荷する農業である。

(2) ①松戸市は，東京のベッドタウンとして発展していて，宅地化が進んでいる。

②耕地が少なく，そのうち 77%が畑で，田は 10%にすぎない。

③ア．6月の茨城県の出荷量のほうが3月の千葉県の出荷量よりも多い。ウ．茨城県の最も多い月の出荷量は，青森県の9月の出荷量より 1,000t 以上多くなっている。

173 (1) 例 埋め立て地を造成したから。

(2) イ　(3) エ

解説 (1) 大都市周辺では，埋め立てによる工場用地や住宅地などの造成が行われている。

(2) 三宅島中央の雄山は標高 775m の成層火山で，2000 年6月に火山性地震などが始まり7月に水蒸気爆発，噴火を起こした。9月に防災関係者を除く全島民(約 3,800 人)が島から避難し，2005 年2月に避難指示が解除された。

(3) 調節池は，集中豪雨などの局地的な出水により，河川の流下能力を超える可能性のある雨水などを，河川に入る前に一時的に溜めておく池である。

174 (1) 記号…ア

理由…例 東京都は近県から通勤・通学する人が多く，表中で昼夜間人口比率が高いのはアであるため。

(2) 例 バブル経済により，地価が高くなると，中心部の人口は減少した。バブルの崩壊後，地価が下がり始めても，しばらくは人口は減少していたが，地価が落ち着いてくると，次第に中心部の人口が増えてきた。

(3) ア

解説 (1) 昼夜間人口比率が 100 を超えているときは，夜間人口に比べて昼間人口の方が多い。つまり通勤や通学のため他の県から人口が流入していることを意味する。企業や学校の多い東京都には，昼間，こうした人口の移動が見られる。したがって，昼夜間人口比率が 100%を超えているアが東京都と判断できる。

(2) 地価が高いと，住宅地を買い求めにくくなるが，地価が下がると，住宅地を買い求めやすくなる。

(3) 1事業所あたりの従業者数は，従業者数÷事業所数で求められる。「文化や情報の発信にかかわる製造品の出荷額」は，印刷・同関連業の出荷額のことである。

175 (1) 利根川(とね)

(2) イ

(3) モンスーン

(4) エ

(5) ウ

(6) ア

(7) A…三浦半島(みうら)　B…多摩川(たま)

(8) 都市…八王子市(はちおうじ)　場所…オ

(9) 都市…熊谷市(くまがや)　場所…エ

(10) 横浜市[さいたま市，千葉市，相模原市(さがみはら)，川崎市でも正解]

(11) ヒートアイランド現象

(12) 例 中心部の人口が減少し，その周辺部の人口が増加する現象。

解説 (2) 霧島山(きりしま)は，宮崎県と鹿児島県にまたがる火山群で，霧島連峰などともよばれる。最高峰は韓国岳(からくに)(1,700m)，次いで高千穂峰(たかちほみね)(1,574m)で，ほかにも 2011 年1月に噴火した新燃岳(しんもえ)(1,421m)など標高 1,000m を超える火山が 20 以上密集している。

(3) 季節風は，夏は海洋から大陸に向かって吹き，冬は大陸から海洋に向かって吹く風で，モンスーンともいう。

(4) 水郷は，茨城県・千葉県にまたがる利根川下流域から霞ヶ浦(かすみがうら)にかけての低湿地帯のことである。

(6) 東京では情報産業がいちじるしく発達しているので，印刷関連がさかん。

(9) 日本の最高気温は，長い間，1933 年 7 月 25 日の山形市で記録した 40.8℃であったが，2007 年 8 月 16 日に埼玉県熊谷市と岐阜県多治見市で 40.9℃を観測し，74 年ぶりに国内最高気温を更新した。2018 年 7 月 23 日に埼玉県熊谷市，2020 年 8 月 17 日に静岡県浜松市で 41.1℃が観測された。

(10) 関東地方の政令指定都市は，埼玉県のさいたま市，千葉県の千葉市，神奈川県の横浜市，川崎市，相模原市である。

(11) ヒートアイランドは，都市部の気温がその周辺の郊外部に比べて異常な高温を示す現象のこと。

(12) 最近は中心部の人口が増える現象も見られる。

⊿ 得点アップ

▶ドーナツ化現象

①ドーナツ化現象とは…中心部の居住人口が減少し，郊外の人口が増加すること。

②その原因…地価の上昇や，騒音・大気汚染などの公害がひどくなり，都心部の生活環境が悪化すると，都心部の住民は郊外に移動する。その結果，ドーナツ化現象が現れる。

---

176 (1) イ

(2) 鳥取県

(3) イ　　(4) エ

(5) 産業の空洞化

解説 (1)　奥多摩湖は人造湖である。同じく相模湖も，相模川を相模ダムによってせき止めてつくられた人造湖である。

(3)　見沼代用水は，利根川から取水した用水である。

(4)　エの官営製鉄所は，福岡県につくられた八幡製鉄所のことである。

(5)　貿易摩擦の緩和や安い労働力を求めた製造業の工場の海外移転により，国内の製造業が衰退していく産業の空洞化が進んだ。

---

177 (1) b…ウ　d…イ

(2) A

(3) ウ，オ

(4) ① イ　② エ

解説 (1)　a．東京に隣接する県が上位→エ。b．農地の少ない東京が最下位→ウ。c．東京・埼玉・神奈川が上位→ア。残るdがイ。

---

(2) 日本三大名園：偕楽園(茨城県水戸市)，兼六園(石川県金沢市)，後楽園(岡山県岡山市)。

(3)　ウ．電子機器や精密機械が上位を占める。オ．茨城空港などもある。

(4)　②ア．都心部に工場は集中していない。イ．エアコンの利用はヒートアイランド現象の一因。ウ．リサイクルは進んではいるが，ゴミにかかわる問題は解決されていない。

---

20 東北地方

178 (1) ① 千島海流[親潮]

② X…ウ　Y…オ

(2) ① イ，ウ

② 例 東北地方の農業生産額に占める稲作の生産額の割合を示す資料

解説 (1)　①日本列島の太平洋側を南下する寒流は千島列島方面から流れてくるので千島海流という。海の生物を育む海流という意味で親潮ともいう。

②東北地方太平洋側の X は岩手県，Y は宮城県。リアス海岸は岩手県南東部から宮城県北西部。

(2)　①イ．ひとめぼれ・あきたこまちなどの銘柄米が開発された。ウ．東北地方では明治時代から寒さに強い品種の開発が進められてきた。

②他の地方との比較は生産量でもできるが，農業全体での重要性を確かめるには，農業生産額に占める稲作の生産額の割合を示す資料が必要である。

---

179 (1) ア

(2) 例 (暖流である)黒潮と寒流である親潮がぶつかって(いる。)(16 字)

(3) ア

解説 (1)　2011 年 3 月に発生した東北地方太平洋沖地震でも，大津波によって甚大な被害が出た。

(2)　潮目(潮境)は，暖流と寒流がぶつかっているところなので，暖流の黒潮と寒流の親潮がぶつかっていることを示す文を書く。

(3)　K さんの発表原稿より，米の生産額の割合が大きく，果実の割合が畜産物のほぼ半分であるグラフを選ぶ。畜産物の割合が大きいイは北海道，次いで畜産物の割合が大きいウは九州，総生産額が

少ないエは四国である。

---

180 (1) ウ
(2) ① 奥羽(山脈)
② 例雪どけ水が大量に流れ込むため。
(3) さくらんぼ…エ　ぶどう…ウ
(4) イ

解説 (1) 北緯36度の緯線は関東地方を通る。また，東経142度の経線は東北地方の太平洋岸を通る。
(2) ①奥羽山脈は東北地方の中央部を南北に走る山脈で，東北地方を東西に二分する。
(3) さくらんぼは山形県で生産がさかんなことから，エと判断する。アは東北地方の各県で生産されているので米が，イはAの青森県で多く生産されているのでりんごがあてはまる。

---

181 A…秋田(市)
B…盛岡(市)
C…青森(市)
D…仙台(市)
E…山形(市)
F…福島(市)

解説 Aは秋田県，Bは岩手県，Cは青森県，Dは宮城県，Eは山形県，Fは福島県に関する説明。

---

182 (1) Ⅲ
(2) C
(3) ア

解説 (1) 北緯40度の緯線は，かつて八郎潟だった大潟村(秋田県)を通る。
(2) 最上川は山形県を流れる。
(3) りんごは青森県で全国の約5割が生産される。岩手県の北上高地では畜産がさかんである。ぶどうの生産には，マスカットの産地として知られる岡山県が上位に入る。

---

183 (1) D県：説明…4　表…ウ
E県：説明…6　表…エ
(2) エ
(3) 例風や波が比較的穏やかで，水深が深いため。(20字)

解説 (1) 説明文の1は秋田県，2は岩手県，3は青森県，4は山形県，5は福島県，6は宮城県。表で，山形県は果実産出額が多く，漁獲量は少ない→ウ。宮城県は仙台市を含み人口密度が高い→エ。アは福島県，イは秋田県，オは青森県，カは岩手県。
(2) ①は，他より降水量が少ないので，内陸のb。②は冬の降水量が少ないので，太平洋側のc。③は冬の降水量が多いので，日本海側のa。
(3) リアス海岸は，山地の谷に海水が入りこんでできた出入りの複雑な地形の海岸である。水深が深く，波が穏やかであるため，天然の良港が発達し，古くから漁業が行われているところが多い。

---

184 例製品の輸送に便利なため。

解説 軽くて高価な半導体(IC)はトラックや航空機での輸送に適しているため，製品の輸送に便利な高速道路沿いや空港の近くに工場が多くつくられている。

---

21 北海道地方

185 (1) ① 札幌(市)
② あ…日本海(側)　い…季節(風)
(2) A…ウ　B…イ　C…ア

解説 (1) ②冬の季節風は大陸から日本海を経て太平洋に向かって吹く。日本海をわたるときに水蒸気を多く含むため，日本海側に雪が降る。
(2) A．海外からの北海道への観光客は，2012年度は約80万人，2018年度は約300万人だから，約4倍になっている。B．2019年に海外から北海道を訪れ宿泊した人は，資料3から277万人，同じ年に海外から日本を訪れて宿泊した人は，資料4から3,188万人だから，約12分の1である。C．韓国や台湾，中国，香港が東アジア。

---

186 (1) ア
(2) エ

解説 (1) 石狩川は札幌市などを流れる河川。北見山地は，十勝平野の北にある山地。
(2) グラフⅠから，0〜14歳の人口が減少し，65

歳以上の人口が増加したことは読み取れるが，核家族化が進んだかどうかはわからない。グラフⅡは，0〜14歳の割合よりも65歳以上の割合の方が高いので，1995年のデータをもとにしたグラフである。

187〉 例 飼育農家の戸数は減少しているが，飼育頭数は減少していないので，経営規模は拡大している。

解説 肉用牛の飼育頭数は減少していないが，肉用牛の飼育農家の戸数は減少している。このことから，農家1戸あたりの飼育頭数が増えていることが読み取れる。

↗ 得点アップ

▶日本の家畜飼育
①北海道…乳牛（乳用牛）を飼育し，牛乳やバター，チーズをなどの乳製品をつくる酪農がさかん。広い土地があり，涼しい気候で稲作ができない東部の根釧台地がその中心となっている。肉牛（肉用牛）も多い。
②岩手県…昔から，馬の産地として知られていたが，軍馬や農耕馬の必要性がうすれ，かわって乳牛が増加した。小岩井農場が有名。
③首都圏…千葉，栃木，群馬などの各県では，都市近郊の有利性を生かし，乳牛（→生乳の出荷），にわとり（→たまごや肉の出荷），豚の飼育がさかん。
④鹿児島県・宮崎県…肉牛，豚，ブロイラー（肉用のにわとり）などの大規模な飼育。

188〉(1) ウ
(2) 福岡県
(3) ユネスコ
(4) 栽培漁業
(5) ラムサール条約

解説 (1) 夕張山地は石狩川の東にのびている。
(2) 筑豊炭田は，戦前は日本最大の炭田であった。
(3) 世界遺産条約は，ユネスコの総会で採択されたもので，人類全体が共有すべき文化遺産・自然遺産を，世界遺産リストに登録し，その保護・保全をはかることを目的としている。Aは知床半島。
(4) 栽培漁業は，人工ふ化させた稚魚をある程度育

ててから放流し，自然の海や川で成長したものをとる漁業である。Bは天塩川，Cは石狩川。
(5) ラムサール条約（特に水鳥の生息地として国際的に重要な湿地に関する条約）は，水鳥の生息する湿地を守る目的がある。Dは釧路湿原。

189〉(1) エ
(2) オホーツク海

解説 (1) 知床半島は，網走の東の海に突き出た半島である。ここに鉄道は通っていない。
(2) オホーツク海は，北海道や千島列島，樺太（サハリン），シベリアに囲まれた海域である。

190〉(1) C
(2) 記号…X　地形名…石狩平野

解説 (1) Aはウルップ島（北方領土ではない），Bは択捉島，Cは国後島，Dは色丹島である。
(2) Yは十勝平野，Zは根釧台地である。

191〉(1) a
(2) ウ
(3) ＜選択群あ＞…エ
　　＜選択群い＞…ウ

解説 (1) 洞爺湖は北海道の南西部にある。
(2) アは摩周湖，イは阿寒湖，エはサロマ湖。なお，現在の透明度の世界一は，ロシアのバイカル湖。
(3) 表の〈A〉は北海道，岩手の順なので面積。→〈B〉は米の生産量となるので，Xは新潟県。

192〉(1) エ
(2) ハザードマップ[防災マップ]
(3) ア，オ
(4) イ

解説 (1) 北海道は，冷帯（亜寒帯）の気候で，冬の寒さがきびしい。梅雨がなく降水量が少ない。
(2) ハザードマップは，ある災害に対して危険なところを地図上に示したものである。水害予測図，地すべり危険区域マップ，液状化予測図，火山防災マップなど，災害の種類に応じてつくられる。
(4) 十勝平野は，夏が涼しい気候で，火山噴出物が堆積しているため，稲作には不向きである。根釧台地では酪農，石狩平野では稲作がさかん。

第4回 実力テスト

---

1 (1) イ
(2) イ
(3) ウ
(4) ア
(5) オ
(6) カ
(7) ア

解説 (1) 東京(都庁)から日本最西端の与那国島までの距離は約2,000km。南京までの距離とほぼ同じ。

(2) 東京(都庁)の緯度は35度41分, 北海道最北端の宗谷岬(そうやみさき)の緯度は45度31分で, 緯度差は10度。

(3) 南鳥島は東経153度59分, 与那国島は東経122度56分で経度差は31度なので, 日の出時刻の差は約2時間。

(4) 沖ノ鳥島は満潮時には海面上にわずかに出ているだけなので, 侵食を防ぐ工事が行われた。

(5) 最も長いうが日本最長の信濃川, 信濃川とそれほど変わらない長さで, 河口までの約200kmは標高が低いいは関東平野を流れる利根川で, あが木曽川。

(6) 北アルプスともよばれるかは飛騨山脈, 中央アルプスとも呼ばれるきは木曽山脈, 南アルプスとも呼ばれるくは赤石山脈。

(7) さは冬に降水量が多い日本海側の気候の鳥取市。しは降水量が少ない瀬戸内の気候の高松市。すは夏に降水量が多い太平洋側の気候の高知市。

---

2 (1) イ
(2) C…インドネシア　D…パキスタン
　　a…ペキン[北京]　b…デリー
(3) ウ
(4) オ
(5) ① イ　② エ
(6) Uターン現象

解説 (1) 約1億2,600万人を日本の面積の約37.8万km²で割ると約333人になる。

(2) C. 人口2.6億人と, アジアで中国・インドに次いで多いのはインドネシア。D. 人口2億人, 首都がイスラマバードの国はパキスタン。a. 人口14.1億人の国は中国で, 首都はペキン(北京)。b. 人口13.4億人の国はインドで, 首都はデリー。

(3) 庄内平野は山形県の日本海沿いの平野で, 酒田市・鶴岡市がある。山形市があるのは山形盆地。

(4) 40～50km圏には都市圏があまり広がっていないEは名古屋。中心部の0～10km圏の人口が少ないFは東京で, 多いGは大阪。

(5) ①日本一の中京工業地帯の愛知県は, 第2次産業人口が35.0％のイ。
②畜産・野菜など農業がさかんな熊本県は, 第1次産業人口が11.0％のエ。

(6) 進学や就職で大都市圏に移住した地方出身者が地方に戻って生活することをUターン現象という。

---

3 (1) 46
(2) ⌂
(3) イ

解説 (1) 平均勾配(こうばい)は, 「標高差÷距離」で求められる。地形図は20mごとに等高線が引かれているので, 縮尺は5万分の1。実際の距離は「地形図上の長さ÷縮尺の分母」で求められるので, 1cm×50000＝50000cm＝500m。「いわきさんちょう」の標高は1,238m, 「とりのうみふんかこう」は1,470mあたりに位置すると見て, 2駅間の標高差は232m。平均勾配は「232m÷500m」となる。解答は「分母を100とした時の分子の値」で記すので, 232÷500×100≒46。

(2) 老人ホームの地図記号は風車とともに, 2005年に全国の小中学生に公募した結果, 翌年, 家の形と杖をデザインした小6女子の作品が選ばれた。

(3) 岩木山は江戸時代まで活動していた火山で, 柴柄沢(しばがらさわ)や毒蛇沢は溶岩流によって形成された。

---

4 (1) 扇状地
(2) エ

解説 (1) 川が山地から平野や盆地に出たところに土砂や小石が堆積してできた扇状の地形を扇状地という。

(2) 地形図中に「甲州市」とあり, 昔は甲州(甲斐国)とよばれた山梨県とわかる。山梨県はぶどうの生産が全国第1位である。

第5回 実力テスト

1
(1) ウ
(2) A…③　B…④　C…①　D…②
(3) X
(4) イ

解説 (1) 千葉県は東京に通勤・通学する人が多いので，昼夜間人口比率が低い。奈良県も大阪・京都に通勤・通学する人が多いので，同じように低い。

(2) Aは第1次産業人口が10％を超えているので，野菜の促成栽培などの農業や畜産がさかんな③の宮崎県。Bは昼夜間人口比率が100％なので，離島で昼夜間の人口移動がない④の沖縄県。Dは昼夜間人口比率が100％を超えていて，第2次産業人口の割合も高いことから，名古屋大都市圏と中京工業地帯の中心である②の愛知県。残るCが①の富山県。

(3) 1980年から2015年まで，発電電力量がほぼ変わらないXが水力発電。2011年の東日本大震災での福島第一原子力発電所事故により，2010～15年で大きく減ったZが原子力発電，大きく増えたYが火力発電。

(4) いは長野県松本市で，年中降水量の少ない内陸の気候の2。うは高知市で，降水量が夏に多く，冬は少ない太平洋側の気候の3。

2
(1) E…自動車　G…鉄鋼
(2) ①イ　②ア

解説 (1) E．愛知県・静岡県・神奈川県に多く分布しているので自動車。日本からオーストラリアへの輸出品目第1位である。G．千葉県・愛知県・大阪府・兵庫県に分布しているので鉄鋼。

(2) ①降水量が少ない華北・華南・西域が主要生産地なので小麦。日本の小麦の主産地は北海道・福岡県・佐賀県・愛知県・群馬県の順(2018年)。
②乳牛は冷涼な気候を好むので，Nが乳牛，Mが肉牛の主な飼育地。日本での乳牛の主な飼育地は，北海道・栃木県・熊本県・岩手県・群馬県の順(2019年)。

3
(1) ① 県名…栃木県　記号…A
② 県名…山口県　記号…F
③ 県名…青森県　記号…E
④ 県名…京都府　記号…B
⑤ 県名…佐賀県　記号…D
(2) 宇都宮市
(3) エ
(4) ウ
(5) ア
(6) E

解説 (1)①「日光東照宮」から栃木県。形はA。②日清戦争の講和条約は下関条約なので山口県。形はF。③りんごの生産が全国一で，ねぶた祭で知られるのは青森県。形はE。④1,000年以上都が置かれたのは平安京なので京都府。形はB。⑤「有明海」「養殖のり」から佐賀県。形はD。

(2) 栃木県の県庁所在地は宇都宮市。

(3) 京都府の伝統工芸品は西陣織。輪島塗は石川県，南部鉄器は岩手県，小千谷ちぢみは新潟県。

(4) 福井県で大飯や高浜におかれているのは原子力発電所。敦賀・美浜にもある。

(5) 佐賀県は長崎県・福岡県と接している。

(6) 白神山地はEの青森県と秋田県の境に連なる。

第6回 実力テスト

1
(1) A…兵庫(県)　B…徳島(県)
(2) ア
(3) イ
(4) エ
(5) 記号…ウ，阪神(工業地帯)

解説 (1) 神戸淡路鳴門自動車道の名称でわかるとおり，明石海峡大橋は兵庫県(A)神戸市にある。大鳴門橋をわたると，Bの徳島県。阿波おどりで有名。

(2) a．C島は屋久島で，1993年にユネスコの世界自然遺産に登録された。b．D島は種子島で，1543年の鉄砲伝来とJAXAの種子島宇宙センターで有名。

(3) Eは函館市。戊辰戦争の最後の舞台だった五稜郭などがある観光都市。北洋漁業の基地港もある。

(4)　佐賀県東部から福岡県中央部を東西に連なる F は筑紫山地。

(5)　地図中の A の兵庫県から大阪府に広がるのは阪神工業地帯。金属工業の割合が比較的高く，機械工業の割合が低いのが特徴なのでウ。

---

2 (1) ① ウ　② イ　③ エ
　　　(2) イ

解説▶(1)　① A は岩手県で，山地が 70％以上を占める ◯い。B は千葉県で関東平野にあるので，山地が少ない ◯あ。C は愛知県で，残りの ◯う。② 図 1 中の f は岐阜県と長野県の境にある旧中山道沿いの木曽。宿場町の歴史的な町並みが保存されている。③ K は広島県。3 県では最も人口が多い ◯う。L は長崎県。3 県で最も人口減少（過疎化）と少子化が進む ◯あ。M は沖縄県。合計特殊出生率，0 〜 14 歳の割合が全国一高いので ◯い。

(2)　2011 年の福島第一原子力発電所事故により，2015 年に激減した ◯う が原子力。1960 年代のエネルギー革命により，1970 年代は水力・石炭に代わってエネルギーの主役となったが，石油危機以降は減少傾向にある ◯い は石油で，残りの ◯あ が LNG（液化天然ガス）。

---

3 (1) エ
　　(2) ア
　　(3) ウ
　　(4) ア
　　(5) ア
　　(6) イ

解説▶(1)　年平均気温が最も高い C は札幌。春夏の降水量が比較的多い A は太平洋沿岸に位置する釧路，比較的少ない B は内陸に位置する旭川。

(2)　秋田市では毎年 8 月に豊かに実った稲穂や米俵に見立てた竿燈を持って練り歩き，五穀豊穣や厄除けを祈る竿燈まつりが行われる（2020年は中止）。

(3)　ぶどう・ももの収穫量が 1 位の A はウの山梨県。

(4)　アが正解。ただし，近年は温暖化の影響で積雪が少ない年もある。なお，イは世界自然遺産ではなく世界文化遺産，ウは抑制栽培ではなく促成栽培。

(5)　2011年に福島第一原子力発電所事故が起こった。これにより，2010 年から 2015 の間に激減した C が原子力発電とわかる。急増した B が火力発電で，

変わらない A は水力発電。

(6)　太平洋ベルトは，関東南部から九州北部にかけての海岸沿いに連なる工業地帯・工業地域なので，日本海側にある北陸工業地域は含まれない。